Prüfungstraining für Bankkaufleute

Wolfgang Grundmann • Rudolf Rathner

Bankwirtschaft

Prüfungswissen in Übersichten

 Springer Gabler

Wolfgang Grundmann
Norderstedt, Deutschland

Rudolf Rathner
Berufskolleg am Wasserturm
Bocholt, Deutschland

ISSN 2627-8588   ISSN 2627-8596 (electronic)
Prüfungstraining für Bankkaufleute
ISBN 978-3-658-39339-7   ISBN 978-3-658-39340-3 (eBook)
https://doi.org/10.1007/978-3-658-39340-3

Die Deutsche Nationalbibliothek verzeichnet diese Publikation in der Deutschen Nationalbibliografie; detaillierte bibliografische Daten sind im Internet über http://dnb.d-nb.de abrufbar.

Springer Gabler
© Springer Fachmedien Wiesbaden GmbH, ein Teil von Springer Nature 2023
Ursprünglich erschienen in der 10. Auflage von: Bankwirtschaft, Rechnungswesen und Steuerung, Wirtschafts- und Sozialkunde

Planung/Lektorat: Guido Notthoff
Springer Gabler ist ein Imprint der eingetragenen Gesellschaft Springer Fachmedien Wiesbaden GmbH und ist ein Teil von Springer Nature.
Die Anschrift der Gesellschaft ist: Abraham-Lincoln-Str. 46, 65189 Wiesbaden, Germany

Vorwort

Das Gesamtwerk „Prüfungswissen in Übersichten" hat mittlerweile einen Umfang von über 400 Seiten erreicht. Mit seiner Hilfe haben Sie den gesamten Lernstoff, der für Ihre Ausbildung relevant ist, im Griff.

Für den Fall, dass Sie gezielt die Inhalte eines einzelnen Lerngebietes trainieren möchten, haben wir das Gesamtwerk in vier handliche Teilbände aufgeteilt.

Dieser Band enthält das Prüfungswissen Bankwirtschaft.

Für die Vorbereitung auf Ihre Klausuren und Prüfungen wünschen wir Ihnen viel Erfolg.

Hamburg und Bocholt im September 2022

Wolfgang Grundmann   Rudolf Rathner

wolfgang@grundmann-norderstedt.de   R@thner.de

Vorwort zur 10. Auflage des Gesamtwerkes „Bankwirtschaft, Rechnungswesen und Steuerung, Wirtschafts- und Sozialkunde – Prüfungswissen in Übersichten"

Haben Sie auch zu Beginn und während Ihrer Bankausbildung festgestellt, dass Sie mit komplexen Lerninhalten überhäuft wurden?

Das Nacharbeiten in den traditionellen Lehrbüchern hat Sie möglicherweise auch nicht weitergebracht. Einzelne Lerngebiete werden bis ins kleinste Detail ausführlich beschrieben und am Ende des Kapitels waren Sie auch nicht klüger, oder? Für Sie als Berufsanfänger ist es schwierig, aus der Fülle der komplexen Lerninhalte das Strukturwissen herauszuarbeiten, das Sie benötigen, um die anstehenden Klausuren und Prüfungen mit gutem Erfolg zu bestehen.

Gehören Sie auch zu den Auszubildenden, die sich ein paar Tage vor einer Klausur oder einer Prüfung intensiv vorbereiten? Und haben Sie festgestellt, dass Sie danach Ihr Gelerntes wieder schnell vergessen haben?

Sie mussten in Ihrem Kurzzeitgedächtnis wieder Platz machen für die Aneignung neuer Lerninhalte. Mit unserem vorliegenden Werk können Sie die wichtigsten Regeln und Details der Lerngebiete Ihrer Prüfungsfächer Bankwirtschaft, Rechnungswesen und Steuerung sowie Wirtschafts- und Sozialkunde schnell und kompakt für Ihre anstehenden Klausuren, Ihre Abschlussprüfung Teil 1 und Teil 2 aneignen, wiederholen und festigen.

Die einzelnen Lerngebiete sind der aktuellen Ausbildungsordnung und dem neuen Prüfungskatalog Bankkaufmann/Bankkauffrau für die Abschlussprüfung Teil 1 und Teil 2 entnommen worden. Die einzelnen Lerninhalte sind übersichtlich dargestellt und enthalten nur die wesentlichen Details, die Sie für den erfolgreichen Abschluss Ihrer Abschlussprüfung benötigen. Details, die von Ihnen in den schriftlichen Prüfungen nicht abgefordert werden können, wurden in diesem Werk nicht berücksichtigt. Die übersichtliche Darstellung der einzelnen Lerngebiete hilft Ihnen, sich die notwendigen Prüfungsinhalte in kurzer Zeit anzueignen oder zu wiederholen.

Sie finden am Ende der einzelnen Lerngebiete jeweils relevante Praxisbeispiele oder einfache Rechenbeispiele, mit denen Sachverhalte kurz und prägnant verdeutlicht werden.

Wie können Sie unser Werk zur Vorbereitung auf einzelne Klausuren bzw. zur Vorbereitung auf die Abschlussprüfung Teil 1 und Teil 2 nutzen?

Zunächst eignen Sie sich mit unserem neuen Werk das Strukturwissen zu den einzelnen Lerngebieten an. Das können Regeln, Verfahrensweisen, Betrags- und Meldegrenzen oder bestimmte Lerngebietsdetails sein. Die Abschlussprüfung Bankkaufmann/Bankkauffrau Teil 1 und Teil 2 besteht vorwiegend aus programmierten Aufgaben neben handlungsorientierten Bankfällen. Sie werden feststellen, dass Sie mit dem angeeigneten Strukturwissen jetzt programmierte Übungsaufgaben und situations-und handlungsorientierte Beispielfälle sicher und zuverlässig lösen können – ein Lernerfolg, der sich auch in Ihrer Abschlussprüfung Teil 1 und Teil 2 niederschlagen wird.

Die 10. Auflage wurde neu bearbeitet und auf den rechtlich aktuellen Stand gebracht. Grunc
lage der 10. Auflage waren die überarbeiteten Inhalte des neuen Prüfungskatalogs für de
Ausbildungsberuf Bankkaufmann/Bankkauffrau. Die inhaltliche Gliederung wurde dem neue
Prüfungskatalog angepasst. Die Freigrenzen und Freibeträge wurden für das Ausbildungsjah
2022 aktualisiert. Das Kapitel Online-Banking wurde um sichere TAN-Verfahren ergänzt un
der inländische Zahlungsverkehr durch das Smartphone-Bezahlverfahren erweitert. Neu hir
zugekommen sind die aktuellen Informationen zu den Sicherheitsvorschriften bei Internetkäu
fen mit Kreditkartenzahlungen nach dem Zwei-Faktoren-Authentifizierungsverfahren. Die Ir
halte zum Pfändungsschutzkonto entsprechen den neuen gesetzlichen Veränderungen, di
im Dezember 2021 in Kraft getreten sind. Im Zahlungsverkehr finden die aktuellen Verfü
gungs- und Haftungsgrenzen bei Kartenzahlungen, insbesondere beim Girogo-Verfahre
Berücksichtigung. Die Informationen zum Wohnungsbau-Prämiengesetz wurden ebenfal
aktualisiert. Im Kapitel Geld- und Vermögensanlage wurden die Neuregelungen der DAX
Indizes und die Neuregelungen im Aktiengesetz zur Möglichkeit von Beschlussfassungen au
virtuellen Hauptversammlungen von Aktiengesellschaften aufgenommen und weitere Informa
tionen zur Investmentbesteuerung in die Strukturübersichten eingearbeitet. Die gesetzliche
Vorschriften zu den Fernabsatzverträgen wurden aktualisiert. Die Beiträge und Beitragsbe
messungsgrenzen in der Sozialen Sicherung wurden auf den Stand von 2022 gebracht.

Hamburg und Bocholt im Mai 2022

Wolfgang Grundmann   Rudolf Rathner

wolfgang@grundmann-norderstedt.de   R@thner.de

Inhaltsverzeichnis

PRÜFUNGSWISSEN
BANKWIRTSCHAFT

A1 Kontoführung

1. Gemeinschaftskonto

Merkmale	Oder-Konto	Und-Konto
Verfügungs-berechtigung	• jeder Kontoinhaber allein • bei Widerruf eines Kontoinhaber nur eine gemeinsame Verfügung möglich	• gemeinschaftliche Verfügungsbe-rechtigung • Ausgabe von Kredit- und Bank-karten ist nicht möglich. • Änderungen der Verfügungsbe-rechtigung nur gemeinsam mög-lich
Verfügung im Todesfall ei-nes Kontoin-habers	• Einzelverfügungsberechtigung bleibt gültig. • Widerruf durch die Erben möglich	Im Todesfall sind Verfügungen nur zusammen mit den Erben möglich.
Kredit-aufnahme	• Die Kontoinhaber haften gesamtschuldnerisch. • Kreditverträge können nur gemeinschaftlich abgeschlossen werden.	
Freistellungs-auftrag	Für Ehepaare ist ein Freistellungsauftrag möglich.	
Kontovoll-machten	• Erteilung nur gemeinschaftlich möglich • Widerruf durch jeden Kontoinhaber möglich	
Konto-auflösung	nur gemeinschaftlich	nur gemeinschaftlich
Rechnungsab-schluss	• Rechnungsabschluss bei Girokonten am Ende eines Kalendervierteljah-res • Genehmigung des Rechnungsabschlusses innerhalb von sechs Wochen nach Zugang des Rechnungsabschlusses • Macht der Girokunde innerhalb dieser Zeit keine Einwendungen, gilt der Rechnungsabschluss als genehmigt. • Nach Ablauf der Frist kann der Kunde die Korrektur einer unrichtigen Buchung verlangen. Die Einwendung muss er allerdings dann beweisen.	
Storno- und Berichti-gungsbu-chungen	• Fehlerhafte Gutschriften korrigiert die Bank durch eine Stornobuchung vor dem Rechnungsabschluss bzw. durch eine Berichtigungsbuchung nach Rechnungsabschluss rückgängig. Erhebt der Kunde gegen eine Berichtigungsbuchung Einwendungen, schreibt die Bank den Betrag dem Konto wieder gut und macht ihren Rückzahlungsanspruch gesondert gel-tend.	

© Springer Fachmedien Wiesbaden GmbH, ein Teil von Springer Nature 2023
W. Grundmann, R. Rathner, *Bankwirtschaft*, Prüfungstraining für Bankkaufleute,
https://doi.org/10.1007/978-3-658-39340-3_1

Freistellungsauftrag für Eheleute

Ein Freistellungsauftrag (FSA) bewirkt, dass Kapitalerträge (z. B. Zinsen und Dividenden) bis zur Höhe des erteilten FSA ohne Abzug von Abgeltungsteuer und Solidaritätszuschlag sowie Kirchensteuer ausgezahlt werden. Die Höhe des erteilten FSA darf bei Alleinstehenden den Sparer-Pauschbetrag von 801,00 EUR, bei Zusammenveranlagung 1.602,00 EUR nicht übersteigen. Ehegatten, bei denen die Voraussetzungen für eine Zusammenveranlagung vorliegen, können entweder einen gemeinsamen FSA bis zum gemeinsamen Sparerpauschbetrag von 1.602,00 EUR oder Einzelfreistellungsaufträge bis zu jeweils 801,00 EUR erteilen. Der FSA für eine gemeinsame Veranlagung ist von beiden Eheleuten zu unterschreiben.

Kreditinstitute melden dem Bundeszentralamt für Steuern bis 31. Mai jeden Jahres die Höhe der im Vorjahr tatsächlich steuerfrei ausgezahlten Kapitalerträge je FSA. Der FSA muss der auszahlenden Stelle schriftlich auf einem amtlich vorgeschriebenen Vordruck erteilt werden. Ein FSA kann nicht erteilt werden für Konten von Wohnungseigentümer- oder Erbengemeinschaften oder Gemeinschaftskonten nichtehelicher Lebensgemeinschaften.

Sparer dürfen ihre Freistellungsaufträge nur noch unter Angabe ihrer Steuer-Identifikationsnummer erteilen oder ändern. Damit soll dem Fiskus die Kontrolle erleichtert werden, dass Anleger mit mehreren Bankverbindungen nicht den zulässigen Höchstbetrag überschreiten.

1.1 Güterstand

Der Güterstand bezeichnet die Vermögensverhältnisse der Ehegatten untereinander. Der gesetzliche Güterstand ist die Zugewinngemeinschaft. Ehevertraglich vereinbart werden können die Gütergemeinschaft und die Gütertrennung.

Zugewinngemein-schaft	Der gesetzliche Güterstand ist die sogenannte Zugewinngemeinschaft, d. h. das bei der Eheschließung vorhandene und das während der Ehe erworbene Vermögen beider Ehegatten bleibt getrennt und wird grundsätzlich von jedem Ehegatten selbstständig verwaltet. Jeder Ehegatte bleibt also während der Ehe Alleineigentümer seiner Vermögensgegenstände (§ 1364 BGB). Die Zugewinngemeinschaft ist der am meisten verbreitete Güterstand. Jeder Ehegatte haftet in aller Regel nur für seine eigenen Schulden und nur für sein Vermögen. Allerdings wird das während der Ehe hinzugewonnene Vermögen der Ehegatten dann ausgeglichen, wenn die Zugewinngemeinschaft endet; also im Regelfall bei einer Scheidung (Zugewinnausgleich). Auch im Todesfall kommt der Zugewinnausgleich zur Anwendung, indem der Ausgleich des Zugewinns dadurch verwirklicht wird, dass sich der gesetzliche Erbteil des überlebenden Ehegatten um ein Viertel erhöht.
Ehevertrag	Ehegatten können das für sie geltende eheliche Güterrecht durch einen Ehevertrag regeln. Der Ehevertrag kann sowohl vor wie nach der Eheschließung bei gleichzeitiger Anwesenheit beider Ehegatten vor einem Notar geschlossen werden. Minderjährige Ehegatten können einen Ehevertrag nur mit Genehmigung des gesetzlichen Vertreters, in der Regel der Eltern, abschließen. Inhalt des Ehevertrages kann der Ausschluss des gesetzlichen Güterstandes und dessen Ersetzung durch einen vertraglichen Güterstand sein, sofern dieser vom Gesetz als Alternative ausdrücklich zugelassen ist.

Gütergemeinschaft	Die Gütergemeinschaft ist eine Form des ehelichen Güterstands, die nur durch einen Ehevertrag entstehen kann. Entscheidendes Merkmal der Gütergemeinschaft ist, dass mit Abschluss des Ehevertrages kraft Gesetz das gesamte vorhandene Vermögen des Mannes und der Frau gemeinschaftliches Vermögen und Eigentum beider Ehegatten wird, sogenanntes Gesamtgut. Nicht zum Gesamtgut gehört das sogenannte Sondergut. Das sind Gegenstände, die nicht durch Rechtsgeschäft übertragen werden können, beispielsweise unpfändbare Unterhaltsansprüche und das sogenannte Vorbehaltsgut (Gegenstände, die im Ehevertrag ausdrücklich vom Gesamtgut ausgenommen wurden). Diese Vermögensmassen bleiben im Eigentum des jeweiligen Ehegatten, diesbezüglich findet im Fall der Scheidung auch kein Ausgleich statt.
Gütertrennung	Die Gütertrennung ist eine Form des ehelichen Güterstands, bei der die Vermögen der Ehepartner sowohl während der Ehe als auch im Falle einer Scheidung getrennt bleiben. Jeder Ehegatte ist hinsichtlich seines Vermögens unbeschränkt verfügungsbefugt. Die Vereinbarung einer Gütertrennung muss notariell beurkundet werden.
Güterrechtsregister	Es ist ein bei den Amtsgerichten geführtes Verzeichnis, in das Eheleute von dem gesetzlichen Güterstand der Zugewinngemeinschaft abweichende Regelungen eintragen lassen müssen. Von den gesetzlich vorgesehenen vermögensrechtlichen Verhältnissen kann durch Ehevertrag abgewichen werden. Die Eintragung hat keinen Einfluss auf die Wirksamkeit des Ehevertrages. Ohne Eintragung entfaltet die güterrechtliche Änderung jedoch keine Wirkung gegenüber Dritten. Diese können sich jedoch auch nicht auf die Eintragung verlassen, da dem Register kein öffentlicher Glaube zukommt.

1.2 Inländer – Ausländer

Unter der Legitimation versteht man grundsätzlich die Feststellung der Berechtigung einer natürlichen oder juristischen Person zur Durchführung einer bestimmten Handlung, z. B. Kontoeröffnung. Dies geschieht in der Bankwirtschaft unter den Gesichtspunkten des Steuerrechts, der Geldwäschebekämpfung und außenwirtschaftlicher Vorschriften.

Für die Legitimation in der Bankwirtschaft sind demnach
- die Abgabenordnung,
- das Geldwäschegesetz und
- das Außenwirtschaftsgesetz von Bedeutung.

Die neue Begriffsfestlegung „Inländer", „Ausländer" des AWG bzw. AWV beinhaltet die gleiche Definition wie die vorher verwendeten Begriffe „Gebietsansässiger", „Gebietsfremder".

Legitimation nach der Abgabenordnung (AO)	Die Legitimation einer Person erfolgt hier auf dem Grundsatz der Kontenwahrheit. In der AO ist festgelegt, dass niemand auf einen falschen oder erdichteten Namen für sich oder einen Dritten • ein Konto einrichten, • Buchungen vornehmen, • Wertsachen (Geld, Wertpapiere, Kostbarkeiten) in Verwahrung geben, • Wertsachen verpfänden oder

	• sich ein Schließfach geben lassen darf. Dahingegen sind Einrichtungen und Personen, die • Konten führen (z. B. Banken etc.) • Wertsachen verwahren, • Wertsachen als Pfand nehmen oder • Schließfächer überlassen, verpflichtet, sich Gewissheit über die Person und die Anschrift des Verfügungsberechtigten zu verschaffen. Die Daten sind dabei in geeigneter Form (z. B. bei Konten in den Kontounterlagen) festzuhalten. Durch die Legitimationsprüfung sollen Steuerhinterziehungen verhindert werden. In der Abgabenordnung werden gebietsansässige, steuerpflichtige Personen definiert. Zu diesem Personenkreis gehören gewöhnlich alle Personen, deren fester Aufenthalt im Inland mindestens sechs Monate beträgt.
Identifizierung nach dem Geidwäschege-setz (GwG)	Nach dem GwG sind Kreditinstitute, Finanzdienstleistungsinstitute, Finanzunternehmen, Versicherungsunternehmen etc. dazu verpflichtet, die Identität einer Person und der wirtschaftlich Berechtigten zu überprüfen und entsprechende Daten zu erheben, sofern die folgenden Tatbestände vorliegen: • Eingehen einer Geschäftsbeziehung • Annahme von Bargeld ab 15.000,00 EUR • Durchführung von Transaktionen ab 15.000,00 EUR (auch wenn einzelne mit einander in Verbindung stehende Transaktionen im Gesamten diesen Wert ergeben) • Eintreten eines Verdachtsfalles bezüglich strafrechtlicher Vorschriften und Terrorismusfinanzierungen • Aufkommen von Zweifeln an der Identität der Person oder des wirtschaftlich Berechtigten • Kauf oder Verkauf von Spielmarken ab einem Wert von 2.000,00 EUR • Prämienzahlung ab 15.000,00 EUR innerhalb eines Jahres durch einen Versicherungsvermittler Folgende Fragen sind im Zusammenhang der Geldwäschebekämpfung zu klären: • Wer ist mein Vertragspartner? • Welchen Zweck bzw. welche Art der Geschäftsbeziehung wird angestrebt? • Handelt der Kunde für einen wirtschaftlich Berechtigten auf eigene oder fremde Rechnung? Folgende Daten sind mindestens festzuhalten: Natürliche Personen: • Name • Geburtsort • Geburtsdatum • Staatsangehörigkeit • Anschrift

	Juristische Personen:
	• Firma
	• Name oder Bezeichnung
	• Rechtsform
	• Registernummer
	• Anschrift des Sitzes oder der Hauptniederlassung
	• Namen der Mitglieder des Vertretungsorgans oder der gesetzlichen Vertreter
	Für eine Legitimation sind nach GwG die nachfolgenden Dokumente zugelassen:
	Natürliche Personen:
	• im Inland gültiger amtliche Lichtbildausweis
	• an Hand eines inländischen oder nach ausländerrechtlichen Bestimmungen anerkannten oder zugelassenen Passes, Personalausweises oder Pass- oder Ausweisersatzes
	Juristische Personen:
	• Auszug aus dem Handels- oder Genossenschaftsregister oder einem vergleichbaren amtlichen Register oder Verzeichnis
	• Gründungsdokumente oder gleichwertige beweiskräftige Dokumente
	• Einsichtnahme in die Register- oder Verzeichnisdaten
	Ziel ist vorrangig die Bekämpfung von Geldwäsche und die Verhinderung von Terrorismusfinanzierungen.
Legitimationsprüfung nach dem Außenwirtschaftsgesetz (AWG)	Nach dieser Regelung haben die Institute die devisenrechtliche Stellung des Vertragspartners zu prüfen, d. h. ob er Inländer oder Ausländer ist. Zudem wird ermittelt, ob es sich um einen Steuerinländer oder -ausländer handelt.

1.3 Basiskonto

Personenkreis	Jeder Verbraucher mit rechtmäßigem Aufenthalt in der Europäischen Union einschließlich Personen ohne festen Wohnsitz und Asylsuchenden sowie Personen ohne Aufenthaltstitel, die aus rechtlichen Gründen nicht abgeschoben werden können, haben einen Rechtsanspruch auf ein Basiskonto bei einem Kreditinstitut.
Zweck	Kontoinhaber soll Zahlungsdienste in Anspruch nehmen können;
Aufgaben der Kreditinstitute	Kreditinstitute müssen innerhalb von 10 Tagen ein Basiskonto einrichten. Das Kreditinstitut ist berechtigt, das Konto nur auf Guthabenbasis zu führen. Das kontoführende Kreditinstitut darf das Basiskonto nicht zu Bedingungen führen, die benachteiligend sind im Vergleich zu anderen Konten.
Pflichten für Kontoinhaber	Die Inhaber von Basiskonten sind verpflichtet, für die Erbringung der Dienste das vereinbarte Entgelt zu entrichten. Die Entgelte müssen marktüblich sein und das Nutzerverhalten berücksichtigen. Grundlage für die Vertragsbeziehung mit dem Kunden sind die Allgemeinen Geschäftsbedingungen (AGB), in denen die Rechte und Pflichten der Vertragspartner geregelt sind.

2. Konten Minderjähriger

Gesetzliche Vertreter	Gesetzliche Vertreter von natürlichen Personen sind die Eltern für ihre minderjährigen Kinder (§ 1629 BGB) und der Vormund für das Mündel (§ 1773 BGB). Ebenso sind der Betreuer (§ 1902 BGB) sowie der Pfleger bei bestimmten Anlässen gesetzliche Vertreter.
Legitimations-urkunden	• Geburtsurkunde, Kinderausweis, Personalausweis ab 16 Jahre • amtliche Lichtbildausweise der gesetzlichen Vertreter • Bestallungsurkunde bei Vormund und Betreuer
Genehmi-gungspflichtige Rechts-geschäfte	Nach § 107 BGB bedarf der Minderjährige zu einer Willenserklärung, durch die er nicht lediglich einen rechtlichen Vorteil erlangt, der Einwilligung seines gesetzlichen Vertreters. Zu Rechtsgeschäften für Minderjährige bedürfen die Eltern nach §§ 1643, 1822 BGB der Genehmigung des Familiengerichts. Beispiele: • Verfügung über das Vermögen des Kindes im Ganzen • Aufnahme von Geld auf den Kredit des Kindes • Übernahme einer Bürgschaft
Anlage von Mündelgeld	Der § 1806 BGB regelt die Anlage von Mündelgeld: Der Vormund hat das zum Vermögen des Mündels gehörende Geld verzinslich anzulegen, soweit es nicht zur Bestreitung von Ausgaben bereitzuhalten ist. § 1807 BGB (Art der Anlegung) (1) Die im § 1806 vorgeschriebene Anlegung von Mündelgeld soll nur erfolgen: 1. in Forderungen, für die eine sichere Hypothek an einem inländischen Grundstücke besteht ... 2. in verbrieften Forderungen gegen den Bund ... 3. ... 4. in Wertpapieren, insbesondere Pfandbriefen ... 5. bei einer inländischen öffentlichen Sparkasse, wenn sie von der zuständigen Behörde des Landes, in welchem sie ihren Sitz hat, zur Anlegung von Mündelgeld für geeignet erklärt ist, oder bei einem anderen Kreditinstitut, das einer für die Anlage ausreichenden Sicherungseinrichtung angehört.
Einseitige Rechts-geschäfte von Minderjährigen: Kontovollmacht	Nach § 111 BGB ist ein einseitiges Rechtsgeschäft wie die Erteilung einer Kontovollmacht durch einen Minderjährigen, das der Minderjährige ohne die erforderliche Einwilligung des gesetzlichen Vertreters vornimmt, unwirksam.
Arbeitsverhält-nisse mit Minderjährigen	Nach § 113 BGB regelt die Eingehung eines Arbeitsverhältnis mit Minderjährigen. Ermächtigt der gesetzliche Vertreter den Minderjährigen, in Arbeit zu treten, so ist der Minderjährige für solche Rechtsgeschäfte unbeschränkt geschäftsfähig, welche die Eingehung oder Aufhebung eines Arbeitsverhältnisses der gestatteten Art oder die Erfüllung der sich aus einem solchen Verhältnis ergebenden Verpflichtungen betreffen. Ausgenommen sind Verträge, zu denen der Vertreter der Genehmigung des Familiengerichts bedarf.

3. Mündelkonten

Vormund	Ein Vormund kann für Minderjährige bestellt werden (§ 1773 BGB). Ein Minderjähriger erhält einen Vormund, wenn er nicht unter elterlicher Gewalt steht, z. B. wenn beide Eltern verstorben sind. Der Vormund wird vom Familiengericht bestellt. Jeder Deutsche hat die Vormundschaft, für die er vom Familiengericht ausgewählt wird, zu übernehmen (§ 1785 BGB).
Aufgaben des Vormunds	• Der Vormund ist berechtigt, die Vermögensangelegenheiten des Mündels wahrzunehmen und als gesetzlicher Vertreter im Namen des Mündels zu handeln. • Die Aufgaben und Rechte des Vormunds sind nicht übertragbar. • Der Vormund kann eine Vollmacht erteilen.
Kontoeröffnung	Bei der Kontoeröffnung für einen Minderjährigen handelt der gesetzliche Vertreter oder Vormund für diesen. Es wird also ein Konto für den Minderjährigen durch seinen gesetzlichen Vertreter errichtet. Kontoinhaber und Gläubiger der Forderung ist das Mündel, so dass seine Legitimation zu prüfen ist. Der Vormund ist gesetzlicher Vertreter. Legitimationsunterlagen des Minderjährigen: • Kinderausweis • Geburtsurkunde • Familienstammbuch Legitimationsunterlagen des verfügungsberechtigten Vormunds: • Personalausweis • Bestallungsurkunde Der Vormund erhält zum Nachweis seiner Stellung nach außen eine Bestallungsurkunde, die allerdings keinen Vertrauensschutz für gutgläubige Dritte schafft. Für die Bank bedeutet dies, dass sie die Angaben in der Bestallungsurkunde durch Einsicht in die Vormundschaftsakten überprüfen muss. Beispiel für eine Kontobezeichnung: Andreas Kramer, Mündelkonto
Anlage von Mündelgeld	Zu den Instituten, die mündelsichere Einlagen entgegennehmen können, gehören neben den Sparkassen solche Kreditinstitute, die einer für die Anlage ausreichenden Sicherungseinrichtung (Bundesverband Deutscher Banken e.V. und Bundesverband der Volksbanken und Raiffeisenbanken e.V.) angehören. Beispiele für mündelsichere Anlagen: • Bundeswertpapiere • Pfandbriefe, die grundbuchlich abgesichert sind. • Wertpapiere, die vom Bund für mündelsicher erklärt worden sind. • Einlagen bei inländischen öffentlichen Sparkassen oder anderen Kreditinstituten, die einer ausreichenden Sicherungseinrichtung angehören. Verfügungen über angelegtes Geld: Bei Sperrvermerk Verfügung mit Zustimmung des Familiengerichts

Verfügungsgeld	Der Vormund kann ein Guthaben auf einem Spar- oder Girokonto bei einem Kreditinstitut ohne Sperrvermerk unterhalten und über das Kontoguthaben für sein Mündel verfügen (§ 1813 BGB). Beispiele für Ausgaben im Rahmen des Verfügungsgeldes: • Ausgaben für den Unterhalt • Ausgaben für Ausbildung • Ausgaben für kleinere Anschaffungen • Kosten der Vermögensverwaltung
Beendigung der Vormundschaft	Eintritt der Volljährigkeit des Mündels: In diesem Fall ist durch das Kreditinstitut die Legitimation des volljährig gewordenen Mündels zu prüfen.

4. Betreuerkonten

Wichtige Vorschriften für eine Betreuung

Gründe	für Volljährige: • wegen Krankheit oder Behinderung • Betreuung auf Antrag bzw. von Amts wegen (§ 1896 BGB) beim Betreuungsgericht
Umfang	• Gesundheitssorge • Vermögenssorge
Vertretung	Der Betreuer vertritt in seinem Aufgabenkreis den Betreuten gerichtlich und außergerichtlich (§ 1902 BGB).
Willenserklärung des Vertretenden	Die Geschäftsfähigkeit des Betreuten bleibt erhalten. Das Betreuungsgericht kann einen Einwilligungsvorbehalt anordnen, soweit dies zur Abwendung einer erheblichen Gefahr für Person oder Vermögen des Betreuten erforderlich ist. Dann muss der Betreuer die vom Betreuten getätigten Geschäfte genehmigen. Einwilligung entfällt, wenn die Willenserklärung dem Betreuten einen rechtlichen Vorteil bringt (§ 1903 BGB).
Geldanlage	• verzinsliche Geldanlage (§ 1806 BGB) • mündelsichere Geldanlage (1807 BGB)
Genehmigungspflichtige Geschäfte durch das Betreuungsgericht (§§ 1821, 1822, 1643, 1908i BGB)	• Grundstücksgeschäfte • Verfügung über das Vermögen im Ganzen • Kreditaufnahme • Übernahme einer Bürgschaft

Besonderheiten bei Betreuerkonten

Verfügungsmöglichkeiten einer nicht befreiten Betreuung nach §§ 1813, 1901 BGB	Der nicht befreite Betreuer bedarf nicht der Genehmigung des Betreuungsgerichts, • wenn er über Gelder verfügt, die auf einem Kontokorrentkonto des Betreuten angelegt worden sind (ohne Betragsgrenze). • wenn Geld zurückgezahlt wird, dass der Betreuer z. B. auf einem Termingeldkonto des Betreuten angelegt hatte.

Befreite Betreuung nach § 1817 BGB	Die Einschränkung für die nicht befreite Betreuung gilt für den befreiten Betreuer nicht. Befreite Betreuer sind i. d. R. Verwandte des Betreuten (Vater, Mutter, Kind, Ehegatte) oder Vereins- oder Behördenbetreuer.
Unter Einwilligungsvorbehalt stehende Betreuung nach § 1903 BGB	Liegt ein Einwilligungsvorbehalt vor, benötigt der Betreute z. B. bei der Eröffnung eines Kontos die Einwilligung des Betreuers. In der Regel wird der Betreute behandelt wie ein beschränkt Geschäftsfähiger.
Betreuung steht nicht unter einem Einwilligungsvorbehalt	Ohne Einwilligungsvorbehalt kann der Betreute weiter Rechtsgeschäfte abschließen, ohne die Genehmigung des Betreuers einzuholen. Er bleibt voll geschäftsfähig.
Mündelsichere Anlageformen	Nach § 1807 BGB sind z. B. folgende Anlageformen mündelsicher: • Verbriefte Forderungen gegen den Bund oder ein Land sowie Forderungen, die in das Bundesschuldbuch oder Landesschuldbuch eines Landes eingetragen sind. • Wertpapiere, insbesondere Pfandbriefe sowie verbriefte Forderungen jeder Art gegen eine inländische kommunale Körperschaft, sofern die Wertpapiere oder die Forderungen von der Bundesregierung mit Zustimmung des Bundesrates zur Anlage von Mündelgeld für geeignet erklärt sind.

5. Anderkonten und Anderdepots

Kontoinhaber	• Notare, Rechtsanwälte • Wirtschaftsprüfer und Steuerberater
Kontobezeichnung	z. B. Notar Dr. Jürgen Delmere, Notar-Anderkonto 1
Kontoarten	Kontokorrent-, Spar-, Termin- und Depotkonten
Besonderheiten	Es gelten besondere Anderkontenbedingungen: • Bei Anderkonten wird der Name des Treugebers nicht genannt. • Anderkonten tragen den Zusatz „Anderkonto". • Anderkonten dienen der Verwaltung fremden Vermögens. • Besondere Geldwäschegesetzvorschriften beachten: Kontoinhaber ist nicht wirtschaftlich berechtigt und muss daher bei jeder Anderkontoeröffnung Name und Anschrift seines Mandanten mitteilen. • Kontovollmachten nur an eng begrenzten Personenkreis, z. B. andere Rechtsanwälte • Banken verzichten auf Recht der Aufrechnung und Pfand- und Zurückbehaltungsrecht. • Guthaben auf Anderkonten sind nicht abtretbar und verpfändbar. • Im Todesfall des Treuhänders fallen Kontoguthaben auf Anderkonten nicht in die Erbmasse.

Anderkonten und Geldwäscheverhinderung

Gemäß § 23 Bundesnotarordnung (BNotO) sind die Notare zuständig, Geld – auch Bargeld – von Beteiligten zur Aufbewahrung oder zur Ablieferung an Dritte zu übernehmen; dies ist auch ohne Zusammenhang mit einem Beurkundungsgeschäft zulässig. Die notarielle Verwahrung als Amtstätigkeit wird durch das Beurkundungsgesetz präzisiert und eingeschränkt, wobei der Gesetzgeber versucht hat, das Anderkonto weniger geldwäscheanfällig zu machen und den Notar vor Geldwäschern besser zu schützen.

Nach § 54 a Abs. 1 BeurkG ist es dem Notar verboten, Bargeld zur Verwahrung oder zur Ablieferung an Dritte entgegenzunehmen; ein Missbrauch der notariellen Amtstätigkeit durch Bargeldtransaktionen ist somit nicht mehr möglich, wenn der Notar seine Amtspflichten einhält.

Eine weitere Einschränkung ist in § 54 a Abs. 2 BeurkG enthalten: Ein Anderkonto darf nur noch dann eingeschaltet werden, wenn das Sicherungsbedürfnis der Beteiligten die Abwicklung über ein Anderkonto nahelegt.

Da eine Pflicht zum Tätigwerden nur bei der Beurkundungstätigkeit besteht (§ 15 Abs. 1 Satz 1 BNotO), hat der Notar grundsätzlich das Recht, eine bestimmte Abwicklungsmethode vorzuschlagen (Direktzahlung oder Einschaltung eines Anderkontos). Nach Auffassung der Bundesnotarkammer soll § 54 a BeurkG einer formularmäßigen, quasi blinden Einschaltung des Anderkontos Einhalt gebieten und den Notar veranlassen, im Einzelfall eine Prüfung vorzunehmen, welches der sicherste Weg der Kaufpreiszahlung ist.

Als berechtigtes Interesse für die Einschaltung des Anderkontos nennt die Bundesnotarkammer für einen Grundstückskaufvertrag die Ablösung von Gläubigern des Verkäufers und die Finanzierung des Kaufpreises durch die Bank des Käufers sowie die Verringerung des in der Eintragung der Auflassungsvormerkung liegenden Risikos des Verkäufers oder das Bestreben, einen möglichst frühen Besitzübergang zugunsten des Erwerbers herbeizuführen. Im Ergebnis bedeutet dies kaum eine Änderung der bisherigen Praxis, wenn man einmal von der gestiegenen Pflichten des Notars absieht. § 54 a Abs. 3 BeurkG verpflichtet den Notar deshalb einen Verwahrantrag nur entgegenzunehmen, wenn die Verwahranweisung den Bedürfnissen einer ordnungsgemäßen Geschäftsabwicklung entspricht. Ob dies zutrifft, muss objektiv und unter Vergleich mit der Risikolage ohne Einschaltung eines Anderkontos beurteilt werden, sodass der Notar in jedem Einzelfall das geeignete Abwicklungsverfahren festlegen muss. Im Ergebnis kann dies bedeuten, dass ein Vertrag ohne Anderkonto und direkt zwischen der Beteiligten abgewickelt wird.

6. Partnerschaftskonten

Begriff „Partnerschaft"	Die Partnerschaft ist eine Gesellschaft, in der sich Angehörige freier Berufe zur Ausübung ihrer Berufstätigkeit zusammenschließen. Sie übt kein Handelsgewerbe aus.
Angehörige	nur natürliche Personen
Beispiele für Partnerschaften	Ärzte, Wirtschaftsprüfer, Steuerberater, Architekten und andere Freiberufler
Name der Partnerschaft	Der Name der Partnerschaft muss mindestens den Namen eines Partners, den Zusatz „und Partner" oder „Partnerschaft" sowie die Berufsbezeichnungen aller in der Partnerschaft vertretenen Berufe enthalten. Beispiel einer Kontobezeichnung für eine Partnerschaft: Steuerberater und Wirtschaftsprüfer Dr. Ehlert & Partner

Rechtswirksamkeit der Partnerschaft gegenüber Dritten	mit Eintragung in das Partnerschaftsregister
Haftung	Für Verbindlichkeiten der Partnerschaft haften den Gläubigern neben dem Vermögen der Partnerschaft die Partner als Gesamtschuldner. Die Haftung kann in bestimmten Fällen auf den oder die Partner beschränkt werden, die die Leistung erbringen.
Vertretung	gesetzliche Regelung: Einzelvertretung vertragliche Regelung: Gesamtvertretung oder Ausschluss einzelner Partner (Eintragung in das Partnerschaftsregister)
Legitimation	• Partnerschaftsregisterauszug • Personalausweise der Partner
Geschäftsführung	Die Partner erbringen ihre beruflichen Leistungen unter Beachtung des für sie geltenden Berufsrechts. Einzelne Partner können nur von der Führung der sonstigen Geschäfte ausgeschlossen werden. Das Rechtsverhältnis der Partner im Innenverhältnis bestimmt der Partnerschaftsvertrag.

Registerbeispiel

Nummer der Eintragung	a) Name b) Sitz, Zweigniederlassung c) Gegenstand	a) Allgemeine Vertretungsregelung b) Partner, Vertretungsberechtigte und besondere Vertretungsbefugnis	a) Rechtsform b) sonstige Rechtsverhältnisse	a) Tag der Eintragung b) Bemerkungen
1	a) Dr. jur. Rudolf Bauer, Dr. jur. Susanne Schröder und Partner, Rechtsanwälte und Notare b) Hamburg c) Die Unterhaltung und Betreibung einer Gemeinschaftskanzlei	a) Rudolf Bauer und Susanne Schröder sind jeweils einzelvertretungsberechtigt. Sonst: jeweils zwei Partner vertreten gemeinsam b) Partner: Dr. jur. Rudolf Bauer, Rechtsanwalt und Notar, Norderstedt, geb. 02.05.1958 Partner: Dr. jur. Susanne Schröder, Rechtsanwältin und Notarin, Elmshorn, geb. 21.03.1968 Partner: Martina Lehmann, Rechtsanwältin, Pinneberg, geb. 17.04.1960 Partner: Irmgard Schneider, Rechtsanwältin, Bad Segeberg, geb. 15.03.1970	a) Partnerschaft	a) 18.03.2000

Für eine Kontoeröffnung der Partnerschaft benötigt die Bank folgende Informationen aus dem Partnerschaftsregister:

• genaue Bezeichnung des Partnerschaftskontos, hier: Dr. jur. Rudolf Bauer, Dr. jur. Susanne Schröder und Partner, Rechtsanwälte und Notare
• Der Name der Partnerschaft muss mit dem Namen im Partnerschaftsregister übereinstimmen.

- Die Verfügungsberechtigten müssen aufgrund der Abgabenordnung im Kontoeröffnungsantrag genannt werden.

Folgende Personen können den Kontoeröffnungsantrag für die Partnerschaft stellen:
- Dr. Rudolf Bauer einzeln
- Dr. Susanne Schröder einzeln
- Martina Lehmann und Irmgard Schneider gemeinsam

Verfügungsberechtigte über das Partnerschaftskonto sind:
- Dr. Rudolf Bauer einzeln
- Dr. Susanne Schröder einzeln
- Martina Lehmann und Irmgard Schneider gemeinsam

7. Firmenkonten

Kontoinhaber	Kontobezeichnung	Legitimation bei der Kontoeröffnung
Kaufleute • Einzelunternehmen, z. B. Jens Hoffmann, Dachdecker eK • Personenhandelsgesellschaften, z. B. OHG, KG sowie GmbH & Co. KG • Kapitalgesellschaften, z. B. GmbH, AG • Genossenschaften, z. B. Einkaufsgenossenschaft Trampe eG	Firma laut Handelsregister- bzw. Genossenschaftsregistereintragung	Amtlicher Lichtbildausweis der Vertretungsberechtigten und beglaubigter Auszug aus dem Handelsregister (Abteilung A für Personengesellschaften und Abteilung B für Kapitalgesellschaften) bzw. Genossenschaftsregister

Unternehmensform	Gesetzliche Vertreter	Vertreter durch Rechtsgeschäft	Registereintragung
Offene Handelsgesellschaft	Vollhaftende Gesellschafter	Prokuristen (Einzelprokura, Gesamtprokura oder Filialprokura) und Handlungsbevollmächtigte; Eintragung der Prokuristen ins Handelsregister hat deklaratorische Wirkung.	Handelsregister Abteilung A, Eintragung hat deklaratorische Wirkung

Beispiel für die Zeichnungsberechtigung bei Firmenkonten

Claudia Winkler möchte bei der *Nordbank AG* ein Kontokorrentkonto auf den Namen der *Kora GmbH* eröffnen. Diese importiert Spielwaren und elektronische Geräte aus Indonesien und vertreibt sie an deutsche Einzelhandelsgeschäfte. Die Rechtsverhältnisse der GmbH sind dem nachfolgenden Handelsregisterauszug zu entnehmen.

Auszug aus dem Handelsregister Amtsgericht Pinneberg
Firma: *Kora GmbH*
Ort der Niederlassung: Pinneberg
Gegenstand des Unternehmens: Großhandel mit Spielwaren und elektronischen Geräten
Stammkapital: 50.000,00 EUR

Geschäftsführer:
Claudia Winkler, Kauffrau, Pinneberg, geb. 06.09.1967
Nadine Nassar, Kauffrau, Hamburg, geb. 25.02.1962
Florian Brinkhaus, Kaufmann, Pinneberg, geb. 19.11.1958
Gesamtprokurist: Klaus Harke, Norderstedt, geb. 04.05.1971
Rechtsverhältnisse: Gesellschaft mit beschränkter Haftung. Gesellschaftsvertrag vom 14. August 2002. Ist ein Geschäftsführer bestellt, vertritt er die Gesellschaft allein; sind mehrere bestellt, sind zwei Geschäftsführer gemeinsam oder ein Geschäftsführer gemeinsam mit einem Prokuristen vertretungsberechtigt. Einzelnen Geschäftsführern kann Alleinvertretungsberechtigung verliehen werden. Claudia Winkler ist alleinvertretungsberechtigt.
Tag der Eintragung: 17. September 2002

Neben den im Handelsregisterauszug aufgeführten Personen hat auch der Handlungsbevollmächtigte Rainer Bittermann eine Kontovollmacht erhalten. Herr Bittermann darf nur in Gemeinschaft mit einem Geschäftsführer oder einem Prokuristen handeln.

Legitimationsprüfung

Die Legitimationsprüfung erfolgt über den Handelsregisterauszug und ggf. durch die Personalausweise der Vertretungsberechtigten. Dies erhöht neben der gesetzlichen Anforderung nach § 154 Abgabenordnung die Rechtssicherheit, da sich die *Nordbank AG* Gewissheit über ihre Kundin verschafft (Sorgfaltspflicht). Daneben dient die Legitimationsprüfung durch den Handelsregisterauszug der Feststellung der Rechtsfähigkeit der Firma. Außerdem dient sie der Feststellung der Geschäftsfähigkeit der für die Unternehmung handelnden Personen.

Überprüfung des wirtschaftlich Berechtigten nach dem Geldwäschegesetz

- Die Überprüfung des wirtschaftlich Berechtigten ist nach dem Geldwäschegesetz erforderlich.
- Wenn auf das Konto der *Kora GmbH* nur eigene Mittel der Gesellschaft eingezahlt werden sollen, handelt die GmbH, vertreten durch Frau Winkler als Geschäftsführerin, für eigene Rechnung.
- Wenn auf das Konto der *Kora GmbH* nur Mittel im Auftrag und für Rechnung eines Dritten eingezahlt werden, handelt sie für fremde Rechnung.

Die vertretungsberechtigten Personen der *Kora GmbH*

Vertretungsberechtigte	Vertretungsberechtigung „E" bei Einzelvertretungsberechtigung „G" bei gemeinschaftlicher Vertretungsberechtigung mit einer anderen Person
Claudia Winkler	E
Nadine Nassar	G
Florian Brinkhaus	G
Klaus Harke	G
Rainer Bittermann	G

Umfang der Geschäftstätigkeit des Prokuristen Harke

Nach §§ 48 und 49 HGB darf Herr Harke alle gewöhnlichen Geschäfte (z. B. Verfügungen über Kontoguthaben, Erteilung von Inkassoaufträgen, Entgegennahme und Anerkennung von Abrechnungen, Kontoauszügen) und außergewöhnlichen Geschäfte (insbesondere Aufnahme von Darlehen, Bestellung von Sicherheiten mit Ausnahme von Grundpfandrechten) tätigen.

Umfang der Geschäftstätigkeit des Handlungsbevollmächtigten Bittermann

Nach § 54 HGB darf Herr Bittermann nur die gewöhnlichen Geschäfte, die sich bei der *Kora GmbH* ergeben, tätigen. Beispiele für den Umfang seiner Geschäftstätigkeit sind die Überweisungen von Rechnungen der *Kora GmbH* sowie die Ausnutzung eingeräumter Kreditlinien.

8. Nachlasskonten

Verfügungen im Erbfall

Mit dem Tode einer Person (Erbfall) geht deren Vermögen (Erbschaft) als Ganzes auf eine oder mehrere andere Personen (Erben) über.

Verfügungsberechtigte	Rechtsgrundlage	Legitimation
• Alleinerbe • Erbengemeinschaft: Und-Konto, nur gemeinschaftliche Verfügung	BGB-Regelungen über die Erben	• Erbschein • beglaubigte Abschrift eines Testaments nebst zugehöriger Eröffnungsniederschrift
Bevollmächtigte	BGB-Regelung über die Vollmacht	• Vollmacht über den Tod hinaus • Vollmacht für den Todesfall
Testamentsvollstrecker	Testament	• Testamentsvollstreckerzeugnis • beglaubigte Abschrift des Testaments nebst zugehöriger Eröffnungsniederschrift
Besonderheiten bei der Bezahlung der Beerdigungskosten	Die Bank ist nicht verpflichtet, in diesbezügliche Vorleistungen (Bezahlung der Beerdigungskosten) zu gehen. Sie tut es grundsätzlich auf eigenes Risiko. Stellt sich heraus, dass der die Auszahlung Veranlassende überhaupt nicht Erbe geworden ist, die Bank mithin auf Weisung eines Scheinerben geleistet hat, so ist sie u. U. gegenüber dem wirklichen Erben bankrechtlich zur Rückbuchung des verauslagten Betrages verpflichtet, auch wenn sie als Geschäftsführerin ohne Auftrag gehandelt hat. Möchte sich die Bank absichern, so wird sie sich im Gegenzug zur Verauslagung der Begräbniskosten eine entsprechende Haftungserklärung des die Auszahlung bzw. Bezahlung Begehrenden einfordern.	

Meldevorschrift an Erbschaftsteuerstelle: Das Kreditinstitut muss alle Konten- und Depotguthaben binnen eines Monats nach Kenntnis vom Todesfall (Vorlage der Sterbeurkunde) an das für die Erbschaftsteuer des Erblassers zuständige Finanzamt melden, sofern der Gesamtwert der Guthaben 5.000,00 EUR übersteigt. Die Existenz von Schließfächern oder Verwahrstücken ist stets meldepflichtig.

Maßgeblich ist der Tagesendsaldo des Vortodestages bei Giro- und Sparkonten. Guthaben und Darlehen dürfen nicht miteinander verrechnet werden.

Die bis zum Todestag aufgelaufenen Zinsen auf Kontoguthaben und Wertpapieren sind ebenfalls zu melden.

Wertpapiere werden zum Kurswert des Todestages bewertet.

Kontoführungsarbeiten im Todesfall des Kontoinhabers

- Umstellung des Girokontos und ggf. Schließfächer als Nachlasskonto, das Konto erhält den Zusatz „Nachlass"
- Sperre von Maestro-Girokarte und Kreditkarten, bzw. die Karten werden eingezogen
- Meldung des Todesfalls an die Kreditkartengesellschaft
- Online-Zugang des Verstorbenen zum Girokonto bzw. des Gemeinschaftskontos löschen
- Meldung von Kontoständen an die Erbschaftsteuerstelle
- Prüfen, ob im Falle eines Gemeinschaftskontos ein eingeräumter Dispositionskredit in der Höhe bestehen bleiben kann
- Zahlungsaufträge des Erblassers werden grundsätzlich weiterhin ausgeführt, d. h. vorgelegte Schecks werden eingelöst, Lastschriften eingelöst sowie Daueraufträge ausgeführt.
- Mit dem Tod erlischt der Freistellungsauftrag
- Beim Tod eines Ehegatten verlieren die gemeinsam erteilten Freistellungsaufträge ihre Gültigkeit für alle Konten
- Der Freistellungsauftrag bleibt nur wirksam bis zum Jahresende für die allein auf den Namen des überlebenden Ehegatten lautenden Konten
- Durchführung von Lastschriftzahlungen und Überweisungen, die zu Lebzeiten vom Erblasser noch erteilt wurden
- Verfügungen über das Konto nur mit Vollmacht über den Tod hinaus bzw. Vollmacht für den Todesfall
- Ggf. steuerunschädliche Auflösung von Riester-Verträgen und Übertragung der Altersvorsorgeverträge auf den überlebenden Ehepartner
- Steuerschädliche Auflösung der Riester-Verträge bei Nichtübernahme durch den Ehepartner; es wird der Steuersatz des Erblassers zugrunde gelegt.

Meldevorschriften bei Nachlasskonten

Beispiel

Am 01. **Februar 2022** legt Sebastian Köster der *Nordbank AG* die Sterbeurkunde seines Vaters Werner Köster vor. Der Verstorbene unterhielt folgendes Gesamtengagement bei der *Nordbank AG*, Kontostände jeweils am Todestag 00:00 Uhr:

Girokonto	Haben 2.450,00 EUR
Sparkonto einschließlich Zinsen	37.005,00 EUR
Wertpapierdepot Tageswert	145.400,00 EUR
Kredit	2.980,00 EUR

Der Verstorbene hatte ein Schließfach angemietet.

Meldepflicht an das zuständige Finanzamt

Girokonto	H 2.450,00 EUR
Sparkonto einschließlich Zinsen	37.005,00 EUR
Wertpapierdepot Tageswerte	145.400,00 EUR
meldepflichtiger Betrag	184.855,00 EUR
Meldepflicht ab:	5.000,00 EUR
meldepflichtiger Sachverhalt:	Schließfach
Meldefrist bis zum 01.**03.2022**	

9. Pfändungsschutzkonto

Allgemeines	Jeder Kunde kann von seiner Bank oder Sparkasse verlangen, dass sein Girokonto als P-Konto geführt wird. Dieses bietet einen automatischen Basispfändungsschutz in Höhe des Pfändungsfreibetrages. Dieser Pfändungsschutz ist unabhängig von der Art der Einkünfte. Da die Freibeträge nur einer natürlichen Person zustehen, ist die Führung eines Oder-Kontos oder eines Und-Kontos als Pfändungsschutzkonto nicht möglich.
Zweck eines P-Kontos	Ziel eines P-Kontos ist es, dem von einer Pfändung Betroffenen zu ermöglichen, Zahlungsgeschäfte des täglichen Lebens wie etwa Mietzahlungen und Energiekosten zu erledigen.
Einrichtung und Umwandlung	• Nur natürliche Personen können von ihrem Kreditinstitut verlangen, dass ihr Girokonto in ein P-Konto umgewandelt wird. Diese Reglung gilt nur für Girokonten, die zum Zeitpunkt der Umwandlung bereits bestehen. • Jede natürliche Person darf nur ein P-Konto unterhalten. Einrichtung und Umwandlung soll die Bank an die SCHUFA melden, die ihrerseits Banken auf Nachfrage Auskunft über ein bereits bestehendes P-Konto erteilen darf. Damit soll verhindert werden, dass gleichzeitig mehrere P-Konten für einen Kontoinhaber geführt werden. • Die Umwandlung eines Kontos in ein P-Konto kann der Kontoinhaber bis spätestens vier Wochen nach Eingang einer Pfändung mit Wirkung zum 4. auf seine Erklärung folgenden Geschäftstag verlangen. Beispiel: Geht die Pfändung am 10. August ein, kann der Kontoinhaber die Umwandlung bis zum 7. September verlangen. Verlangt er sie z. B. am 16. August, tritt die Wirkung am Beginn des 20. August ein. Das Konto gilt dann auch schon für die zuvor eingegangene Pfändung als P-Konto. • Der Kontoinhaber hat keinen Anspruch darauf, dass ihm das P-Konto alle Leistungen seines bisherigen Girokontos bietet. Da der Pfändungsschutz (abgesehen von Kindergeld und Sozialleistungen) nur für Guthaben besteht, kann debitorische Kontoführung und Leistungen, die dazu führen können, ausgeschlossen werden.
Wirkung des Pfändungsschutzkontos	Bei einem P-Konto kann der Kontoinhaber trotz Pfändung im jeweiligen Kalendermonat über Guthaben in Höhe der monatlichen Pfändungsfreibeträge und bei Nachweis in Höhe der Unterhaltsfreibeträge (Kindergeld, Arbeitslosengeld) verfügen. Guthaben dieser Art wird nicht von der Pfändung erfasst. Falls im Kalendermonat nicht das gesamte pfändungsfreie Guthaben verbraucht wurde, wird es zu dem im nächsten Kalendermonat geltenden Pfändungsfreibetrag gerechnet und bleibt pfändungsfrei. Eine Übertragung auf die nächsten beiden Monate ist seit dem 1. Dezember 2021 möglich. Die Bank, die ein P-Konto eingerichtet hat, muss also den geltenden Pfändungsfreibetrag feststellen und eine entsprechende Staffel über die jeweiligen Verfügungen des Pfändungsschuldners und den verbleibenden pfändungsfreien Betrag führen. Nach Eingang einer Pfändung darf der Kontoinhaber im laufenden Monat der Pfändung noch über Guthaben und Eingänge in voller Höhe des Freibetrages verfügen. Der Freibetrag gilt also auch, wenn der Kontoinhaber in diesem Kalendermonat bereits vor Eingang der Pfändung Verfügungen vorgenommen hat. Für alle Folgemonate bis zur

	Erledigung der Pfändung durch Forderungstilgung oder Aufhebung fällt der Freibetrag erneut an. Über nicht pfändbare Sozialleistungen, z. B. Kindergeld, kann der Kontoinhaber ohne zeitliche Begrenzung frei verfügen. Sie werden nicht auf den Basisfreibetrag angerechnet.
Berechnung des Basispfändungsfreibetrages	Guthaben in Höhe des jeweils geltenden Grundfreibetrags gemäß § 850 c ZPO ist pfändungsfrei. Hinzu kommen ggf. Unterhaltsfreibeträge und Freibeträge in Höhe des gutgeschriebenen Kindergelds oder einmaliger Sozialleistungen. Zur korrekten Berechnung der den gesetzlichen Grundfreibetrag übersteigenden Beträge kann die Bank den Nachweis der Pfändungsfreiheit vom Schuldner verlangen. Dazu zählen z. B. Bescheinigungen des Arbeitgebers, der Familienkasse, des Sozialleistungsträgers oder einer anerkannten Schuldnerberatungsstelle. Der pfändungsfreie Betrag erhöht sich auf Beschluss des Vollstreckungsgerichts, wenn der Kontoinhaber nachweist, dass ihm aufgrund seiner gesetzlichen Unterhaltsverpflichtungen ein höherer Freibetrag zusteht.
Pfändungsfreier Betrag	Der pfändungsfreie Betrag ist von der Einkommenshöhe und den Unterhaltspflichten des Schuldners abhängig.
P-Konto im Debet	Hat der Schuldner Auszahlungsansprüche aus einer Kreditlinie, können diese unter den gleichen Voraussetzungen wie bei einem herkömmlichen Konto gepfändet werden. Pfändungsschutz besteht nur für einen Auszahlungsanspruch über Guthaben (§ 850 k ZPO). Solange ein P-Konto, etwa nach Umwandlung eines bis dahin im Debet geführten herkömmlichen Girokontos, debitorisch ist und der Geldeingang nicht zum Entstehen eines Guthabens ausreicht, greift auch der Pfändungsschutz für Guthaben nicht. Stammt allerdings der Geldeingang aus einer Sozialleistung oder aus Kindergeld, darf die Bank innerhalb von 14 Tagen nach Gutschrift die Verfügung des Kontoinhabers darüber nicht ablehnen. Die Verrechnung mit eigenen Forderungen ist innerhalb dieser Frist nur für Kontoführungsgebühren zulässig (§ 850 k ZPO).
Neuregelung zum Pfändungschutzkonto seit dem 1. Dezember 2021	- Der Pfändungsschutzfreibetrag wird dann jährlich neu festgesetzt. - Ein Pfändungsschutzkonto kann auch bei einem Gemeinschaftskonto eingerichtet werden. Das Pfändungsschutzkonto wird als Unterkonto geführt. - Nicht ausgenutzte Pfändungsfreigrenzen können dann bis zu drei Monaten danach ausgenutzt werden. Durch diese Neuregelung wird der Verbraucherschutz weiter gestärkt.

Beispiel

Rüdiger Holm ist Kunde der *Nordbank AG*. Sie führt für Herrn Holm ein Pfändungsschutzkonto. Für dieses Konto liegt eine aktive Kontopfändung vor. Herr Holm kommt am 14.02.2022 zum Beratungspoint, um das verfügbare Guthaben von seinem Konto abzuheben.

Der Nordbank AG liegen folgende Informationen vor.

Gehaltszahlung am 01.02.2022: 1.350,00 EUR, Pfändungsfreibetrag: 1.252,64 EUR, verbrauchter Pfändungsfreibetrag Februar 2022: 950,00 EUR, Herr Holm ist ledig und kinderlos.

Welchen Betrag kann die Nordbank AG Herrn Holm im März 2022 auszahlen?

1.252,64 EUR – 950,00 EUR = 302,64 EUR   1.252,64 EUR + 302,64 EUR = 1.555,28 EUR

Die *Nordbank AG* kann Herrn Holm im März 2022 1.555,28 EUR auszahlen.

Neuregelungen 1. Dezember 2021

Neue Regeln für den Pfändungsschutz seit 1. Dezember 2021 (Zusammenfassung)

Die monatliche Pfändungsschutzfreigrenze liegt ab 1. Juli 2021 bei 1.252,64 EUR. Wer unterhaltspflichtig ist, also beispielsweise eine Familie zu versorgen hat, kann eine sog. P-Konto-Bescheinigung einreichen. Dann steigt die Freigrenze monatlich zusätzlich um 471,44 EUR für die erste sowie 262,65 EUR für die zweite bis maximal 5. Person. Die Bescheinigung hat künftig eine Gültigkeitsdauer von zwei Jahren.

Die Pfändungsfreigrenzen werden jedes Jahr zum 1. Juli erhöht.

Wer einen Teil des monatlichen Freibetrags nicht verbraucht hat, kann Das pfändungsgeschützte Guthaben seit Dezember 2021 bis zu drei Monaten übertragen.

Bei der Pfändung eines Gemeinschaftskontos können nun alle Kontoinhaber von der Bank die Übertragung des Guthabens nach Kopfteilen auf Einzelkonten verlangen.

Das Recht auf Umwandlung in ein P-Konto gilt künftig auch für Girokonten, die im Minus stehen. Der negative Saldo ist dann auf einem separaten Konto zu führen.

> Seit dem 1. Dezember gilt für Nachzahlungen etwa des Arbeitseinkommens und von Sozialleistungen teilweise ein Pfändungsschutz. Der Grundfreibetrag wird bei weiteren Geldleistungen, z. B. nach dem Asylbewerberleistungsgesetz, erhöht.

10. Allgemeine Geschäftsbedingungen

AGB und Preisaushang	Allgemeine Geschäftsbedingungen bilden den rechtlichen Rahmen für den Geschäftsverkehr zwischen Kreditinstitut und Kunde. Sie regeln die beiderseitigen Rechte und Pflichten zwischen Kreditinstitut und Kunden. Sie vereinheitlichen die Geschäftsbeziehungen zu den Kunden mit dem Ziel einer schnellen, sicheren und rationellen Abwicklung des Geschäftsverkehrs.
	Die Banken verwenden zur Ausgestaltung der vertraglichen Beziehung mit ihren Kunden verschiedene AGB-Klauselwerke. Die Grundlage bilden dabei regelmäßig die „Allgemeinen Geschäftsbedingungen" der privaten Banken. Für spezielle Geschäftsfelder, wie etwa für die Abwicklung von Zahlungsverkehrsvorgängen, existieren in den Banken daneben weitere Bedingungswerke (wie z. B. die Überweisungsbedingungen), die ergänzend die Besonderheiten des jeweiligen Geschäftsfeldes regeln.
	Der BGH hatte am 27. April 2021 entschieden, dass Klauseln in den Allgemeinen Geschäftsbedingungen (**AGB**) einer **Bank** unwirksam sind, die ohne inhaltliche Einschränkung die Zustimmung des Kunden zu **AGB** - und damit auch Gebühren-**Änderungen** auslösen, d.h. die Bankkunden müssen ausdrücklich ihre Zustimmung zu den Änderungen der AGB der Banken geben. Ebenso wesentlich ist, dass Bankkunden bei der Anpassung ihrer Verträge zeitlich nicht unter Druck gesetzt werden dürfen.
	Nach Ziffer 12 der AGB der Banken ergibt sich die Höhe der Zinsen und Entgelte für die im Privatkundengeschäft üblichen Kredite und Leistungen aus dem „Preisaushang" – Regelsätze im standardisierten Privatkundengeschäft" und ergänzend aus dem „Preis- und Leistungsverzeichnis". Wenn ein Kunde einen dort aufgeführten Kredit oder eine dort aufgeführte Leistung in Anspruch nimmt und dabei keine abweichende Vereinbarung getroffen wurde, gelten die zu diesem Zeitpunkt im Preisaushang oder Preis- und Leistungsverzeichnis angegebenen Zinsen und Entgelte.
Benachrichtigungspflichten des Kontoinhabers	Zur ordnungsgemäßen Abwicklung des Geschäftsverkehrs ist es erforderlich, dass der Kunde der Bank Änderungen seines Namens und seiner Anschrift sowie das Erlöschen oder die Änderung einer gegenüber der Bank erteilten Vertretungsmacht (insbesondere einer Vollmacht) unverzüglich mitteilt. Diese Mitteilungspflicht besteht auch dann, wenn die Vertretungsmacht in ein öffentliches Register (z. B. in das Handelsregister) eingetragen ist und ihr Erlöschen oder ihre Änderung in dieses Register eingetragen wird.
Haftung der Bank	Die Bank haftet bei der Erfüllung ihrer Verpflichtungen für jedes Verschulden ihrer Mitarbeiter und der Personen, die sie zur Erfüllung ihrer Verpflichtungen hinzuzieht. Hat der Kunde durch ein schuldhaftes Verhalten zu der Entstehung eines Schadens beigetragen, bestimmt sich nach den Grundsätzen des Mitverschuldens, in welchem Umfang Bank und Kunde den Schaden zu tragen haben.

Rechnungsab-schlüsse bei Konto-korrentkonten	Die Bank erteilt bei einem Kontokorrentkonto, sofern nicht etwas anderes vereinbart ist, jeweils zum Ende eines Kalenderquartals einen Rechnungsabschluss; dabei werden die in diesem Zeitraum entstandenen beiderseitigen Ansprüche (einschließlich der Zinsen und Entgelte der Bank) verrechnet. Die Bank kann auf den Saldo, der sich aus der Verrechnung ergibt, Zinsen berechnen.
Frist für Einwendun-gen; Genehmigung durch Schweigen	Einwendungen wegen Unrichtigkeit oder Unvollständigkeit eines Rechnungsabschlusses hat der Kunde spätestens innerhalb von sechs Wochen nach dessen Zugang zu erheben; macht er seine Einwendungen schriftlich geltend, genügt die Absendung innerhalb der Sechs-Wochen-Frist. Das Unterlassen rechtzeitiger Einwendun-gen gilt als Genehmigung. Auf diese Folge wird die Bank bei Ertei-lung des Rechnungsabschlusses besonders hinweisen. Der Kunde kann auch nach Fristablauf eine Berichtigung verlangen, muss dann aber beweisen, dass zu Unrecht sein Konto belastet oder eine ihm zustehende Gutschrift nicht erteilt wurde.

11. SCHUFA

Allgemeine Kennzeichnung	Die SCHUFA stellt ihren Vertragspartnern, z. B. Kreditinstituten, Informationen zur Verfügung, um sie vor Verlusten im Kreditgeschäft mit natürlichen Personen zu schützen.
SCHUFA-Meldung	Personenstammsatz: • Name, Vorname • Geburtsdatum und Geburtsort • Anschrift
Positivmerkmale	• Kontoeröffnungsantrag und Kontoeröffnung • Vereinbarungsgemäße Beendigung der Kontoverbindung • Ausgabe einer Kreditkarte • Kreditantrag und Kreditgewährung sowie vereinbarungsgemäße Abwicklung • Bürgschaftsübernahmen
Negativmerkmale	• Kündigung wegen Kartenmissbrauch durch den Karteninhaber • Kündigung wegen Zahlungsunfähigkeit • Zwangsvollstreckungsmaßnahmen, Vermögensauskunft
Löschung von Eintragungen	Die eingetragenen Daten werden nach Ablauf bestimmter Fristen gelöscht, einige Negativmerkmale, z. B. Vermögensauskunft, am Ende des dritten Kalenderjahres nach ihrer Speicherung.
Kostenlose SCHUFA-Auskunft	Verbraucher haben das Recht, einmal im Jahr kostenlos eine Aus-kunft über ihre Kreditwürdigkeitsdaten bei der SCHUFA oder ande-ren Auskunfteien einzufordern. Es muss ihnen mitgeteilt werden, welche Daten warum gespeichert wurden, woher sie stammen und an wen sie weitergegeben wurden. Auch ihren sog. Scorewert erfah-ren die Verbraucher; er gibt Auskunft darüber, wie ihre Bonität ein-geschätzt wird. Der Wert kann sich auf die Frage der Kreditwürdig-keit und die Höhe der Kreditzinsen auswirken

SCHUFA-Score	Wenn ein Bankkunde einen Kredit aufnehmen oder etwas auf Raten kaufen will, möchte die Bank vorher möglichst gut einschätzen können, ob der Bankkunde seinen Verpflichtungen nachkommen wird. Mit dem SCHUFA-Scores hat der Bankkunde gute Voraussetzungen, von seiner Bank positiv beurteilt zu werden. Bei Banken und anderen kreditgebenden Unternehmen gelten die SCHUFA-Scores als besonders zuverlässig. Die SCHUFA greift auf langjährige Erfahrungen zurück und die Scoreberechnungen erfolgen auf mathematisch-statistisch anerkannten und bewährten Verfahren. Die Aussagekraft der SCHUFA-Verfahren wird laufend von externen Stellen überprüft. Durch die SCHUFA-Auskunft und die Berechnung eines Scores unterstützt die SCHUFA kreditgebende Unternehmen bei der Entscheidungsfindung und gewährleistet damit, alltägliche Kreditgeschäfte rasch abwickeln zu können.

Beim Scoring wird anhand von gesammelten Informationen und Erfahrungen aus der Vergangenheit eine Prognose über zukünftige Ereignisse erstellt. Die Berechnung aller Wahrscheinlichkeitswerte erfolgt bei der SCHUFA auf der Basis der ihrer Person bei der SCHUFA gespeicherten Informationen, die auch in der SCHUFA-Auskunft mitgeteilt werden.

Folgende Datenarten können bei der Berechnung des Scores einfließen:
- bisherige Zahlungsstörungen : Wenn man in der Vergangenheit Geschäfte mit einem finanziellen Ausfallrisiko (auch Handy- oder Versandhandelsverträge) nicht vertragsgemäß erfüllt hat, kann man z. B. die Anzahl, die Art und die Dauer der Zahlungsstörungen in den Score einfließen lassen.
- Kreditaktivität des letzten Jahres: Ob und in welcher Anzahl man in den letzten zwölf Monaten Geschäfte mit einem finanziellen Ausfallrisiko angefragt und tatsächlich abgeschlossen hat, wird in dieser Datenart berücksichtigt.
- Allgemeine Daten: Hierunter fallen die Daten wie z. B. das Geburtsdatum, das Geschlecht oder die Anzahl der einmal im Geschäftsverkehr verwendeten Anschriften.
- Kreditnutzung: Anzahl, Art, Dauer und Umfang der vom Kunden abgeschlossenen Geschäfte mit einem finanziellen Ausfallrisiko sind Informationen, die bei der Scoreberechnung berücksichtigt werden können, insbesondere soweit sie bei verschiedenen Unternehmen erfolgten.
- Länge der Kredithistorie: In dieser Datenart kann einfließen, wie lange der SCHUFA Kreditbeziehungen, z. B. Girokonten oder Kreditkarten, zu einer Person bekannt sind. Längere Kredithistorien können einen Hinweis auf Erfahrung im Umgang mit finanziellen Verpflichtungen sein.
- Anschriftendaten: Die SCHUFA verwendet für die Berechnung von Scores in der Regel keine Bewertung der Anschrift selbst oder ih-

res Umfelds. Wenn wenig personenbezogene kreditrelevante Informationen vorliegen, verwendet die SCHUFA zum Scoring für
einige Vertragspartner der SCHUFA auch kreditrelevante SCHU-
FA-Daten aus der direkten Umgebung der Anschrift.

Die Staatsangehörigkeit, die ethnische Herkunft oder Angaben zu
politischen oder religiösen Einstellungen werden bei der SCHUFA
nicht gespeichert und somit auch bei der Berechnung des Scorewer-
tes nicht berücksichtigt.

Um die ermittelten Scorewerte und deren Bedeutung einschätzen zu
können, hat die SCHUFA der Erfüllungswahrscheinlichkeit eine einheitliche Zuordnung in folgende Risikokategorien zugrunde gelegt:
97,5 % = sehr geringes Risiko
95 % bis 97,5 % = geringes bis überschaubares Risiko
90 % bis 95 % = zufriedenstellendes bis erhöhtes Risiko
80 % bis 90 % = deutlich erhöhtes bis hohes Risiko
50 % bis 80 % = sehr hohes Risiko
Kleiner als 50 % = sehr kritisches Risiko

Eine Erfüllungswahrscheinlichkeit von 95 % sagt aus, dass die
Wahrscheinlichkeit, mit der ein Kunde Zahlungen vertragsgemäß
leistet bei 95 % liegt. D. h. nach statistischen Erkenntnissen würden
95 von 100 Personen zuverlässig bezahlen. Beispiel für eine Score-
Anfrage eines Kunden:
SCHUFA-Score für Banken: 99,23 % ++, ++, o, ++, +, n/v
Legende: ++ bedeutet deutlich unterdurchschnittliches Risiko, +
bedeutet unterdurchschnittliches Risiko, o bedeutet durchschnittli-
ches Risiko, - bedeutet überdurchschnittliches Risiko, - - bedeutet
deutlich überdurchschnittliches Risiko, n/v bedeutet nicht verwendet.
Bedeutung insgesamt: sehr geringes Risiko

SCHUFA Positivmerkmale	SCHUFA Negativmerkmale
GI: Girokonto	HB: Haftbefehl
KR: Kredit, der gewährt wurde (evtl. bereits zurückgezahlt)	KW: Konto in Abwicklung
BU: Bürgschaft, Kunde wurde als Bürge akzeptiert	SU: Schuldsaldo
CC/CR: Kreditkarte wurde ausgegeben	

12. Geldwäsche und Terrorismusbekämpfung
12.1 Maßnahmen gegen Geldwäsche

Merkmale	Inhalte
Allgemeines zur Geldwäsche	Geldwäsche im Sinne des § 261 Abs. 1 StGB bezeichnet die Verschleierung der Herkunft von illegalen Geldern mit dem Ziel, diese mit dem Anschein der Legalität zurück in den Finanzkreislauf einzubringen. Dabei wird versucht, sowohl Bargeld durch Umwandlung in Buchgeld in das Bankensystem einzuführen, als auch Immobilien, Edelmetalle, Wertpapiere und Unternehmensbeteiligungen zu erwerben, um illegal erworbene Vermögenswerte in den legalen Finanzkreislauf unter Verschleierung ihres wahren Ursprungs einzuschleusen. Darüber hinaus werden illegale Vermögensgegenstände als legale Spiel- oder Geschäftsgewinne getarnt oder auf eine große Anzahl kleinerer Beträge verteilt. Diese Vermögensgegenstände werden über nationale Grenzen hinweg unter Einbeziehung möglichst vieler Zwischenstationen hin- und hertransferiert und letztendlich in legale oder illegale Vorhaben investiert. Die Verknüpfung legaler und illegaler Investitionsmöglichkeiten schafft neue gewinnbringende Anlagen.
Verpflichtete	• Kreditinstitute • Versicherungen • Kapitalverwaltungsgesellschaften • Rechtsanwälte, Notare • Wirtschaftsprüfer • Steuerberater • Immobilienmakler • Spielbanken
Sorgfaltspflichten	§ 3 ff. GwG • Allgemeine Sorgfaltspflichten • Vereinfachte Sorgfaltspflichten • Verstärkte Sorgfaltspflichten
Allgemeine Sorgfaltspflichten	**Identifizierung des Vertragspartners** Begründung der Identifizierungspflicht: • Transparenz über die an einer Transaktion beteiligten Personen • Verhinderung von Anonymität • Mithilfe bei der Überführung von Tätern in Verdachtsfällen Identifizierung in zwei Schritten: Feststellung und Überprüfung der Identität des Vertragspartners oder ggf. eines abweichenden wirtschaftlich Berechtigten anhand von Legitimationsurkunden **Feststellung der Identität** • Bei natürlichen Personen: Name, Geburtsort, Geburtsdatum, Staatsangehörigkeit und Anschrift. Die Identifizierung erfolgt anhand eines gültigen amtlichen Ausweises (Personalausweis, Reisepass).

- Bei juristischen Personen und Personengesellschaften: Firma, Rechtsform, Registernummer, Anschrift und Namen der Mitglieder des Vertretungsorgans (z. B. Vorstand einer AG). Die Identifizierung erfolgt durch Vorlage eines aktuellen Auszugs aus dem Handels- oder Genossenschaftsregisters bzw. Partnerschaftsregister und der amtlichen Ausweise der Vertretungsberechtigten.
- Die Unterlagen werden fotokopiert und zu den Kontounterlagen genommen.

Ermittlung des Geschäftszwecks der Geschäftsbeziehung

Begründung der Informationseinholung:

- Einschätzung des Risikoprofils eines Vertragspartners
- Zweck einer Geschäftsbeziehung ergibt sich aus den vom Kunden genutzten Produkten.

Feststellung des wirtschaftlich Berechtigten

Wirtschaftlich Berechtigter ist die natürliche Person, in deren Eigentum oder unter deren Kontrolle der Vertragspartner letztlich steht oder die natürliche Person, auf deren Veranlassung eine Transaktion letztlich durchgeführt wird.

Die Beteiligungsverhältnisse von Gesellschaften sind mit angemessenen Mitteln in Erfahrung zu bringen.

Die Abklärungspflicht besteht aus

1. der Ermittlung des wirtschaftlich Berechtigten , also der Person, die Eigentum oder Kontrolle über den Vertragspartner ausübt und
2. der Erfassung der Eigentums- und Kontrollstrukturen mit angemessenen Mitteln.

Maßnahmen zur Ermittlung des wirtschaftlich Berechtigten

- Befragung des Vertragspartners zu den Eigentums- und Kontrollverhältnissen
- Einholung von Informationen aus öffentlichen (z. B. Handelsregister) oder kommerziellen Datenbanken

Pflichtauslösende Ereignisse für eine kontinuierliche Überwachung

- Gelegenheitstransaktionen im Wert von 15.000 EUR und mehr außerhalb einer bestehenden Geschäftsbeziehung
- Allgemeine Sorgfaltspflichten müssen auch erfüllt werden, wenn mehrere Transaktionen außerhalb einer bestehenden Geschäftsbeziehung durchgeführt werden, die zusammen 15.000 EUR oder mehr ausmachen und wenn Anhaltspunkte vorliegen, dass zwischen den Transaktionen eine Verbindung besteht (Smurfing).
- Eine Transaktion ist jede Handlung, die eine Geldbewegung oder eine sonstige Vermögensverschiebung bezweckt oder bewirkt. Eine Transaktion umfasst die Annahme und Abgabe von Bargeld, Wertpapieren und Edelmetallen sowie die Überwei-

sung, Kreditrückführung und den sachenrechtlichen Eigentümerwechsel.

- Für eine Gelegenheitstransaktion spricht die Verwendung eines Zahlscheins, da nur das Zahlscheinverfahren es dem Empfänger ermöglicht, den Zahlungseingang einer bestimmten Person bzw. einem Verwendungszweck zuzuordnen. Die Nutzung eines Einzahlungsbelegs deutet auf die Einzahlung innerhalb einer bestehenden Geschäftsbeziehung hin.
- Gegenüber dem Empfänger einer Transaktion müssen keine Sorgfaltspflichten angewandt werden.
- Versicherungsvermittler müssen dem Versicherungsunternehmen mitteilen, wenn Prämienzahlungen in bar erfolgen und diese den Betrag von 15.000 EUR innerhalb eines Kalenderjahres übersteigen.
- Bei Abschluss eines Lebensversicherungsvertrags oder eines Unfallversicherungsvertrags mit Prämienrückgewähr entsteht eine Identifizierungspflicht, wenn die Jahresprämie 1.000 EUR übersteigt, wenn bei Zahlung einer einmaligen Prämie diese mehr als 2.500 EUR beträgt oder wenn mehr als 2.500 EUR auf ein Beitragsdepot gezahlt werden.
- Bei Sortengeschäften müssen die Sorgfaltspflichten bereits angewendet werden, soweit ein Sortengeschäft nicht über ein Kundenkonto abgewickelt wird und die Transaktion einen Wert von 2.500 EUR oder mehr aufweist.
- Geldtransfers außerhalb einer bestehenden Geschäftsbeziehung über einen Betrag von 1.000 EUR oder mehr lösen eine Identifizierungspflicht aus (Bareinzahlung auf ein Fremdkonto).
- Eine erneute Identifizierungspflicht entfällt, wenn Inhaber oder Mitarbeiter eines Unternehmens auf ein Konto des Unternehmens regelmäßig Gelder bar einzahlen oder abheben.
- Bei Nachttresoreinzahlungen wird Bargeld bei einem Kreditinstitut deponiert, indem die Geldbombe in den Nachttresor eingeworfen wird. Auch hier entfällt die Identifizierungspflicht.

| **Umfang der Sorgfaltspflichten** | Der Umfang der Sorgfaltspflichten umfasst die Identifizierung des Vertragspartners, eines etwaigen wirtschaftlich Berechtigten sowie die Abklärung, ob es sich bei diesen um politisch exponierte Persönlichkeiten (PeP) handelt. Die Pflicht zur Abklärung des PeP-Status besteht bei Transaktionen außerhalb bestehender Geschäftsbeziehungen in einer Höhe ab 15.000 EUR. Der PeP-Status eines Gelegenheitskunden führt damit zur Anwendung der verstärkten Sorgfaltspflichten. |
| | Sorgfaltspflichten sind zu erfüllen, wenn Tatsachen vorliegen, die darauf hindeuten, dass es sich bei Vermögenswerten, die mit einer Transaktion oder Geschäftsbeziehung im Zusammenhang stehen, um den Gegenstand einer Straftat nach § 261 StGB handelt oder die Vermögenswerte im Zusammenhang mit Terrorismusfinanzierung stehen. |

Einteilung von Risikokategorien	Grundsätzlich ist zwischen kunden-, produkt- und transaktionsbezogenen Risiken sowie Länder-, Rechtsform- und Branchenrisiken zu unterscheiden. **Kundenrisiko** Zur Beurteilung des Kundenrisikos wird auf die Person des Vertragspartners abgestellt. **Produktrisiko** Für das Produktrisiko wird das Risiko der Produktnutzung im Rahmen von Transaktionen betrachtet. Unter Produkten sind alle von einer Bank angebotenen Dienste und Dienstleistungen zu verstehen, die einem Kunden potenziell zur Nutzung zur Verfügung stehen. Als risikoerhöht gelten internationales Private Banking und der Handel sowie die Lieferung von Banknoten und Edelmetallen. **Transaktionsrisiko** Bedeutsame Anhaltspunkte können die Zu- und Abflüsse von Vermögenswerten, erhebliche Abweichungen von üblichen Transaktionsvolumina oder -frequenzen sein. **Länderrisiko** Das Länderrisiko kann bei natürlichen Personen beispielsweise anhand des Wohnsitzes, der Nationalität oder des Geburtsortes bestimmt werden. Ein Faktor zur Beurteilung des Länderrisikos einer juristischen Person können bestimmte Länder sein, in denen ein Unternehmen seine Geschäfte ausübt. **Rechtsformrisiko** Das von einer Rechtsform ausgehende Risiko hängt insbesondere von Parametern wie Intransparenz im Hinblick auf beteiligte Personen und anwendbare Regelungen, der Pflicht zur Führung eines zuverlässigen öffentlich einsehbaren Registers mit relevanten Informationen zu Vertragspartnern und ggf. wirtschaftlich Berechtigten, der Möglichkeit einer schnellen Gründung bzw. Schließung sowie dem Kapitalbedarf ab. **Branchenrisiko** Bestimmte Branchen und Industrien bzw. die berufliche Stellung eines Vertragspartners können ebenfalls zu einem erhöhten Risiko führen. Parameter können neben der Bargeldintensität (z. B. bei Wechselstuben, Kasinos, Wettanbietern) und einem starken Auslandsbezug auch die fehlende Einbindung in eine Unternehmensorganisation bei Selbstständigen sein.
Vereinfachte Sorgfaltspflichten	Von einem geringen Risiko der Geldwäsche oder Terrorismusfinanzierung kann bei Transaktionen von oder zugunsten von börsennotierten Gesellschaften ausgegangen werden, deren Wertpapiere zum Handel in einem organisierten Markt in einem Mitgliedstaat der EU zugelassen sind. Die vereinfachten Sorgfaltspflichten können auch angewendet werden zur Feststellung der Identität des wirtschaftlich Berechtigten bei Anderkonten, sofern

	das kontoführende Institut vom Inhaber des Anderkontos Angaben über die Identität des wirtschaftlich Berechtigten auf Anfrage erhalten kann.
Verstärkte Sorgfaltspflichten	Bei erhöhtem Geldwäscherisiko sind besondere Sicherungs- und Überwachungsmaßnahmen erforderlich. Grundsätzlich ist von einer erhöhten Risikolage auszugehen bei Geschäftsbeziehungen zu politisch exponierten Personen und bei Vertragsverhältnissen mit natürlichen Personen, die bei der Identitätsfeststellung nicht persönlich anwesend sind.
Aufzeichnungs- und Aufbewahrungspflicht	Die zur Erfüllung von Sorgfaltspflichten erhobenen Angaben und eingeholten Informationen über Vertragspartner, wirtschaftlich Berechtigte, Geschäftsbeziehungen und Transaktionen müssen aufgezeichnet werden. Die Aufzeichnungspflicht besteht für alle Verpflichteten.
	Umfang der Aufzeichnungspflicht
	Bei der Überprüfung der Identität des Vertragspartners ist bei natürlichen Personen die Art, Nummer sowie die ausstellende Behörde des vorgelegten Dokuments aufzuzeichnen. Vorzulegen ist ein gültiger amtlicher Ausweis, der ein Lichtbild des Inhabers enthält und der kopiert werden muss. Die Aufbewahrungsfrist beträgt 5 Jahre.
Interne Sicherungsmaßnahmen	Sie sind ein wichtiger Aspekt zur präventiven Bekämpfung von Geldwäsche und Terrorismusfinanzierung. Durch betriebsinterne Maßnahmen soll in einem internen Sicherungs- und Frühwarnsystem verhindert werden, dass ein Unternehmen oder Personen zur Durchführung entsprechender krimineller Aktivitäten missbraucht werden können.
	Zu den internen Sicherheitsmaßnahmen zählen: • Bestellung eines Geldwäschebeauftragten • Entwicklung und Aktualisierung von angemessenen geschäfts- und kundenbezogenen Sicherungssystemen und Kontrollen • Unterrichtungspflicht gegenüber den Mitarbeitern • Gewährleistung von hohen Personalstandards bei der Personalauswahl durch Zuverlässigkeitsprüfungen

12.2 Geldwäschebeauftragter

Allgemeine Kennzeichnung	Die Rechtsgrundlage für den Geldwäschebeauftragten ist § 14 des Geldwäschegesetzes. Danach müssen alle Kreditinstitute, Versicherungsunternehmen und andere Finanzdienstleister einen Geldwäschebeauftragten bestimmen. Er ist Ansprechpartner für die Strafverfolgungsbehörden und das Bundeskriminalamt. Der Geldwäschebeauftragte sollte in der Unternehmenshierarchie direkt unterhalb des Vorstands angesiedelt sein. Nach dem Gesetz sollte er mit Handlungsvollmacht oder Prokura ausgestattet sein, damit die besondere Bedeutung dieses Thema, nämlich die Bekämpfung der Geldwäsche, hervorgehoben wird.

Aufgaben	Der Geldwäschebeauftragte ist direkter Ansprechpartner für die Strafverfolgungsbehörden. Der Geldwäschebeauftragte ist verpflichtet, über seine Tätigkeiten jährlich einmal an die Geschäftsführung zu berichten. Er hat darüber hinaus auch noch die Aufgabe, für die Mitarbeiter seines Unternehmens bestimmte Vorkehrungen zu treffen. Dazu zählen u. a.: Der Geldwäschebeauftragte … • muss die betreffenden Mitarbeiter über die rechtlichen Grundlagen der Geldwäscheverhinderung informieren. • muss die Mitarbeiter über hausinterne Verfahren informieren, wie sie ihm Verdachtsfälle auf Geldwäsche melden können. • muss innerhalb der Geschäftszeiten für Mitarbeiter wie Strafverfolgungsbehörden zur Verfügung stehen. • hat dafür Sorge zu tragen, dass fortlaufende Schulungen der Mitarbeiter ein hohes Maß an Ausbildung sicherstellen.

12.3 Datenschutzbeauftragter

Bestellung	Nach § 4f Bundesdatenschutzgesetz (BDSG) müssen Daten verarbeitende Stellen eine/n Datenschutzbeauftragte/n bestellen, wenn sie personenbezogene Daten automatisiert verarbeiten und damit in der Regel mehr als 9 Personen ständig beschäftigen.
Qualifikation	Das Maß der erforderlichen Fachkunde bestimmt sich nach dem Umfang der Datenverarbeitung der verantwortlichen Stelle und dem Schutzbedarf der personenbezogenen Daten, die die verantwortliche Stelle erhebt oder verwendet. Zur Fachkunde gehören neben umfassenden Kenntnissen im IT-Bereich auch gute juristische und organisatorische Kenntnisse. Neben der charakterlichen Eignung gehört hierzu auch, dass es bei der Ausübung der Tätigkeit der oder des Datenschutzbeauftragten nicht zu einer Interessenkollision mit ihrem bzw. seinem sonstigen Aufgabenbereich im Unternehmen kommt. Es gilt das Grundprinzip, dass die zu Kontrollierenden nicht selbst die Kontrolle ausüben dürfen.
Keine Mitwirkung des Betriebsrates bei der Bestellung	Datenschutzbeauftragte sind schriftlich von der Unternehmensleitung zu bestellen. Ein Mitbestimmungsrecht des Betriebsrates bei der Bestellung von Datenschutzbeauftragten ist gesetzlich nicht vorgesehen. Lediglich bei mit der Bestellung gleichzeitig verbundenen sonstigen Personalmaßnahmen, wie etwa die Neueinstellung oder Versetzung der Person der oder des Datenschutzbeauftragten, sind die für diese Maßnahmen üblichen Beteiligungspflichten zu beachten. Die Beschäftigten des Unternehmens sind über die Bestellung zu informieren.
Aufgaben	Die Aufgaben der/des Datenschutzbeauftragten ergeben sich aus § 4g BDSG. Dazu zählen die Überwachung der Einhaltung der datenschutzrechtlichen Vorschriften und der ordnungsgemäßen Anwendung der Datenverarbeitungsprogramme, das Führen des Verfahrensverzeichnisses und etwaige erforderliche Vorabkontrollen. Außerdem sollen die Beschäftigten der verantwortlichen Stelle durch die/den Datenschutzbeauftragte/n in Fragen des Datenschutzes geschult werden.

13. Vollmachten

Als Vollmacht wird eine durch Rechtsgeschäft erteilte Vertretungsmacht bezeichnet. Die Vollmacht entsteht durch eine einseitige Willenserklärung. Die Vollmacht betrifft dabei die Ermächtigung zum Handeln im fremden Namen. Voraussetzung der Vollmacht ist eine Vollmachtserteilung. Möglich ist eine ausdrückliche oder konkludente Willenserklärung gegenüber dem Bevollmächtigten (sog. Innenvollmacht) oder gegenüber dem Geschäftsgegner (sog. Außenvollmacht).

	Handlungsvollmacht (§ 54 HGB)	Prokura (§§ 48-53 HGB)
Umfang der Vertretungs- macht	Handlungsvollmacht berechtigt zu allen Geschäften und Rechtshandlungen, die der Betrieb eines derartigen (bestimmten) Handelsgewerbes gewöhnlich mit sich bringt. **Beispiele ohne Befugnis nach § 54 Abs. 2 HGB:** • Verfügungen über Kontoguthaben und eingeräumte Kredite • An- und Verkauf v. Wertpapieren • Vornahme von Kündigungen • Anerkennung von Salden und Abrechnungen **Beispiele mit Befugnis (Sondervollmacht) nach § 54 Abs. 2 HGB:** • Abwicklung aller gewöhnlichen Rechtshandlungen im Geschäftsverkehr mit der Bank, außerdem: • Eingehen von Wechselverbindlichkeiten • Aufnahme von Krediten • Belastung oder Veräußerung von Grundstücken	Prokura berechtigt zu allen gerichtlichen und außergerichtlichen Geschäften und Rechtshandlungen, die der Betrieb (irgend)eines Handelsgewerbes mit sich bringt. **Beispiele:** • Abwicklung sämtlicher Bankgeschäfte, insbesondere: Kontoeröffnung für die Unternehmung, Aufnahme von Krediten, Stellung von Sicherheiten, Erteilung einer Handlungsvollmacht • Für die Veräußerung von Firmengrundstücken sowie die Bestellung von Grundpfandrechten ist eine besondere Vollmacht notwendig.
Arten	Die allgemeine *Handlungsvollmacht* ermächtigt zur Vornahme aller gewöhnlichen Rechtsgeschäfte einer Unternehmung, z. B. Filialleiter. Die *Art(handlungs)vollmacht* berechtigt zur Durchführung einer bestimmten Art von Rechtsgeschäften, die laufend im Geschäftsbetrieb vorkommen, z. B. Kassierer. Eine *Einzel(handlungs)vollmacht* berechtigt zur Ausübung eines einzelnen Rechtsgeschäftes, z. B. Auszubildender kauft Briefmarken für die Bank.	*Einzelprokura:* Eine Person wird dazu ermächtigt, allein die Unternehmung zu vertreten. *Gesamtprokura:* Die Vertretungsmacht kann nur zusammen mit einer anderen Person ausgeübt werden. *Filialprokura:* Vertretungsmacht einer einzelnen Person, beschränkt auf den Betrieb einer Niederlassung

	Handlungsvollmacht (§ 54 HGB)	Prokura (§§ 48-53 HGB)
Erteilung	• ausdrücklich (schriftlich/mündlich) oder stillschweigend durch Kaufmann nach HGB, den gesetzlichen Vertreter einer Handelsgesellschaft bzw. einen Prokuristen • sofortige Gültigkeit nach Erteilung	• nur ausdrücklich (schriftlich/mündlich) durch Kaufmann nach HGB bzw. den gesetzlichen Vertreter einer Handelsgesellschaft • sofortige Gültigkeit nach Erteilung
Beschränkung	Beschränkungen muss ein Dritter nur dann gegen sich gelten lassen, wenn er sie kannte oder kennen musste.	Beschränkungen sind nur im Innenverhältnis gültig. Nach außen hin ist die Prokura nicht beschränkbar.
Handelsregistereintragung	NEIN: nicht eintragungsfähig	JA: eintragungspflichtig (deklaratorisch)
Nicht erlaubte Geschäfte	nur mit besonderer Befugnis (Sondervollmacht): • Veräußerung oder Belastung von Grundstücken, Eingehung von Wechselverbindlichkeiten, Aufnahme von Darlehen und Prozessführung • Bei Firmenkontoeröffnungen Verfügungen nur durch besondere Vollmacht durch den gesetzlichen Vertreter	nur mit besonderer Befugnis (Sondervollmacht): • Veräußerung oder Belastung von Grundstücken • Bei Firmenkontoeröffnungen Verfügungen nur durch besondere Vollmacht durch den gesetzlichen Vertreter verboten: dem Geschäftsinhaber bzw. dem gesetzlichen Vertreter einer Handelsgesellschaft höchstpersönlich vorbehaltene Geschäfte, z. B. Anmeldung zur Eintragung ins Handelsregister, Unterzeichnung der Bilanz, Steuererklärung etc.
Unterzeichnung	i. V. bzw. i. A.	ppa.
Erlöschen	nur bei Handlungsvollmacht: Fristablauf für beide geltend: • Widerruf • Beendigung des Dienstverhältnisses • Tod des Bevollmächtigten • Liquidation oder Insolvenz • Umwandlung der Rechtsform • kein Erlöschen bei Tod des Geschäftsinhabers	

14. Bankauskünfte

Allgemeine Kennzeichnung	Bankauskünfte sind allgemein gehaltene Feststellungen und Bemerkungen über die wirtschaftlichen Verhältnisse eines Kunden, seine Kreditwürdigkeit und Zahlungsfähigkeit. Über Privatkunden dürfen Banken nur Auskunft erteilen, wenn diese allgemein oder im Einzelfall ausdrücklich zugestimmt haben. Bei Geschäftskunden können nach Handelsbrauch allgemeine Auskünfte gegeben werden. Bankauskünfte zielen darauf ab, die Kreditrisiken der Banken und anderer Kreditgeber einschätzbar zu machen.
Rechtsgrundlagen	Im Hinblick auf die Rechtsbeziehungen sind zwei Ebenen zu unterscheiden. Die Kreditinstitute untereinander wenden die „Grundsätze für die Durchführung des Bankauskunftsverfahrens zwischen Kreditinstituten" an, die für eine Vereinheitlichung des Auskunftsverfahrens in Inhalt und Form sorgen sollen. Sie regeln die Rechtsbeziehungen zwischen Kreditinstituten. Im Verhältnis zwischen Kreditinstitut und Kunde richten sich Zulässigkeit, Umfang sowie Inhalt von Bankauskünften nach den Allgemeinen Geschäftsbedingungen der Banken Nr. 2 AGB sowie der Sparkassen Nr. 3 AGB. Es wird ein instituteinheitlicher Vordruck angewandt, der das Ankreuzen bestimmter, textlich vorgegebener Felder ermöglicht. Auf der Basis der „Grundsätze für die Durchführung des Bankauskunftsverfahrens zwischen Kreditinstituten" sind 4 Aspekte der Auskunftserteilung von Bedeutung: Auskunftsanfragen sollen schriftlich und nur in Ausnahmefällen fernschriftlich oder fernmündlich, gestellt werden. In der Auskunftsanfrage ist der Anfragegrund, mit dem das berechtigte Interesse an der Bankauskunft glaubhaft gemacht wird, anzugeben. Das anfragende Kreditinstitut hat klarzustellen, ob es die Auskunft im eigenen oder im Kundeninteresse einholt. Bei Auskunftsanfragen im Interesse eines Kunden wird dessen Name nicht genannt. Das anfragende Kreditinstitut ist jedoch verpflichtet, den Namen des anfragenden Kunden dem angefragten Kreditinstitut zu nennen, wenn dem Kunden, über den eine Auskunft erteilt wurde, ein Anspruch auf Nennung des Anfragers zusteht. Bankauskünfte sollen immer allgemein gehalten sein. Sie werden nur aufgrund von Erkenntnissen erteilt, die der Auskunft gebenden Stelle vorliegen, ohne dass Recherchen angestellt werden. Der Kunde, der eine Bankauskunft erhält, ist ausdrücklich darauf hinzuweisen, dass er empfangene Informationen nur für den angegebenen Zweck verwenden und nicht an Dritte weitergeben darf.
Erteilung von Bankauskünften	Eine Bank ist lt. AGB berechtigt, über juristische Personen und im Handelsregister eingetragene Kaufleute Bankauskünfte zu erteilen, sofern ihr keine anders lautende Weisung ihres Kunden vorliegt. Bankauskünfte über alle Privatpersonen und Vereinigungen erteilt die Bank nur dann, wenn diese allgemein oder im Einzelfall ausdrücklich zugestimmt haben. Bankauskünfte in diesem Sinne sind von Banken an Bankkunden, vor allem aber an andere Banken gegebene, meist vertraulich und ohne Obligo gehaltene Informationen, z. B. Bankauskunft zur Bonitätseinschätzung von

Personen und Unternehmen (Kreditauskunft). Laut AGB erhalten solche Bankauskünfte nur eigene Bankkunden der betreffenden Auskunft erteilenden Bank sowie andere Banken für deren Zwecke und die ihrer Kunden Sie werden nur erteilt, wenn der Anfragende ein berechtigtes Interesse an der gewünschten Auskunft glaubhaft darlegt. Betragsmäßige Angaben über Kontostände, Sparguthaben, Depot- oder sonstige der Bank anvertraute Vermögenswerte sowie Kreditinanspruchnahmen werden dabei nicht gemacht.

Merkmale von Bankauskünften	Firmenkunden (juristische Personen und Kaufleute)	Privatkunden
Einwilligung	Die Bankauskunft wird erteilt, sofern sich die Anfrage auf die Geschäftstätigkeit bezieht und keine gegenteilige Kundenweisung vorliegt.	Kunde muss der Bankauskunft ausdrücklich zustimmen.
Anfragegrund	Ein berechtigtes Interesse des Anfragenden muss glaubhaft gemacht werden.	
Empfänger von Bankauskünften	• eigene Kunden • andere Kreditinstitute bzw. deren Kunden	
Form	Schriftlich	

Muster einer Bankauskunft

Auskunft über _____

☐ Bankauskünfte über Privatkunden, Vereinigungen und nicht im Handelsregister eingetragene Firmenkunden werden nur mit Einwilligung erteilt. Insofern bitten wir die Zustimmung des Kunden einzuholen.

☐ Die juristische Person, bzw. der im Handelsregister eingetragene Kaufmann hat uns die Erteilung von Auskünften generell untersagt.

☐ Bankauskünfte dürfen nur an Kreditinstitute und eigene Kunden erteilt werden. Wir bitten deshalb, über Ihre Bankverbindung an uns heranzutreten.

Anfragegrund ☐ Im Kundeninteresse   ☐ Im Eigeninteresse

Geschäftsverbindung

1. Die Geschäftsverbindung zu uns
☐   besteht nicht.
☐   besteht seit ____ Jahren.

Kontoführung

2. Das Konto weist

☐   große Umsätze auf.

☐   mittlere Umsätze auf.

☐   geringe/keine Umsätze auf.

☐   Das Konto wird auf Guthabenbasis geführt.

3. Wir gewähren Kredit

☐   ohne Sicherheiten.

☐   gegen Sicherheiten.

4. Es sind …

☐   nicht genehmigte Überziehungen vorgekommen.

☐   Scheck- und Lastschriftrückgaben vorgekommen.

☐   Wechselproteste vorgekommen.

Finanzielle Verhältnisse

☐   5. Die Gesamtverhältnisse machen einen geordneten Eindruck.

☐   6. Die finanziellen Verhältnisse erscheinen angespannt.

☐   7. Aktuellen Einblick in die finanziellen Verhältnisse haben wir derzeit nicht.

8. Grundbesitz ist unseres Wissens

☐   vorhanden.

☐   nicht vorhanden.

☐   belastet.

☐   nicht belastet.

Kreditbeurteilung

☐   9. Wir glauben, dass nur erfüllbare Verpflichtungen eingegangen werden.

☐   10. Für den angefragten Betrag halten wir den Kontoinhaber für gut.

☐   11. Eingegangene Verpflichtungen sind nach unseren Beobachtungen bisher pünktlich reguliert worden.

☐   12. Das bei uns geführte Konto lässt eine Stellungnahme zu dem angefragten Betrag nicht zu.

☐   13. Der angefragte Betrag erscheint uns zu weitgehend.

15. Bankgeheimnis

Situationen	Bankauskunft nur mit Zustimmung des Kontoinhabers bzw. entsprechender Legitimation	Bankauskunft ohne Zustimmung des Kontoinhabers
Erbfall	Erben: mit Erbschein oder Testament mit Eröffnungsprotokoll	• Das Kreditinstitut ist verpflichtet, alle Konto- und Depotguthaben an die Erbschaftsteuerstelle des Finanzamtes zu melden bei Gesamtguthaben größer als 5.000,00 EUR. • Meldung auf jeden Fall: Schließfach und Verwahrstücke • gesetzliche Grundlage: § 33 ErbStG • gemeldete Guthaben zuzüglich Zinsen: Kontoguthaben Todestag 0:00 Uhr • gemeldete Depotguthaben: Kurse am Todestag des Kontoinhabers • Zeitpunkt der Meldung: spätestens 1 Monat ab Kenntnis vom Todesfall
Freistellungsauftrag (FSA) 801,00 EUR bzw. 1.602,00 EUR		Das Kreditinstitut meldet bei FSA dem Bundeszentralamt für Steuern (BZSt) die Daten des Freistellungsauftrags und die tatsächlich freigestellten Kapitalerträge des Kunden. • Name und Anschrift des Kunden • Höhe des FSA • Höhe des ausgenutzten FSA
Online-Kontoabfrage (automatisierter Abruf von Kontoinformationen)		• Kreditinstitute sind verpflichtet, dem BZSt den jederzeitigen Online-Abruf von Kontostammdaten zu ermöglichen (§ 93 Nr. 7 und 8 und § 93 b der Abgabenordnung). • Abrufbar sind folgende Daten: Vor- und Nachname, Geburtsdatum, Anschrift, Anzahl aller Konten und Depots, Verfügungsberechtigte, Errichtungs- und Auflösungstag • Nicht abrufbar: Kontostände, Kontobewegungen

Situationen	Bankauskunft nur mit Zustimmung des Kontoinhabers bzw. entsprechender Legitimation	Bankauskunft ohne Zustimmung des Kontoinhabers
Sozialbehörden, z. B. Arbeitsagentur, Familienkasse, Sozialamt, BAföG-Amt	Bei Anträgen verlangt das Sozialamt von Leistungsempfängern die Einverständniserklärung darüber, dass die Behörde berechtigt ist, Bankauskünfte über das Einkommen und Vermögen einzuholen (§ 60 SGB I).	Anforderung einer Online-Abfrage beim BZSt und Prüfung der Daten der Freistellungsaufträge
Ermittlungsbehörden, z. B. Staatsanwaltschaft, Strafgericht, Zoll- und Steuerfahndung		• Mit richterlicher Anordnung sind Durchsuchungen und Beschlagnahme von Kundenunterlagen möglich. • Auskunftspflicht für Bankberater
Geldwäsche		Ermittlungsbehörden können über die BaFin eine Online-Kontoabfrage zu Finanztransaktionen, die der Geldwäsche verdächtig sind, durchführen (§ 24 c KWG).
Pfändungsgläubiger (§ 829, 835, 840 ZPO)		Bei Zwangsvollstreckungen oder Pfändungsbeschlüssen muss das Kreditinstitut dem Gläubiger Auskunft über Konten, Depots und sonstige Vermögenswerte erteilen.
Einzelauskunftsersuchen		Im Verdachtsfall ist ein Einzelauskunftsersuchen des Finanzamts zulässig, wenn zuvor die Recherchen beim Steuerpflichtigen ergebnislos verlaufen sind. Dabei sind alle Kontostammdaten sowie alle Kontostände und Kontobewegungen eines Kunden der Finanzbehörde gegenüber offenzulegen.
Bankauskunft	Bankauskunft über Privatpersonen	Bankauskunft über Firmenkunden (juristische Personen und Kaufleute)

16. Online-Banking

Allgemeines	Beim Online-Banking müssen Überweisungen, Daueraufträge oder Terminüberweisungen nicht mehr am Bankschalter erledigt werden. Über ein Online-Programm oder über eine spezielle Banksoftware können die alltäglichen Bankgeschäfte direkt über das Internet abgewickelt werden. Online-Banking ist eine Erleichterung im Alltag. Der Kunde muss nicht wegen jeder Kleinigkeit zur Bank rennen. Sämtliche Transaktionen werden digital angewiesen und verschlüsselt. Der Kunde verwaltet seine Konten und Wertpapierdepots online unter Nutzung von Internetprovidern.
Sicherheit bei Online-Überweisungen	TAN-Generator als Bestandteil einer Chipkarte oder eines anderen elektronischen Gerätes zur Erzeugung von TAN (chipTAN; smartTAN) • Zur Erzeugung der TAN benötigt der Kunde einen TAN-Generator und eine zum Konto gehörende Chipkarte (Bankkarte), die in den Generator eingeschoben wird. • Nach der Auftragserteilung wird auf dem Bildschirm ein Code angezeigt, den der Kunde mit Daten der Transaktion (z. B. Empfänger, Kontonummer, Betrag) in den Generator eingibt. Alternativ können diese Daten automatisch von einer „Flickergrafik" am Bildschirm in den Generator eingelesen werden. • Aus den eingegebenen Daten errechnet der Generator eine auftragsbezogene TAN. Zudem zeigt er noch einmal die Daten der Transaktion an. • Die TAN ist nur zeitlich begrenzt nutzbar. • Da die TAN aus den Auftragsdaten errechnet wird, kann sie für andere Transaktionen nicht missbraucht werden. • TAN-Generator und Onlinebanking-Computer sind zwei voneinander unabhängige Geräte. • Transaktionen können nur zusammen mit der für das Konto freigeschalteten Chipkarte ausgeführt werden. • Mobiltelefon zum Empfang von TAN per SMS oder Banking-App (smsTAN, mobile TAN, photoTAN, SecureGo, pushTAN) • Die TAN wird von der Bank aus Bestandteilen des Kundenauftrages ermittelt. Bei der photoTAN scannt der Nutzer einen QR-Code auf dem Bildschirm mit seinem Handy und übermittelt damit die Auftragsdaten an die Bank. • Die Bank übermittelt die TAN und die Auftragsdaten per SMS oder sendet sie an die Banking-App des Kunden. • Die TAN ist nur zeitlich begrenzt nutzbar. • Es besteht ein Zusammenhang zwischen TAN und Kundenauftrag. • Bei einem Empfang der TAN per SMS darf das Handy aus Sicherheitsgründen nicht zugleich für Bankgeschäfte genutzt werden. • Eine weitere Sicherheitsmaßnahme ist die mobile TAN (mTAN). Dabei wird bei der Einrichtung des Online-Banking-Zugangs eine Mobiltelefon-Rufnummer hinterlegt. Dem Kunden wird an diese Rufnummer die zeitlich begrenzte TAN per SMS übermittelt, die er im Online-Banking-Verfahren jeweils für eine spezielle Transaktion einzugeben hat.

Technik und Organisation	• Wahl eines PIN/TAN-Verfahrens oder des HBCI-Verfahrens • Vorhandensein eines PC • Vorhandensein einer Datenfernübertragungseinrichtung, z. B. ein Internet-zugangs • Vorhandensein eines Online-Dienstes bzw. eines Internet-Zugangs • Der Kunde muss einen Online-Banking-Vertrag mit Sonderbedingungen zur Teilnahme am Online-Banking mit seiner Hausbank abgeschlossen haben. • Das Online-Banking muss von der Bank freigeschaltet sein. • Der Kunde muss über die bankenübliche Software verfügen.
Elektronische Bankdienstleistungen	• Kontoumsätze abfragen • Saldenübersicht abrufen • Kontoauszüge anschauen • Überweisung eingeben • Lastschriften zurückgeben • Daueraufträge einrichten, ändern, löschen • Depotbestand abrufen • Börsenkurse abfragen • Wertpapierkäufe und -verkäufe tätigen • Spareinlagen abfragen • allgemeine Bankinfos abrufen • Modellrechnung für Kredite durchführen.
Vorteile für den Kunden	• Vereinfachung der Zahlungsverkehrsabwicklung • vereinfachte Abwicklung der Wertpapiergeschäfte • günstigere Konditionen für die Abwicklung des Zahlungsverkehrs • Unabhängigkeit der Kunden von Öffnungszeiten und Standorten der Bankfilialen
Vorteil des HBCI-Verfahrens	HBCI-Verfahren Phot-TAN ist sehr sicher, weil es ein sehr aufwendiges Verschlüsselungsverfahren ist.
Nachteile des HBCI-Verfahrens	• höhere Anschaffungskosten für den Kartenleser • weniger flexibel auf Reisen wegen zusätzlicher Hardware • zusätzliche Bankensoftware erforderlich (StarMoney, Quicken)
Paydirekt: Grundlagen	Online-Bezahlverfahren der deutschen Kreditwirtschaft, das eine für Käufer und Verkäufer sichere Zahlung im Internet ermöglicht. Voraussetzung ist die Teilnahme am Online-Banking. Einmalige Registrierung bei Paydirekt; Der Verkäufer trifft eine Vereinbarung mit seinem Kreditinstitut;
Ablauf eines Bezahlvorgangs mit Paydirekt	Wenn der Käufer beim Bezahlvorgang in einem Onlineshop die Zahlungsart Paydirekt wählt, öffnet sich in einer gesicherten Verbindung ein neues Fenster von Paydirekt. Nach Eingabe seines Benutzernamens und seines Passwortes werden dem Käufer die Kaufdaten zur Prüfung angezeigt. Nach einer Zahlungsbestätigung belastet das Kreditinstitut das Konto des Zahlers und leitet den Betrag an den Verkäufer weiter.

Sicherheit beim Paydirekt-Verfahren	Erhält der Käufer die Ware nicht, erhält er von Paydirekt eine Erstattung des Kaufpreises, wenn der Verkäufer den Versand der Ware nicht nachweisen kann. Schon unmittelbar nach der Zahlung erhält der Verkäufer eine Zahlungsgarantie von seinem Kreditinstitut und kann die Ware versenden. Die Zahlung mit Paydirekt wird im direkten geschützten Dialog auf den Onlinebanking–Internetseiten des Kreditinstituts ausgeführt. Der Verkäufer hat keine Einsicht in die Kundendaten.
Handyzahlungen am Kassenterminal	Ist in der Banking-App auf dem Smartphone die digitale Girocard oder eine digitale Kreditkarte installiert, kann der Kunde mit seinem Handy auch ohne Vorlage der Karte Kartenzahlungen veranlassen. Für die sichere Speicherung der Kartendaten auf dem Handy wird die sog. HCE-Technik (Host Card Emulation) genutzt. Beim Bezahlen hält der Nutzer das Smartphone an das Bezahlterminal. Über die NFC-Schnittstelle des Smartphones werden die Daten in das Terminal eingelesen. Bei Girocard-Zahlungen bis 50,00 EUR ist keine PIN-Eingabe erforderlich, bei höheren Beträgen ist die PIN erforderlich.
Handy-an-Handy-Zahlungen	Die Zahlungsform ermöglicht Überweisungen an Personen, die im Adressbuch des Handys gespeichert sind. Ein Beispiel wäre Kwitt, ein Produkt der Sparkassen und Kreditgenossenschaften. Voraussetzung ist die Teilnahme am Online-Banking und eine einmalige Registrierung für Handy-an-Handy-Zahlungen in der Banking-App. Auch der Zahlungempfänger muss sich für dieses Zahlungsverfahren registrieren lassen. Der Zahler löst eine Zahlung aus, indem der in seiner Banking-App einen Zahlungsempfänger im Adressbuch seines Handys anklickt und einen Zahlungsbetrag eingibt.
Giropay: Ablauf eines Bezahlvorgangs mir giropay	Online-Bezahlverfahren der deutschen Kreditwirtschaft; Die Zahlung erfolgt auf der Online-Banking-Internetseite des Kreditinstituts. Der Kunde gibt seinen Benutzernamen und seine PIN ein. Danach prüft er die Daten und kann dann die Überweisung durch Eingabe einer TAN autorisieren. Nach Abschluss der Zahlung erhält der Verkäufer sofort eine Zahlungsgarantie von dem beauftragten Kreditinstitut. Es gibt keinen Käuferschutz bei Nichtlieferung oder mangelhafter Lieferung.
Zahlung mit Kreditkarte: Ablaufschema	Wird der Bezahlvorgang im Online-Banking mit einer Kreditkarte durchgeführt, gibt der Karteninhaber die Kartennummer, das Gültigkeitsdatum und die drei- oder vierstellige Kartenprüfziffer an. Zur Erhöhung der Sicherheit bieten Kreditkartengesellschaften besondere Authentifizierungsverfahren an: Beim Bezahlvorgang im Internet öffnet sich ein Eingabefenster der Kreditkartengesellschaft im Browser, in dem die Zahlung zu bestätigen und ein Sicherheitscode (persönliches Passwort) oder eine auf dem Handy empfangene TAN einzugeben sind.
Phishing	Unter Phishing versteht man Versuche, über gefälschte Webseiten, E-Mails oder Kurznachrichten an persönliche Daten eines Internet-Nutzers zu gelangen und damit Identitätsdiebstahl zu begehen. Ziel des Betrugs ist es, mit den erhaltenen Daten beispielsweise Kontoplünderung zu begehen und den entsprechenden Personen zu schaden.

Pharming	Der Begriff Pharming setzt sich zusammen aus den Begriffen Phishing und Pharming. Pharming setzt an den Grundlagen des Surfens im Internet an und nutzt aus, dass die Buchstabenfolge, aus der eine Internetadresse besteht, z. B. www.google.com, von einem DNS-Surfer in eine IP-Adresse umgewandelt werden muss, damit eine Verbindung zustande kommt. Durch das Pharming versucht man, einen Virus oder einen Trojaner auf den Computer eines Benutzers zu installieren, der die dortige Hostdatei mit dem Ziel manipuliert, den Webverkehr vom gewünschten Ziel an eine gefälschte Webseite umzuleiten. Der MasterCard Secure Code erhöht die Sicherheit der Zahlungen bei Einkäufen im Internet.

17. Cross-Selling

Es handelt sich beim Cross-Selling um eine Verkaufsstrategie, welche darauf abzielt, die auf die Abnahme einer Leistung gerichtete Kundenbeziehung auch zum Verkauf von Produkten oder Dienstleistungen zu nutzen, die vom Konsumenten nicht unmittelbar nachgefragt werden. Cross-Selling-Strategien dienen insofern dem kalkulatorischen Ausgleich, d. h. ein Teil des Verkaufssortiments wird zu Selbstkosten oder mit nur geringen Gewinnen abgesetzt, wenn hierdurch der Verkauf von Sortimentsteilen mit hohen Gewinnbeiträgen gefördert werden kann. Ein typisches Beispiel für Cross-Selling bieten Banken und Sparkassen, die die im Zusammenhang mit der Führung von Girokonten anfallenden Dienstleistungen zu weit unter den Selbstkosten liegenden Preisen erbringen, um über den Aufbau einer stabilen Bank-Kunde-Beziehung ertragsstarke Zusatzgeschäfte tätigen zu können (Finanzdienstleistungen).

Cross-Selling-Signale	Cross-Selling-Bankangebote
Fälligkeit einer Lebensversicherung	Auszahlungsplan
Mitteilung einer berufsbedingten Verlagerung des Wohnortes	Umzugsservice
Geburt eines Kindes	Ausbildungsversicherung
Interesse an staatlichen Fördermöglichkeiten beim Erwerb von Wohneigentum	Wohn-Riester-Bausparvertrag
Sortenkauf für einen Auslandsurlaub	Kreditkarte
Sorgen um eine Versorgungslücke im Alter	Riester-Vertrag

18. Einlagensicherung

Institutssicherung der Sparkassenfinanzgruppe	Garantiefonds des Bundesverbandes der deutschen Volksbanken und Raiffeisenbanken e.V. (BVR)	Einlagensicherung des Bundesverbandes deutscher Banken (BdB)	Gesetzliche Einlagensicherung und Anlegerentschädigung
• Stützungsfonds der regionalen Sparkassen und Giroverbände • Sicherungsreserve der Landesbanken und Girozentralen • Sicherungsfonds der Landesbausparkassen Die drei institutssichernden Einrichtungen sind über einen Haftungsverbund miteinander verknüpft. Der institutssichernde Haftungsverbund schützt die Gläubiger vor Forderungsverlusten, und zwar bereits, wenn sich bei einem Mitglied wirtschaftliche Schwierigkeiten abzeichnen. Mittelaufbringung: risikoorientierte Umlagen der Mitgliedsinstitute	Der Garantiefonds soll wirtschaftliche Schwierigkeiten bei den genossenschaftlichen Kreditinstituten beheben und dadurch die Sicherheit der Einlagen der Kunden gewährleisten. Mittelaufbringung: Umlagenfinanzierung Darüber hinaus bilden alle Mitgliedsbanken einen Garantie-Haftungsverbund.	Verlustsicherung von Nichtbanken bis zu 15 % des haftenden Eigenkapitals des jeweiligen Kreditinstituts pro Gläubiger, kein Schutz für Inhaberschuldverschreibungen ab 2025 Sicherungsgrenze vermindert sich auf 8,75 % des haftenden Eigenkapitals pro Gläubiger. Mittelaufbringung: Umlagen der Mitgliedsinstitute	Gesetzlicher Mindestschutz: Die Basisdeckung entschädigt Einleger bis zu einem Betrag von 100.000,00 EUR zu 100 %.

A2 Zahlungsformen

1. Barzahlungsverkehr – Falschgeld

Kassengeschäfte	
Einzahlung und Auszahlung am Geldautomaten	Der Kunde legitimiert sich durch Einschub der Zahlungskarte in den Geldautomaten und Eingabe der PIN.
Auszahlung an automatischen Kassentresoren	Der Kundenberater prüft, ob die Unterschrift auf dem Auszahlungsbeleg mit der hinterlegten Unterschriftsprobe des Kunden übereinstimmt. Bei Auszahlung von Sparkonten ist grundsätzlich die Sparurkunde bzw. die Sparkarte vorzulegen und das Guthaben zu berichtigen.
Einzahlung von Münzrollen	So viele Münzen in EUR müssen die Münzrollen enthalten: 50 Stück x 0,01 EUR 50 Stück x 0,02 EUR 50 Stück x 0,05 EUR 40 Stück x 0,10 EUR 40 Stück x 0,20 EUR 40 Stück x 0,50 EUR 25 Stück x 1,00 EUR 25 Stück x 2,00 EUR
Einzahlung von beschädigten Banknoten	Im Regelfall werden zerstörte oder beschädigte Banknoten von der Deutschen Bundesbank kostenlos ersetzt. Oft kommt es vor, dass Banknoten versehentlich in die Waschmaschine und den Trockner gelangen, zerrissen werden oder verkleben. Meistens können diese Banknoten bei der Bank vor Ort eingetauscht werden, wenn diese nur leicht beschädigt sind. Bei gravierenden Beschädigungen kann jedoch nur die Deutsche Bundesbank einen kostenlosen Umtausch vornehmen. Dafür muss der Eigentümer mehr als die Hälfte des jeweiligen Geldscheines einreichen. Ist dies nicht möglich, muss der Eigentümer nachweisen, dass über die Hälfte des Geldscheins vernichtet wurde. Zur Einreichung bei der Deutschen Bundesbank sollten sämtliche Teile der Geldscheine, auch die kleinsten Ecken und Teile eingesammelt und entsprechend verpackt werden.

© Springer Fachmedien Wiesbaden GmbH, ein Teil von Springer Nature 2023
W. Grundmann, R. Rathner, *Bankwirtschaft*, Prüfungstraining für Bankkaufleute,
https://doi.org/10.1007/978-3-658-39340-3_2

Vorschrift über die Behandlung von Falschgeld und falschgeldverdächtigen Banknoten (§ 36 Bundesbankgesetz)

Maßnahmen bei Falschgeld (Banknoten und Münzen)	Maßnahmen bei als Falschgeld verdächtigten Banknoten und Münzen
Die Deutsche Bundesbank, Kreditinstitute und ihre Mitarbeiter haben nachgemachte oder verfälschte Banknoten oder Münzen (Falschgeld), als Falschgeld verdächtige Banknoten und Münzen sowie unbefugt ausgegebene Gegenstände der in § 35 genannten Art anzuhalten. Dem Betroffenen ist eine Empfangsbescheinigung zu erteilen. Falschgeld und Gegenstände der in § 35 genannten Art sind mit einem Bericht der Polizei zu übersenden. Kreditinstitute haben der Deutschen Bundesbank hiervon Mitteilung zu machen.	Als Falschgeld verdächtige Banknoten und Münzen sind der Deutschen Bundesbank zur Prüfung vorzulegen. Stellt diese die Unechtheit der Banknoten oder Münzen fest, so übersendet sie das Falschgeld mit einem Gutachten der Polizei und benachrichtigt das anhaltende Kreditinstitut.

2. SEPA-Überweisung

Wichtige Regelungen bei der Ausführung von Überweisungen

Aspekte	aus der Sicht des Zahlungsdienstleisters	aus der Sicht des Zahlers
Informationspflichten	Vor Ausführung eines Zahlungsauftrags: • Bekanntgabe von Ausführungsfrist für den Zahlungsauftrag • Information über Entgelte für diesen Zahlungsauftrag Informationen nach Belastung des Kontos des Zahlers: • Kennung zur Identifizierung des betreffenden Zahlungsvorgangs • Angaben über den Zahlungsempfänger • Zahlungsbetrag und Währung Informationen an den Zahlungsempfänger: • Kennung zur Identifizierung des betreffenden Zahlungsvorgangs • Angaben über den Zahlungsempfänger • Zahlungsbetrag und Währung	Der Zahler muss die IBAN und evtl die BIC seines Kontos mitteilen: • **IBAN** (International Bank Account Number) Sie ist eine weltweit gültige Kontonummer, um im internationalen Zahlungsverkehr den Empfänger eindeutig zu identifizieren. Sie besteht aus dem Ländercode (DE), der zweistelligen Prüfziffer (z. B. 08), der sechsstelligen Bankleitzahl (z. B. 20040000) und der Kontoidentifikation (z. B. 245577). Die 22-stellige IBAN lautet demnach: DE08200400000000245577. • **BIC** (Bank Identifier Code) Sie ist eine Weltweit gültige Kennzahl zur eindeutigen Identifizierung von Kreditinstituten.

Aspekte	aus der Sicht des Zahlungsdienstleisters	aus der Sicht des Zahlers
Autorisierung des Zahlungsvorgangs	• durch Unterschrift auf dem Zahlungsauftrag • Eingabe von PIN und TAN • Eingabe von Betragsgrenzen ist möglich.	• Alle Vorkehrungen treffen, um die personalisierten Sicherheitsmerkmale vor unbefugtem Zugriff zu schützen. • unverzügliche Anzeige bei Verlust und Diebstahl bzw. missbräuchlicher Verwendung.
Wirksamwerden eines Zahlungsauftrags	• nach Zugang beim Zahlungsdienstleister an einem Geschäftstag • Rechtzeitiger Zugang kann vom Zahlungsdienstleister vorgegeben werden, z. B. eines Zahlungsauftrags bis 15:00 Uhr. • Zahlungsauftrag kann vom Zahler zeitlich terminiert werden. • Benachrichtigung des Zahlers bei Ablehnung des Zahlungsauftrags durch den Zahlungsdienstleister • Unwiderruflichkeit eines Zahlungsauftrags nach dessen Zugang beim Zahlungsdienstleister	
Ausführungsfrist für Zahlungsvorgänge	• Der Zahlungsdienstleister des Zahlers muss sicherstellen, dass der Zahlungsbetrag spätestens am Ende des auf den Zugangszeitpunkt des Zahlungsauftrags folgenden Geschäftstags beim Zahlungsdienstleister des Zahlungsempfängers eingeht. • Für Zahlungsvorgänge innerhalb des Europäischen Wirtschaftsraums, die nicht in Euro erfolgen, kann eine Frist von 4 Geschäftstagen vereinbart werden.	
Wertstellung und Verfügbarkeit von Geldbeträgen	Der Zahlungsdienstleister des Zahlungsempfängers ist verpflichtet, dem Zahlungsempfänger den Zahlungsbetrag unverzüglich verfügbar zu machen, spätestens an dem Geschäftstag, an dem der Zahlungsbetrag auf dem Konto des Zahlungsdienstleisters des Zahlungsempfängers eingegangen ist.	

Aspekte	aus der Sicht des Zahlungsdienstleisters	aus der Sicht des Zahlers
Haftung	Bei nicht erfolgter oder fehlerhafter Ausführung eines Zahlungsauftrags haftet der Zahlungsdienstleister.	• Bei missbräuchlicher Verwendung eines abhanden gekommenen Zahlungsinstruments haftet der Zahler für einen Schaden bis zur Höhe von 50,00 EUR. • Bei Vorsatz sowie grober Fahrlässigkeit hat der Zahler den gesamten Schaden zu tragen.

Ausführungsfristen im nationalen und internationalen Überweisungsverkehr

Überweisungsraum	Überweisungsart	Währung	Ausführungsfrist
Deutschland und Europäischer Wirtschaftsraum	elektronisch	Euro	maximal 1 Geschäftstag
	beleghaft	Euro	maximal 2 Geschäftstage
	elektronisch oder beleghaft	andere EWR-Währung als Euro, z. B. polnische Zloty	maximal 4 Geschäftstage
	elektronisch oder beleghaft	Drittstaatenwährung, z. B. US-Dollar	baldmöglichst

3. SEPA-Lastschrift

Mit der SEPA-Lastschrift können Euro-Einzüge grenzüberschreitend in einem einheitlichen Verfahren, mit einheitlichem Datenformat vorgenommen werden. Gesetzliche Grundlage ist die EU-Zahlungsdiensterichtlinie.

Verfahren

- SEPA-Basis-Lastschriftverfahren für Verbraucher
- SEPA-Firmen-Lastschriftverfahren für Firmenkunden

Kriterien	SEPA-Basis-Lastschriftverfahren	SEPA-Firmen-Lastschriftverfahren
Zahlungsraum	• Zahlungen in EUR im Inland, innerhalb der EU und des EWR sowie Schweiz und Monaco	
Meldepflichten	Meldepflichten nach dem Außenwirtschaftsgesetz: ab 12.500,00 EUR	
Teilnehmer	Privatkunden	Firmenkunden
Teilnahme-voraussetzungen	• Beitrittserklärung vom Zahlungs-empfänger und Kreditinstitut • Zahlungspflichtiger erteilt dem Zahlungsempfänger das SEPA-Lastschriftmandat.	• Beitrittserklärung vom Zahlungs-empfänger und Kreditinstitut • Zahlungspflichtiger erteilt dem Zahlungsempfänger das SEPA-Lastschriftmandat. • Zahlungspflichtiger muss der Zahlstelle das SEPA-Lastschriftmandat bestätigen.
Gläubiger-Identifikation	Die Gläubiger-Identifikationsnummer (Gläubiger-ID) dient der Identifikation des Lastschrifteinreichers und kann bei der Deutschen Bundesbank beantragt werden.	
Mandatsreferenz	Die Mandatsreferenz dient in Verbindung mit der Gläubiger-ID der Identifizierung des SEPA-Mandats. Sie wird vom Lastschrifteinreicher individuell für jedes Mandat vergeben.	
Erteilung des SEPA-Lastschriftmandats	Zahlungsautorisierung mittels Lastschriftmandat Weisung des Zahlungspflichtigen: • Einzugsermächtigung des Zahlungspflichtigen an den Zahlungsempfänger • Zahlungsauftrag an die Zahlstelle, vom Zahlungsempfänger eingereichte SEPA-Lastschriften einzulösen. Verfall des Mandats: Nach 36 Monaten, wenn innerhalb dieses Zeit-	Zahlungsautorisierung mittels Lastschriftmandat Bestätigung der Erteilung eines SEPA-Lastschriftmandats gegenüber der Zahlstelle Weisung des Zahlungspflichtigen: • Einzugsermächtigung des Zahlungspflichtigen an den Zahlungsempfänger • Zahlungsauftrag an die Zahlstelle, vom Zahlungsempfänger eingereichte SEPA-Lastschriften

Kriterien	SEPA-Basis-Lastschriftverfahren	SEPA-Firmen-Lastschriftverfahren
	raums keine Folgelastschriften eingereicht wurden. Ansonsten: Das Mandat gilt unbefristet bis zum Widerruf. Informationspflicht: Der Zahlungsempfänger muss den Zahlungspflichtigen über jeden bevorstehenden Lastschrifteinzug informieren (Pre-Notification). In der Lastschrift muss der Zahlungsempfänger ein Fälligkeitsdatum angeben, an dem das Konto des Zahlungspflichtigen belastet werden soll. Lastschriftmandat bleibt beim Zahlungsempfänger; Verwahrung 14 Monate nach dem letzten Lastschrifteinzug	einzulösen. Verfall des Mandats: nach 36 Monaten, wenn innerhalb dieses Zeitraums keine Folgelastschriften eingereicht wurden. Lastschriftmandat bleibt beim Zahlungsempfänger; Verwahrung 14 Monate nach dem letzten Lastschrifteinzug
Erledigung des SEPA-Lastschriftmandats	Zahlungsempfänger teilt der Zahlstelle die Erledigung des Lastschriftmandats mit Einzug der letzten Lastschrift mit.	
Widerruf des SEPA-Lastschriftmandats	• jederzeit vom Kunden durch Erklärung gegenüber seinem Kreditinstitut • Widerruf gegenüber dem Zahlungsempfänger	• jederzeit vom Kunden durch Erklärung gegenüber seinem Kreditinstitut • Widerruf gegenüber dem Zahlungsempfänger
Voraussetzungen für die Einlösung der SEPA-Lastschrift	• Kein Widerruf liegt vor. • ausreichendes Guthaben • keine Teileinlösungen • Die IBAN des Zahlungspflichtigen ist zuzuordnen. • Benachrichtigung des Zahlungspflichtigen bei Nichteinlösung einer SEPA-Lastschrift	
Vorlagefristen bei Einreichung von SEPA-Lastschriften	Erst- und Einmallastschriften: 5 Tage vor Fälligkeit Folgelastschriften: spätestens 2 Tage vor Fälligkeit	einheitlich 1 Tag vor Fälligkeit
Zurückweisung	Der Kunde kann dem Kreditinstitut gesondert die Weisung erteilen, bestimmte Lastschriften nicht einzulösen.	
Widerspruch gegen Belastungsbuchungen mit gültigem Lastschriftmandat	• Rückerstattungsanspruch 8 Wochen ab Belastungsbuchung ohne Grundangabe • Erlöschen des Erstattungsanspruchs nach Genehmigung der Lastschriftbuchung	kein Erstattungsanspruch nach erfolgter Einlösung

Kriterien	SEPA-Basis-Lastschriftverfahren	SEPA-Firmen-Lastschriftverfahren
Widerspruch gegen Belastungsbuchungen mit ungültigem Lastschriftmandat	• unverzügliche Erstattung des Lastschriftbetrages • Ausschluss der Ansprüche des Kunden nach Ablauf von 13 Monaten ab Belastungsbuchung	
Lastschriftrückgabe durch Zahlstelle	bis 5 Tage nach Belastungsbuchung	bis 2 Tage nach Belastungsbuchung

4. Bundesbank-Scheck

Die Banken beschaffen ihren Kunden bestätigte Bundesbank-Schecks, indem sie auf ihr eigenes Bundesbank-Girokonto Schecks ziehen, sie bestätigen lassen und anschließend an die Kunden aushändigen. Provisionskosten werden dem Kunden von den Banken für diese Dienstleistung in Rechnung gestellt. Die Bundesbank belastet das Bundesbank-Girokonto der Bank zuzüglich einer Bestätigungsprovision und schreibt den Scheckbetrag einem Deckungskonto gut. 8 Tage nach Scheckausstellung erlischt die Verpflichtung der Bundesbank aus der Bestätigung. Danach wird der Bundesbank-Scheck wie ein gewöhnlicher Scheck behandelt.

5. Kartenzahlungen

Im Rahmen von Kartenzahlungen unterscheidet man zwischen Bankkarten und Kreditkarten.	
Bankkarten	**Kreditkarten**
Girocard Die Karte kann für bargeldlose Zahlungen und Verfügungen an Geldautomaten im Inland und einigen europäischen Ländern genutzt werden. Nutzung der Bankkarte als Girocard am SB-Terminal: • Erteilung von Überweisungsaufträgen (mit PIN) • Nutzung des Kontoauszugsdruckers (ohne PIN-Eingabe) • Kontostandsabfrage (ohne PIN) Zahlung mittels Bankkarte mit Geldkartenfunktion: • Verringerung der Bargeldhaltung • Unabhängigkeit vom Kleingeld • Möglichkeit des Wiederaufladens der Bankkarte mit Geldkartenfunktion • Bezahlung im Internet möglich, wenn ein Chipkartenleser verwendet wird. Die Girocard kann als physische Karte	**Charge-Card** Die Bank räumt einen Kredit für den Karteninhaber ein. Mit der Kreditkarte und dem entsprechenden Logo kann auch im Girogo-Verfahren kontaktlos bis maximal 50,00 EUR an Kassenterminals gezahlt werden. Die einzelnen Abrechnungen eines Monats erfolgen einmal monatlich. Der Einzug vom Konto erfolgt per Lastschrift; es werden keine Sollzinsen für die Zeit der Kreditgewährung berechnet.

oder als digitale Karte zur Speicherung auf einem mobilen Endgerät z. B. Smartphone ausgegeben werden. Mit der „Girocard mobile" kann der Kunde mit dem Smartphone kontaktlos an Kassenterminals zahlen.	
Maestro oder V Pay Maestro ist eine weltweite bzw. V Pay europaweite Nutzung der Karte für bargeldlose Zahlungen und Verfügungen an Geldautomaten.	**Debit-Card** Es wird ein besonderes Kreditkartenkonto geführt. Das Konto kann sowohl kreditorisch als auch debitorisch geführt werden. Das Konto kann je nach Kontostand verzinst werden Bei Zahlungen mit der Karte wird das Kreditkartenkonto sofort belastet.

Geldkarte bzw. Prepaid-Card
Die Karte kann auch mit einem besonderen Chip oder einzeln als elektronische Geldbörse genutzt werden. Mit dem auf der Geldkarte bzw. Prepaid-Karte gespeicherten Guthaben kann der Inhaber kleine Beträge bargeldlos zahlen. Ist die Karte mit einem Funkchip ausgestattet, kann sie auch für kontaktlose Zahlungen genutzt werden.
Beispiele: Einzelhandel, öffentliche Verkehrsmittel Taxis, Zigarettenautomaten usw.
Der Karteninhaber kann an bestimmten Ladeterminals einen Betrag bis zu maximal 200 EUR in den Speicherbereich der Chipkarte laden.

Girogo
Girogo ermöglicht ein kontaktloses Bezahlen mit der Bankkarte und der Kreditkarte. Die Karten verfügen über einen Funkchip, der eine Nahfeldkommunikation (Near Field Communication, NFC) mit dem Kartenterminal ermöglicht. Beim Zahlungsvorgang hält der Karteninhaber die Karte in einem geringen Abstand an die Bezahlfläche des Terminals. Das Guthaben auf der Bank- bzw. Kreditkarte wird um den Rechnungsbetrag vermindert.
Der Höchstbetrag für eine einzelne Girogo-Zahlung beträgt 50,00 EUR.
Das Aufladen bis zum Höchstbetrag von 200,00 EUR von Girogo-Bankkarten mit Geldkartenfunktion erfolgt an Terminals von Kreditinstituten, z.B. an Geldautomaten. Mit einem Chipkartenleser ist das Aufladen auch über das Online-Banking möglich.
Eine automatische Aufladung bzw. Abo-Laden kann mit dem Kreditinstitut vereinbart werden. Die Bankkarte mit Geldkartenfunktion kann dann an einem Kartenterminal automatisch um einen vereinbarten Betrag zwischen 20,00 EUR und 50,00 EUR aufgeladen werden. Es erfolgt dann, wenn das Guthaben zum Bezahlen nicht mehr ausreichen sollte. Eine Eingabe der PIN ist dann nicht erforderlich. Das Abo-Laden kann nur einmal täglich genutzt werden.

Kartenzahlungen aus Kundensicht

	Geldkarte	Bankkarte	Kreditkarte
Legitimation	keine Prüfung der Legitimation des Vorlegers bei Nutzung der Karte	Eingabe der PIN und Online-Prüfung der PIN, der Sperrdatei und des Verfügungsrahmens. Girogo: keine PIN-Eingabe bis 50,00 EUR kontaktlos	Unterschrift auf Leistungsbeleg oder alternativ Eingabe der PIN und Online-Prüfung der Sperrdatei und des Verfügungsrahmens. Girogo: keine PIN-Eingabe bis 50,00 EUR kontaktlos

	Geldkarte	Bankkarte	Kreditkarte
Zahlungs-garantie für den Händler	Zahlungsgarantie	Zahlungsgarantie	Zahlungsgarantie
Belastung des Karten-inhabers	beim Aufladen der Karte maximal 200,00 EUR	Belastung nach jeder Zahlung	Der Karteninhaber erhält einmal monatlich eine Ab-rechnung über alle getätig-ten Kreditkartenumsätze. Der Abwickler zieht per Last-schrift den gesamten Rech-nungsbetrag in einer Summe vom Girokonto des Karten-inhabers ein (Chargecard)
Sicherheit für den Karten-inhaber	Bei Verlust der Karte trägt der Karteninhaber das volle Risiko.	• unrechtmäßige Verfü-gungen und volle Haf-tung des Karteninha-bers nur bei Kenntnis der PIN (grobe Fahrläs-sigkeit) • Vor der Verlustanzeige haftet der Karteninha-ber mit maximal 50,00 EUR; die Haftung ist al-lerdings abhängig vom Verschulden des Kun-den, nach der Verlust-anzeige trägt die Bank alle Schäden.	• Schäden vor der Verlust-anzeige: Haftung des Kar-teninhabers maximal 50,00 EUR, abhängig vom Verschulden des Kunden • keine Haftung des Karten-inhabers bei Schäden nach erfolgter Verlustan-zeige • bei einer nicht autorisier-ten oder einer fehlerhaften Ausführung einer autori-sierten Kreditkartenverfü-gung ist das Kreditinstitut verpflichtet, dem Kontoin-haber den Betrag unver-züglich und ungekürzt zu erstatten. • Bei Reklamationen des Kunden infolge nichtauto-risierter Zahlungen muss die Bank Details (etwa Belegdatum) zur rekla-mierten Zahlung aufneh-men. • Die Nordbank AG muss die Kundenanzeige über die nicht autorisierte Zah-lung an die Kreditkarten-gesellschaft weiterleiten.
Besondere Dienst-leistungen		• Nutzung des Kontoaus-zugdruckers • Nutzung des Geldautomaten	• Nutzung von Geldautomaten • Preisnachlässe bei Einkäufen mit

Geldkarte	Bankkarte	Kreditkarte
	• Haftungsbeschränkung bei Verlust • Abwicklung von Aufträgen an SB-Terminals	Co-Branding-Karten • Ausgabe von Classic-, Premium- und Business-karten mit Zusatz-angeboten von z. B. Versi-cherungsleistungen

Bezahlen von Einkäufen im Internet mit Kreditkarte – die Zwei-Faktor-Authentifizierung
Wenn Verbraucher heute im Internet einkaufen wollen, müssen sie jetzt besonders auf Si-cherheit bei Zahlungen mit Kreditkarte achten. Denn bei Käufen im Internet mit der Kreditkarte muss jetzt aus Sicherheitsgründen die sogenannte Zwei-Faktor-Authentifizierung genutzt werden. Sie ist seit 2021 gesetzlich verpflichtend.
Wer seine Kreditkarte für den Online-Einkauf benutzen möchte, muss sich durch einen zu-sätzlichen Schritt identifizieren: die Zwei-Faktor-Authentifizierung (2FA). Damit kommen Kre-ditinstitute den Vorschriften der EU-Zahlungsrichtlinie (PSD 2) nach.
Bisher war beim Einkauf oder einer Reisebuchung im Internet noch nicht einmal die Kreditkar-te selbst erforderlich. Wer die Kartennummer, die Prüfnummer und das Ablaufdatum vorliegen hatte, konnte auch ohne Vorlage der Kreditkarte im Internet einkaufen und bezahlen. Doch da die Kreditkartendaten beispielsweise durch einen Hackerangriff oder Sicherheitslücken beim Onlinehändler in falsche Hände geraten konnten, wurde nun die Sicherheit durch die Zwei-Faktor-Authentifizierung erhöht.

Das SMS-Tan-Verfahren wird häufig verwendet
Je nach Kreditkarten-Anbieter hat das sogenannte 3D-Secure-Verfahren unterschiedliche Bezeichnungen, zum Beispiel:
• Visa: "Verified bei Visa"
• Mastercard: "Mastercard Identity Check",
• American Express: "Safekey"
In der Regel müssen Kunden bei Internetkäufen ihre Kreditkartenzahlungen mit einer einmal gültigen Transaktionsnummer (Tan) freigeben. Die Kreditinstitute bieten verschiedene Verfah-ren an, die meist über das Mobiltelefon laufen. Am häufigsten gaben die von Finanztest be-fragten Kreditinstitute an, das SMS-Tan-Verfahren zu nutzen, da dieses Verfahren auch auf älteren Mobilhandies funktioniert. Andere Kreditinstitute bieten die Erstellung der Tan über einen ChipTan-Generator an, den die Kunden vorab erwerben und freischalten lassen müs-sen. Nutzer von American Express Karten können sich die Tan auch per Mail zukommen lassen. Bei der Berliner Volksbank, der Deutschen Bank, der DKB und der Frankfurter Volks-bank wird keine Tan erstellt. Es genügt, wenn Kunden ihre App mit Fingerabdruck oder Pass-wort öffnen und die Kreditkartenzahlung damit bestätigen.

Eine Registrierung ist zwingend erforderlich
Kreditkartennutzer müssen selbst aktiv werden und sich für die 3D-Secure-Verfahren auf der Websites der Kreditinstitute registrieren. Dann wird ein Identifikationscode angefordert, de dem Kunden innerhalb einer Cent-Überweisung, per Umsatzanzeige in der Kreditkartenrech-nung oder per Post mitgeteilt wird.
Wer sich für das Tan-Verfahren per Smartphone entscheidet, muss nun noch die passende App des jeweiligen Kreditinstituts installieren.
Um die Registrierung abzuschließen, muss vom Kunden eines der angebotenen Verfahren gewählt werden. Danach muss der Code auf der Registrierungs-Website des Kreditinstituts eingegeben werden. Danach wird das gewählte Verfahren freigeschaltet.

Kartenzahlungen aus Händlersicht

Aspekte	Geldkarte	Girokarte Maestro-System	Kreditkarte
Abwicklung einer Zahlung	• Käufer führt Geldkarte in das Händlerterminal und bestätigt den angegebenen Kaufbetrag. • Händlerterminal meldet erfolgreiche Zahlung und zeigt Restguthaben auf der Geldkarte an. • Bei jeder Zahlung wird der Betrag über eine Händlerkarte im Terminal vom gespeicherten Guthaben abgebucht. • Gegenüber dem Händler übernimmt das Karten ausgebende Institut eine Zahlungsgarantie. • Händler reicht alle Umsätze aus Geldkarten bei seiner Bank ein. Bei der Bank werden dann die Umsätze zum Einzug freigegeben.	• Ladenkasse zeigt den Betrag • Terminaleinführung der Girokarte • Eingabe der PIN und Bestätigung durch den Karteninhaber (= Veranlassung der Autorisierung in der Autorisierungszentrale) • Autorisierung umfasst folgende Kontrollen: PIN, Echtheit der Karte, Kartensperre, Verfügungsrahmen • positive Autorisierung: „Zahlung erfolgt" (= Zahlungsgarantie für den Händler) • Das Kreditinstitut des Händlers zieht die einzelnen Forderungsbeträge per Lastschrift bei den Banken der Käufer ein. Käufer kann der Lastschrift nicht widersprechen wegen Zahlungsgarantie.	• Vorlage der Kreditkarte beim Vertragsunternehmen • Terminaleinführung der Kreditkarte • Einlesen der Kreditkartendaten, Überprüfung des Verfügungsrahmens und einer Kreditkartensperre • Bei positiver Autorisierung erscheint im Display des Händlerterminals eine Autorisierungsnummer (= Zahlungsgarantie) und Angabe „Genehmigung erteilt". • Ausdruck eines Leistungsbelegs und Unterschrift des Karteninhabers, alternativ Eingabe der PIN (= Einverständnis mit der Abbuchung)
Geldeingang beim Vertragsunternehmen		Das Unternehmen übermittelt die Beträge aus den EC-Zahlungen beleglos über den Terminalnetzbetreiber an seine Bank und erhält den Gesamtbetrag gutgeschrieben.	• Vertragsunternehmen leitet die autorisierten Kartenumsätze über das Kartenterminal elektronisch an den Abwickler weiter. • Abwickler wickelt die Kartenzahlung im Auftrag der Kartengesellschaft ab. • Abwickler zieht per Lastschrift den gesamten Rechnungsbetrag in einer Summe einmal monatlich vom Girokonto des

Aspekte	Geldkarte	Girokarte Maestro-System	Kreditkarte
			Karteninhabers ein. Danach schreibt der Abwickler dem Händler den Gegenwert der angefallenen Kartenumsätze unter Abzug eines Disagios gut. • Abwickler überweist das einbehaltene Disagio an die Karten ausgebenden Banken
Vorteile für Händler	• Verminderung des Beraubungsrisikos • Vermeidung von Wechselgeldausgabefehlern • schneller Bezahlvorgang • keine Kosten für Autorisierung • Zahlungsgarantie • geringes Händlerentgelt • gleichtägige Gutschrift aller Umsätze	• schneller Bezahlvorgang • Zahlungsgarantie • gleichtägige Gutschrift aller Umsätze	• schneller Bezahlvorgang • Zahlungsgarantie
Kosten für Händler	• Terminalkosten • geringe Provision an das Karten ausgebenden Kreditinstitut	• Terminalkosten • Kosten für die Online-Verbindung • Provision des Karten ausgebenden Kreditinstituts	• Terminalkosten • Kosten für die Online-Verbindung • Disagio vom Rechnungsbetrag

6. Das Bezahlen von Einkäufen mit dem Smartphone

Vorteile des Smartphone-Bezahlverfahrens	- Gewinnung von jungen Kunden, da modernes Bezahlverfahren - Geringeres Beraubungsrisiko aufgrund geringerer Bargeldhaltung - Bezahlungsvorgang ist hygienischer, da der Kunde kontaktlos erfolgt - Schnellere Zahlungsvorgang als bei Barzahlung
Technische Voraussetzung	- Übertragungstechnik NFC muss beim Smartphone vorhanden sein - verknüpfen des Smartphones mit der Karte bzw. dem Konto muss erfolgt sein
Drei Schritte um den Bezahlvorgang zu aktivieren	- Der Kunde muss das Smartphone entsperren - Der Kunde muss die Übertragungsfunktion aktivieren - Der Kunde hält das Smartphone an das Bezahlterminal - evtl. muss der Kunde die Zahlung bestätigen z. B. die PIN-Eingabe

A3 Ausländischer Zahlungsverkehr

1. Nichtdokumentärer Zahlungsverkehr

1.1 SEPA

SEPA (Single Euro Payments Area) ist ein einheitlicher Euro-Zahlungsverkehrsraum, in dem alle Zahlungen wie inländische Zahlungen behandelt werden. Mit SEPA wird nicht mehr – wie derzeit - zwischen nationalen und grenzüberschreitenden Zahlungen unterschieden.

Nutzer von Zahlungsverkehrsdienstleistungen können mit SEPA bargeldlose Euro-Zahlungen von einem einzigen Konto vornehmen und hierbei einheitliche Zahlungsinstrumente (SEPA-Überweisung, SEPA-Lastschrift und SEPA-Kartenzahlungen) ebenso einfach, effizient und sicher einsetzen wie die heutigen Zahlungsverkehrsinstrumente auf nationaler Ebene. SEPA betrifft jedes Kreditinstitut, jedes Wirtschaftsunternehmen und jeden Verbraucher in allen Ländern der Europäischen Union (schwerpunktmäßig in den 17 Euro-Ländern) sowie in Island, Liechtenstein, Norwegen und in der Schweiz. Über 4.300 Kreditinstitute bieten die SEPA-Überweisung zurzeit an. Arbeitstäglich werden im Euroraum 210 Millionen unbare Zahlungstransaktionen getätigt. Davon entfallen über 90 % auf Überweisung, Lastschrift und Kartenzahlung.

1.2 TARGET 2

TARGET 2 (Trans-European Automated Real-time Gross Settlement Express Transfer System) ist das gemeinsame Echtzeit-Brutto-Clearingsystem (RTGS) des Eurosystems (ESZB). Brutto-Clearingsysteme dienen dem taggleichen Transfer von Geldern zwischen den angeschlossenen Banken und sind somit eine Voraussetzung für den modernen bargeldlosen Zahlungsverkehr. "Brutto" bedeutet in diesem Zusammenhang, dass jede einzelne Zahlung aus dem Zentralbank-Guthaben der auftraggebenden Bank ausgeführt wird.

1.3 SWIFT

SWIFT steht für „Society for Worldwide Interbank Financial Telecommunication". Dieser Verband von Geldinstituten wurde 1973 gegründet. Er hat zur Aufgabe, den Nachrichtenaustausch mittels eines funktionierenden Telekommunikationsnetzes, auch SWIFT-Netz genannt, für seine Mitgliedsbanken zu ermöglichen. Die SWIFT ist in Belgien ansässig.

Die SWIFT tätigt die Abwicklung des gesamten Finanzverkehrs von mehr als 8.000 Geldinstituten in über 200 Ländern. Der SWIFT-Code wird auch SWIFT-BIC genannt. Dies bedeutet „Bank Identifier Code" (BIC). Die Bank, an die die Überweisung gehen soll, wird mittels dieser Ziffernfolge identifiziert. SWIFT-Adresse ist der korrekte Begriff, der im Zahlungsverkehr dafür verwendet wird.

Überall auf der Welt ist dieser Code gleich und kann auch weltweit angewandt werden, um ein bestimmtes Kreditinstitut zu identifizieren. Alle internationalen Devisengeschäfte, Überweisungen, internationalen Kontoauszüge und Avisen von Akkreditiveröffnungen werden mit Hilfe dieses Codes ermöglicht.

© Springer Fachmedien Wiesbaden GmbH, ein Teil von Springer Nature 2023
V. Grundmann, R. Rathner, *Bankwirtschaft*, Prüfungstraining für Bankkaufleute,
https://doi.org/10.1007/978-3-658-39340-3_3

1.4 Bankenorderscheck

Kennzeichnung	Im Auslandszahlungsverkehr werden Bankenorderschecks verwendet, wenn Zahlungen in Drittwährungen, z. B. in US-Dollar, erfolgen sollen oder wenn im Empfängerland Scheckzahlungen erforderlich sind. Der Bankenorderscheck wird an die Order des Zahlungsempfängers ausgestellt. Er muss vor der Einreichung zur Einlösung indossiert werden und wird vom Zahlungspflichtigen oder der Bank an den Zahlungsempfänger im Ausland versandt.
Abwicklungs-schritte bei der Zahlung mittels Bankenorder-scheck	• Ausstellung des Bankenorderschecks durch die *Nordbank AG*, gezogen auf eine amerikanische Korrespondenzbank (= bezogene Bank) • Belastung des inländischen Importeurs durch die Nordbank unmittelbar nach der Scheckausstellung • Weitergabe des Bankenorderschecks an den inländischen Importeur zur Weiterleitung an den Begünstigten in den USA oder Versand des Bankenorderschecks direkt an den Begünstigten in den USA oder Versand an das Kreditinstitut des Exporteurs • Begünstigter reicht den Bankenorderscheck an seine Hausbank zur Gutschrift ein • Verrechnung zwischen Bank des Begünstigten und der *Nordbank AG* über Korrespondenzbanken
Beispiel einer Abrechnung	Ein Importeur erteilt der *Nordbank AG* wegen der Ausstellung eines Bankenorderschecks einen Zahlungsauftrag. Der *Nordbank AG* liegen folgende Kursinformationen vor:

Kassakurse EUR/USD		Sichtkurs EUR/USD
Geld	Brief	
1,1530	1,1590	1,1620

Die *Nordbank AG* stellt für diese Zahlungsverkehrsleistung die folgenden Entgelte in Rechnung:

Abwicklungsprovision	1,5 ‰, mindestens 12,00 EUR
Courtage	0,25 ‰, mindestens 2,50 EUR
Spesen für die Scheckausstellung	10,00 EUR

Erstellung der Scheckabrechnung:
Der Gesamtbetrag wird dem EUR-Konto des Importeurs belastet.

Abrechnung zum Geldkurs 1,1530 USD	
34.500,00 USD =	29.921,94 EUR
Abwicklungsprovision 1,5 ‰ =	44,88 EUR
Courtage 0,25 Promille =	7,48 EUR
Spesen für die Scheckausstellung	10,00 EUR
Gesamtbetrag	**29.984,30 EUR**

Meldevorschrif-ten bei Aus-landszahlungen	Im Zusammenhang mit Auslandszahlungen besteht unter bestimmten Voraussetzungen eine gesetzliche Meldepflicht an die Deutsche Bundesbank. Die Meldungen von Zahlungen sind in §§ 67, 71 der Außenwirtschaftsverordnung (AWV) geregelt:

	§ 67 Meldung von Zahlungen (1) Inländer haben der Deutschen Bundesbank in den Fristen des § 71 Absatz 7 und 8 Zahlungen gemäß Absatz 4 zu melden, die sie 1. von Ausländern oder für deren Rechnung von Inländern entgegennehmen (eingehende Zahlungen) oder 2. an Ausländer oder für deren Rechnung an Inländer leisten (ausgehende Zahlungen). (2) Nicht zu melden sind 1. Zahlungen, die den Betrag von 12.500 EUR oder den Gegenwert in anderer Währung nicht übersteigen, 2. Zahlungen für die Einfuhr, Ausfuhr oder Verbringung von Waren und 3. Zahlungen, die die Gewährung, Aufnahme oder Rückzahlung von Krediten, einschließlich der Begründung und Rückzahlung von Guthaben, mit einer ursprünglich vereinbarten Laufzeit oder Kündigungsfrist von nicht mehr als zwölf Monaten zum Gegenstand haben. (3) Zahlungen im Sinne dieses Abschnitts sind auch die Aufrechnung und die Verrechnung sowie Zahlungen, die mittels Lastschriftverfahren abgewickelt werden. Als Zahlung gilt ferner das Einbringen von Sachen und Rechten in Unternehmen, Zweigniederlassungen und Betriebsstätten. (4) In den Meldungen ein- und ausgehender Zahlungen müssen die Angaben gemäß Anlage Z4 „Zahlungen im Außenwirtschaftsverkehr" enthalten sein. Im Fall von Zahlungen im Zusammenhang mit Wertpapiergeschäften und Finanzderivaten müssen die Angaben gemäß Anlage Z10 „Wertpapiergeschäfte und Finanzderivate im Außenwirtschaftsverkehr" enthalten sein. (5) … Im Fall von Zahlungen im Zusammenhang mit Wertpapieren und Finanzderivaten sind anstelle der Angaben zum Grundgeschäft die Bezeichnungen der Wertpapiere, die internationale Wertpapierkennnummer sowie Nennbetrag oder Stückzahl anzugeben. § 71 Meldefristen (7) Meldungen gemäß § 67 Absatz 1 in Verbindung mit § 67 Absatz 4 Satz 1 nach Anlage Z4 … sind bis zum siebenten Kalendertag des auf die Leistung oder Entgegennahme der Zahlungen oder der Einfuhr oder Verbringung der Transithandelsware folgenden Monats einzureichen.
Vorteile von Währungskonten	• Vermeidung der Geld-Brief-Spanne bei Zahlungsein- und -ausgängen • Vermeidung evtl. Umrechnungsgebühren • Kauf/Verkauf von Devisen zu einem Zeitpunkt, an dem der Devisenkurs günstig ist • Geldanlage oder -aufnahme zum ggf. günstigeren Fremdwährungszins • Ausschluss des Kursrisikos

1.5 Abwicklung einer Zahlung mittels Bankenorderscheck

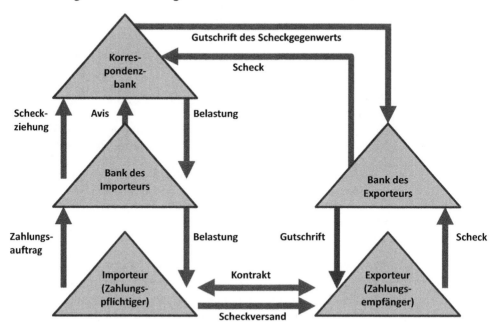

1.6 Sorten

Sorten	<ul><li>Noten und Münzen in fremder Währung</li><li>Ankauf und Verkauf von Sorten zu Schalterpreisen</li><li>Bei den Preisen wird die Menge der Fremdwährung angeben, die einem Euro entspricht.</li><li>Gründe für den hohe Spanne zwischen Geldkurs und Briefkurs sind Kursrisiken bei unsicheren Devisenmärkten, hohe Beschaffungs- und Transportkosten für Bargeld, Kosten für die Versicherung und Lagerhaltung ausländischer Banknoten und Münzen sowie Personal- und Sachkosten bei Ausgabe und Tresorverwahrung.</li></ul>

Beispiel 1

Ein Kunde der *Nordbank AG* möchte für eine Auslandsreise nach Südafrika 2.000 Südafrikanische Rand (ZAR) in bar mitnehmen.

Sortenkurse für 1,00 EUR der *Nordbank AG* aus Sicht der Bank

Land	ISO-Code	Währung	Verkauf	Ankauf
Australien	AUD	Dollar	1,5061	1,6861
Südafrika	ZAR	Rand	6,2323	9,6323
USA	USD	Dollar	1,0959	1,1659

Rechenweg: 2000 : 6,2323 = 320,91 EUR

Der Kunde muss **320,91 EUR** zahlen

Beispiel 2

Ein Kunde, der von einer USA-Reise zurückgekehrt ist, möchte bei der *Nordbank AG* 5.000 USD in Euro umwechseln.

Rechenweg: 5.000 : 1,1659 = 4.288,53

Der Kunde erhält **4.288,53 EUR**

2. Incoterms und Dokumente im Außenwirtschaftsverkehr

2.1 Incoterms 2010 und 2020

Incoterms 2010*	
Allgemeine Kennzeichnung	• Die Incoterms sind für den Warenhandel konzipiert.
	• Die Incoterms befassen sich nur mit bestimmten Punkten des Kaufvertrags, die sich auf Käufer- und Verkäuferrechte und –pflichten, auf den Gefahrübergang, die Risiko- und die Kostenteilung beziehen. Andere im Vertrag wichtige Aspekte wie etwa die sonstigen Vertragspflichten, Gewährleistungsfragen, Haftungsausschlüsse, das für den Vertrag geltende Recht usw. werden von den Incoterms nicht erfasst.
	• Die Incoterms gelten grundsätzlich nur dann, wenn die Geschäftspartner auf sie Bezug nehmen und sie in ihren Vertrag einbeziehen. Die Incoterms legen fest, welcher der Vertragspartner sich um den Abschluss von Transport- und Versicherungsverträgen zu kümmern hat und wer die Kosten dafür übernimmt.
	• Alle Varianten der Incoterms legen den Ort der Lieferung und den damit verbundenen Gefahrübergang vom Verkäufer auf den Käufer sowie den Punkt des Übergangs der Kosten vom Verkäufer auf den Käufer fest.
	• Die Gefahr des zufälligen Verlusts oder der Beschädigung der Ware sowie die Pflicht, die durch die Ware bedingten Kosten (z. B. Transport, Versicherung, Zölle) zu tragen, geht vom Verkäufer auf den Käufer über, wenn der Verkäufer seine Verpflichtung zur Lieferung der Ware erfüllt hat.
Einpunktklausel	Der Zeitpunkt des Gefahrübergangs entspricht dem Zeitpunkt, in dem die Kostenlast vom Verkäufer auf den Käufer übergeht. Dies ist z. B. bei der FOB-Klausel der Fall.
Zweipunktklausel	Eine Zweipunktklausel ist z. B. die CIF-Klausel. Bei dieser Klausel muss die Lieferung so wie bei der FOB-Klausel erfolgen und auch die Gefahr geht wie bei der FOB-Klausel am Abgangsort auf den Käufer über. Da der Verkäufer aber zusätzlich die Kosten des Transports bis zum Bestimmungsort oder Bestimmungshafen zu tragen hat, und den Transport auch z. T. versichern muss, decken sich der Punkt des Gefahrübergangs und der Punkt des Kostenübergangs nicht, sodass es zwei verschiedene Übergangspunkte in der Geschäftsabwicklung gibt (Zweipunktklausel).

FOB (Free on Board ... benannter Verschiffungshafen)	Der Anwendungsbereich der Klausel FOB beschränkt sich auf Seefracht, die nicht in Containern transportiert wird, z. B. Stückgut oder Massengüter.
	Kostenverteilung
	Die FOB-Klausel verlangt die Verladung an Bord des benannten Schiffes zum vereinbarten Zeitpunkt oder innerhalb der vereinbarten Frist, d. h. der Verkäufer hat die Ware zu liefern, indem er sie an Bord des vom Käufer benannten Schiffs an der vom Käufer benannten Ladestelle im benannten Verschiffungshafen verbringt. Mit der FOB-Klausel wird festgelegt, dass der Verkäufer exportfreie Ware liefern muss, d. h. er muss die Ausfuhrbewilligung auf eigene Gefahr und Kosten beschaffen sowie alle Zollformalitäten erledigen, die für die Ausfuhr erforderlich sind. Zudem muss er alle Kosten des Vortransports, der Umschlagsgebühren, der Verladung sowie des Seehafenspediteurs tragen. Danach ist der Verkäufer verpflichtet, den Käufer zu benachrichtigen, dass die Ware vertragsgemäß geliefert worden ist. Der Verkäufer ist verpflichtet, dem Käufer auf seine Kosten durch ein entsprechendes Lieferdokument nachzuweisen, dass er die Lieferung bewirkt hat. Die Kosten von Warenkontrollen, die aufgrund behördlicher Vorschriften des Exportlandes entstehen, muss der Verkäufer tragen. Sind die Warenkontrollen dagegen aufgrund von Vorschriften des Importlandes durchzuführen, muss der Käufer die Kosten tragen. Grundsätzlich muss der Verkäufer für eine transportgerechte Verpackung sorgen.
	Der Importeur hat die entsprechende Import- und ggf. Durchfuhrabwicklung auf eigene Gefahr und Kosten wahrzunehmen. Zu den Kosten des Käufers zählen alle Zölle, Steuern und andere Abgaben sowie Kosten der Zollformalitäten, die bei der Einfuhr der Ware und bei ihrem Transport durch jedes Land anfallen. Der Käufer muss den Transportvertrag ab Lieferort auf seine Kosten abschließen. Da die Ware ab dem Lieferort auf das Risiko des Käufers transportiert wird, liegt es in seinem Interesse, auch das Transportrisiko zu versichern.
	Gefahrübergang
	Mit der erfolgten Lieferung findet zeitgleich auch der Gefahrübergang für Verlust und Schäden am Transportgut auf den Käufer statt. Vorausgesetzt wird die Verladung an Bord eines Schiffes. Die Gefahr des Verlusts oder der Beschädigung der Ware geht damit über, wenn die Ware an Bord des Schiffes gelangt, also im Ladevorgang auf die Planken gesetzt oder auf dem Ladedeck abgesetzt wird.
CIF (Kosten, Versicherung und Fracht ... benannter Bestimmungshafen)	Die CIF-Klausel ist ausschließlich für den Transport mit Seeschiffen oder Binnenschiffen geeignet. Sie eignet sich für den Containerverkehr mit Schiff nur ausnahmsweise.
	Kostenverteilung
	Die CIF-Klausel beinhaltet die Grundsätze der Klausel FOB, ergänzt um die vom Verkäufer zu tragenden Fracht- und Versicherungskosten.
	• Die CIF-Klausel beinhaltet, dass der Verkäufer die Ware an Bord des Schiffs verbringt.

- Zudem geht die Gefahr des Verlusts oder der Beschädigung der Ware auf den Käufer über, wenn die Ware an Bord des Schiffs im Verschiffungshafen gelangt.
- Der Verkäufer erfüllt seine Lieferpflicht, wenn er die Ware dem Frachtführer übergibt. Der Frachtführer ist verpflichtet, das Frachtgut zum Bestimmungsort zu befördern und dort an den Empfänger auszuliefern. Der Verkäufer hat den Beförderungsvertrag abzuschließen und die Kosten und die Fracht, die für die Beförderung der Ware zum benannten Bestimmungshafen erforderlich sind, zu tragen.
- Zusätzlich muss der Verkäufer einen Versicherungsvertrag abschließen, der den Käufer vor der Gefahr des Verlusts oder der Beschädigung der Ware während des Transports schützt. Allerdings ist der Verkäufer nur verpflichtet, eine Versicherung mit Mindestdeckung abzuschließen.
- Der Verkäufer hat alle die Ware betreffenden Kosten, bis diese geliefert worden ist, zu tragen. Zusätzlich muss er die Fracht, die Verladekosten im Verschiffungshafen und die Ausladekosten im Bestimmungshafen tragen. Zusätzlich sind auch die Kosten der für die Ausfuhr notwendigen Zollformalitäten sowie alle Zölle, Steuern und andere Abgaben, die bei der Ausfuhr anfallen, und ggf. Transitkosten vom Verkäufer zu tragen.
- Der Verkäufer ist verpflichtet, dem Käufer auf seine Kosten z. B. durch ein Konnossement nachzuweisen, dass er die Lieferung der Ware bewirkt hat.
- Der Verkäufer muss die Kosten der Warenkontrollen vor der Verladung übernehmen, die aufgrund behördlicher Vorschriften des Exportlandes entstehen.
- Grundsätzlich muss der Verkäufer für eine transportgerechte Verpackung sorgen.

Gefahrenübergang
Der Verkäufer trägt alle Gefahren des Verlusts oder der Beschädigung der Ware, bis die Ware an Bord des Schiffes geliefert worden ist. Der Käufer hat alle Gefahren des Verlusts oder der Beschädigung der Ware von dem Zeitpunkt an zu tragen, in dem die Ware an Bord des Schiffes verbracht worden ist.

Incoterms 2020

Die Regeln der INCOTERMS 2020 (International Commercial Terms)

Die International Chamber of Commerce (ICC) hat ein Incoterms 2020-Regelwerk herausgebracht, das 11 Incoterms-Handelsbedingungen aufzeigt und erläutert. Es berücksichtigt die neuesten Entwicklungen in der Geschäftspraxis und aktualisiert die bestehenden Regeln, um sie zugänglicher und benutzerfreundlicher zu machen.

Die Incoterms-Klauseln werden weltweit von 120 Ländern anerkannt. Die Klauseln werden auch tatsächlich in 90 Prozent aller internationalen Kaufverträge vereinbart.

Die Incoterms-Regeln sind global anwendbare Standards zu den Lieferbedingungen in internationalen Geschäften (International Commercial Terms). Sie regeln die Rechte und Pflichten von Käufer und Verkäufer rund um die Lieferung einer Ware: Wann geht die Ware vom Verkäufer auf den Käufer über? Wer trägt welche Transportkosten? Wer übernimmt ab wann die Haftung für Verlust und Beschädigung der Ware und/oder die Versicherungskosten? Nicht geregelt wird durch die Incoterms-Klauseln z.B. die Zahlungsbedingungen, der Eigentumsübergang einer Ware oder die Streitbeilegung. Die neue Version 2020 gilt ab dem 1. Januar 2020 und soll anstatt der Incoterms 2010-Version verwendet werden.

Incoterms-Klauseln werden nicht automatisch Gegenstand eines Vertrages, sondern nur dann, wenn sich Verkäufer und Käufer ausdrücklich auf die Einbindung einer Incoterms-Klausel einigen.

Die Incoterms definieren die Verantwortlichkeiten von Käufern und Verkäufern im internationalen Handelssystem. Sie sind damit die maßgeblichen Regeln für die Aufteilung der Kosten und Risiken auf die beteiligten Parteien.

Risiken

Es ist die Möglichkeit, das ein Ereignis eintritt, das zum Verlust oder zur Beschädigung der Ware führen könnte. Käufer und/oder Verkäufer können sich durch eine Transportversicherung gegen Risiken schützen. Die Transportversicherung liegt in der Verantwortung des Verkäufers.

Kosten

Es sind alle Kosten mit Ausnahme der Kosten für Dokumente. Kauf- und Verkaufsbeträge sollten eindeutig angeben, welche Kosten bei Übergabe der Ware zu Lasten des Käufers und /oder Verkäufers gehen.

Änderungen in den INCOTERM-Klauseln

1. Änderung bei den D-Klauseln

Die Klausel DAT (Delivered At Terminal) wurde gestrichen. An ihrer Stelle kann jetzt der Term DAP (Delivered At Place) verwendet werden. Oder man verwendet den neuen Term DPU (Delivered at Place, Unloaded). Der eng gefasste Begriff „Terminal" wird somit erweitert zum „Place". Im Unterschied zur Klausel DAP, bei der die Ware am Bestimmungsort entladebereit geliefert wird, ist bei DPU die Entladung inkludiert.

2. Versicherungsdeckung bei der CIP-Klausel:

Bei der CIP-Klausel hat sich die Versicherungsdeckung geändert. So wird nun die Versicherungsdeckung ICC-A (Institut Cargo Clauses All Risk) benötigt, während CIF weiterhin nur eine Deckung ICC-C Mindestversicherungsschutz gegen ausdrücklich genannte Schadensereignisse bietet.

3. Incoterms: Zusatzoption bei FCA

In Verbindung mit der Absenderklausel FCA (Free Carrier – frei Frachtführer) wurde neu eine Regelung zu Bordkonnossementen (auch On-Board-B/L oder „shipped on board Bill of Lading" genannt) in die Incoterms aufgenommen. Im Kaufvertrag kann vereinbart werden, dass der Verkäufer ein Bordkonnossement erhält, das z. B. für die Akkreditiv-Abwicklung benötigt wird. Darin wird bestätigt, dass die Ware an Bord eines Seeschiffs übernommen wurde oder dass dies beabsichtigt ist. Die Incoterms 2020 legen die Abläufe fest, zumal bei FCA die Übergabe an den Frachtführer schon vorher passiert. Gleichzeitig wird davor gewarnt, dass diese Abwicklung fehleranfällig sein kann.

4. Transporte auf Incoterms-Basis selbst organisieren

Neu wurde für die Klauseln FCA, DAP, DPU und DDP berücksichtigt, dass der Transport auch durch den Käufer oder Verkäufer mit eigenen Transportmitteln durchgeführt werden kann. Daher ist es alternativ zum Abschluss eines Beförderungsvertrags auch gestattet, den Transport selbst zu organisieren oder durchzuführen.

5. Anforderungen und Pflichten mit besonderem Blick auf die Seefracht

In den Erläuterungen zu den Incoterms wurden Präzisierungen aufgenommen die die Zuständigkeit von Käufer und Verkäufer betreffen. Beispielsweise geht es um die, Zur-Verfügung-Stellung von Daten, die die Sicherheit der Waren oder die Ein- und Ausfuhrabwicklung betreffen, inkl. Genehmigungen.

Als grundsätzliche Regel gilt: Bei allen Klauseln außer EXW und DDP muss sich der Verkäufer um die Exportabwicklung inkl. eventuell erforderlicher Genehmigungen kümmern. Die Importabwicklung inkl. eventueller Genehmigungen übernimmt der Käufer.

Sieben Klauseln der Incoterms 2020 gelten für alle Transportarten: XW, FCA, CPT, CIP, DAP, DPU und DDP. Sie können auch in der Binnen- und Seefahrt verwendet werden. Weiterhin sind vier Klauseln für den Schiffsverkehr reserviert: FAS, FOB, CFR und CIF. Hauptsächlich finden diese Klauseln Anwendung bei Massen- und Schüttgütern.

Unterschiede zwischen Incoterms 2010 und 2020:

- Für die Incoterms-Klausel FCA (Free Carrier) gibt es nun die Möglichkeit, einen „On-Board"-Vermerk vor Verladung auf ein Schiff auf dem Konnossement (Bill of Lading) zu hinterlegen.

- CIP erfordert nun eine Versicherung mit dem Mindestschutz gemäß der Institute Cargo-Klausel (A) (Alle Risiken, vorbehaltlich der aufgeführten Ausschlüsse).

- CIF erfordert nun eine Versicherung mit dem Mindestschutz gemäß der Institute Cargo-Klausel (C) (Aufgeführte Risiken, vorbehaltlich der aufgeführten Ausschlüsse).

- Die Incoterms-Klauseln Free Carrier (FCA), Delivered at Place (DAP), Delivered at Place Unloaded (DPU) und Delivered Duty Paid (DDP) berücksichtigen nun, dass die Ware mit eigenen Transportmitteln befördert werden kann, ohne die Beauftragung Dritter.

- Die Klausel Delivered at Terminal (DAT) wurde geändert zu Delivered at Place Unloaded (DPU), um herauszustellen, dass der Zielort ein beliebiger Ort sein kann und nicht nur ein „Terminal".

- Die Incoterms 2020 verlagern nun explizit die Verantwortung für sicherheitsrelevante Anforderungen und Nebenkosten auf den Verkäufer.

- Frei Frachtführer// Free Carrier (FCA) wurde für die Incoterms 2020 revidiert, um einer Situation Rechnung zu tragen, in der Waren zur Beförderung auf See verkauft werden und der Käufer oder Verkäufer (oder die Bank einer der beiden Parteien) ein Bordkonossement verlangt. Käufer und Verkäufer können sich darauf einigen, dass der Käufer seinen Frachtführer anweist, dem Verkäufer ein Bordkonossement nach der Verladung der Ware auszustellen, zu welchem Zeitpunkt der Verkäufer verpflichtet ist, dem Käufer das Bordkonossement (typischerweise über die Banken) zu übergeben.

Die INCOTERMS stellen keinen vollständigen Kaufvertrag dar, sondern werden Teil davon. Für seine Anwendung sollte die folgende Struktur verändert werden:

Gewählte INCOTERM-Klausel, Benannter Hafen und Ort, INCOTERMS 2020"

Beispiel: CIF Shanghai INCOTERM 2020 oder CIP, Dowingstreet, London, Großbritannien NCOTERM 2020"

Ist für die INCOTERMS kein Jahr angegeben, gilt Folgendes:

• Bis zum 31.12.2019 gelten die INCOTERMS 2010 Ab 01.01.2020 gelten die INCOTERMS 2020. Ist ein anderes Jahr angegeben, z. B. 1990, gelten die entsprechenden Regeln, also INCOTERMS 1990.

Überblick: INCOTERMS 2020

(prüfungsrelevant sind die Klauseln FOB und CIF))

Es bleiben elf Handelsklauseln im internationalen Warenverkehr, die für Kaufverträge maßgeblich sind. Sie regeln den Gefahren- bzw. Kostenübergang für Exporteure und Importeure. Die Handelspartner können sich allerdings auch weiterhin auf die bisherigen Handelsregeln 2010 beziehen, d. h. die Handelspartner können auch noch nach dem 1.1.2020 Ex- und Importgeschäfte nach den Bedingungen der Incoterms 2010 abschließen, wenn der Geschäftspartner zustimmt. Es muss also in Zukunft in den Verträgen deutlich gemacht werden, auf welche INCOTERMS-Version sich die Vertragspartner beziehen wollen.

"**Ab Werk**" bedeutet, dass der Verkäufer liefert, wenn er die Ware dem Käufer an einem anderen benannten Lieferort (z. B. Fabrik oder Lager) zur Verfügung stellt. Dieser benannte Ort kann auch auf dem Gelände des Verkäufers liegen. Der Verkäufer muss die Ware weder auf ein abholendes Transportmittel verladen, noch muss er sie zur Ausfuhr freimachen, falls dies erforderlich sein sollte.

FCA - Frei Frachtführer//Free Carrier

"Frei Frachtführer" bedeutet, dass der Verkäufer die Ware dem Frachtführer oder einer anderen vom Käufer benannten Person beim Verkäufer oder an einem anderen benannten Ort liefert. Die Parteien sind gut beraten, die Stelle innerhalb des benannten Lieferortes so genau wie möglich zu bezeichnen, da an dieser Stelle die Gefahr auf den Käufer übergeht.

CPT - Frachtfrei//Carriage Paid To

"Frachtfrei" bedeutet, dass der Verkäufer die Ware dem Frachtführer oder einer anderen vom Verkäufer benannten Person an einem vereinbarten Ort (falls ein solcher Ort zwischen der Parteien vereinbart ist) liefert, und dass der Verkäufer den Beförderungsvertrag abzuschließen und die für die Beförderung der Ware bis zum benannten Bestimmungsort entstehender Frachtkosten zu zahlen hat.

CIP - Frachtfrei versichert//Carriage and Insurance Paid to

"Frachtfrei versichert" bedeutet, dass der Verkäufer die Ware dem Frachtführer oder einer anderen vom Verkäufer benannten Person an einem vereinbarten Ort (falls ein solcher Ort zwischen den Parteien vereinbart ist) liefert, und dass der Verkäufer den Beförderungsvertrag abzuschließen und die für die Beförderung der Ware bis zum benannten Bestimmungsort entstehenden Frachtkosten zu zahlen hat. Zudem verpflichtet sich der Verkäufer einen Transportversicherungsvertrag mit umfassendem Deckungsschutz (Institute Cargo Clause A) für die auf den Käufer übergehende Gefahr des Verlustes oder der Beschädigung der Ware während des Transports von der Lieferstelle mindestens bis zum Bestimmungsort abzuschließen.

DAP - Geliefert benannter Ort//Delivered at Place

"Geliefert benannter Ort" bedeutet, dass der Verkäufer liefert, wenn die Ware dem Käufer auf dem ankommenden Beförderungsmittel des Verkäufers entladebereit am benannten Bestimmungsort zur Verfügung gestellt wird. Der Verkäufer trägt alle Gefahren, die im Zusammenhang mit der Beförderung zum benannten Ort stehen.

DPU - Geliefert benannter Ort entladen//Delivered at Place Unloaded

"Geliefert benannter Ort entladen" bedeutet, dass der Verkäufer die Ware liefert, sobald die Ware von dem ankommenden Beförderungsmittel entladen wurde und an einem benannten Bestimmungsort zur Verfügung gestellt wird. Der Verkäufer trägt alle Gefahren, die im Zusammenhang mit der Beförderung der Ware zum und der Entladung am benannten Bestimmungsort entstehen.

DDP - Geliefert verzollt//Delivered Duty Paid

"Geliefert verzollt" bedeutet, dass der Verkäufer liefert, wenn er die zur Einfuhr freigemachte Ware dem Käufer auf dem ankommenden Beförderungsmittel entladebereit am benannten Bestimmungsort zur Verfügung stellt. Der Verkäufer trägt alle Kosten und Gefahren, die im Zusammenhang mit der Beförderung der Ware bis zum Bestimmungsort stehen und hat die Verpflichtung, die Ware nicht nur für die Ausfuhr, sondern auch für die Einfuhr freizumachen, alle Abgaben sowohl für die Aus- als auch für die Einfuhr zu zahlen sowie alle Zollformalitäten zu erledigen.

FAS - Frei Längsseite Schiff//Free Alongside Ship

"Frei Längsseite Schiff" bedeutet, dass der Verkäufer liefert, wenn die Ware längsseits des Schiffs (z. B. an einer Kaianlage oder auf einem Binnenschiff) im benannten Verschiffungshafen gebracht ist. Die Gefahr des Verlustes oder der Beschädigung der Ware geht über, wenn sich die Ware längsseits des Schiffs befindet. Der Käufer trägt ab diesem Zeitpunkt alle Kosten.

FOB - Frei an Bord//Free on Board

"Frei an Bord" bedeutet, dass der Verkäufer die Ware an Bord des vom Käufer benannten Schiffs im benannten Verschiffungshafen liefert oder die bereits so gelieferte Ware verschafft. Die Gefahr des Verlustes oder der Beschädigung der Ware geht über, wenn die Ware an Bord des Schiffs ist. Der Käufer trägt ab diesem Zeitpunkt alle Kosten.

CFR - Kosten und Fracht//Cost and Freight

"Kosten und Fracht" bedeutet, dass der Verkäufer die Ware an Bord des Schiffs liefert oder die bereits so gelieferte Ware verschafft. Die Gefahr des Verlustes oder der Beschädigung der Ware geht über, wenn die Ware an Bord des Schiffs ist. Der Verkäufer hat den Beförderungsvertrag abzuschließen und die Kosten und Fracht zu tragen, die für die Beförderung der Ware zum benannten Bestimmungshafen erforderlich sind.

CIF - Kosten, Versicherung und Fracht//Cost, Insurance and Freight

"Kosten, Versicherung und Fracht" bedeutet, dass der Verkäufer die Ware an Bord des Schiffs liefert oder die bereits so gelieferte Ware verschafft. Die Gefahr des Verlustes oder der Beschädigung der Ware geht über, wenn die Ware an Bord des Schiffs ist. Der Verkäufer hat den Beförderungsvertrag abzuschließen sowie die Kosten und Fracht zu tragen, die für die Beförderung der Ware zum benannten Bestimmungshafen erforderlich sind. Zudem hat der Verkäufer auf eigene Kosten eine Transportversicherung abzuschließen, die zumindest der Mindestdeckung gemäß den Klauseln (C) der Institute Cargo Clauses (LMA/IUA) entspricht.

Quelle: **CC Germany e. V.**
Internationale Handelskammer Berlin

2.2 Dokumente im Außenwirtschaftsverkehr

Konnossement	Versicherungs-dokumente	Handelsfaktura	Konsulats- und Zollfaktura	Qualitäts-zertifikate
Bill of Lading: Transportdoku-ment im See-frachtverkehr **Nachweis:** Frachtvertrag und Übergabe der Ware an den Verfrachter **Übertragung des Konnosse-ments:** Einigung und Übergabe des indossierten Wertpapiers (ersetzt die Übergabe der Ware)	Sie beweisen den Abschluss einer Transport-versicherung, mit der die Ware gegen Transport-risiken versichert wird. **Wertpapierart:** Gekorene Or-derpapiere, die auf den Inhaber ausgestellt wer-den. **Versicherungs-summe:** 110 % des Warenwerts	Informiert über das Handelsge-schäft **Sie enthält:** Name und Sitz des Verkäufers und Käufers, genaue Waren-bezeichnung, Warenmenge, Verpackung, Preis und Preis-basis, Liefe-rungs- und Zah-lungsbedingun-gen, Transport-weg und -mittel **Zweck:** Grund-lage für ver-tragsgemäße Abwicklung des Geschäfts sowie Unterlage für Einfuhrprüfung und Verzollung	**Zweck:** Grund-lage für Verzol-lung im Einfuhr-land	Z. B. das Ursprungszeug-nis bescheinigt die Herkunft der Ware.

3. Dokumentäre Zahlungen im Außenwirtschaftsverkehr

3.1 Dokumenten-Inkasso

Eine dokumentäre Zahlung wird über ein D/P-Inkasso abgewickelt, wenn zwischen dem Exporteur und dem Importeur die Zahlungsbedingungen „Dokumente gegen Zahlung" vereinbart worden ist. Der Inkassoauftrag enthält die Weisung, die Dokumente gegen Zahlung des Gegenwertes auszuhändigen. Diese Zahlungsbedingung gibt dem Exporteur Sicherheit. Er hat noch bis zur Übergabe der Dokumente durch die Importbank die Verfügungsgewalt über die Ware.

Abwicklungsschritte

1. Kaufvertrag zwischen Importeur und Exporteur
2. Exporteur verbringt die Ware zum Abladehafen.
3. Exporteur erhält vom Reeder die Dokumente.
4. Exporteur reicht seiner Bank die Dokumente ein und erteilt einen Inkassoauftrag.
5. Dokumente und Inkassoauftrag werden an die Bank des Importeurs weitergeleitet.
6. Bank des Importeurs dient die Dokumente dem Importeur zur Aufnahme an.
7. Bank des Importeurs belastet das Konto des Importeurs aufgrund des Einlöseauftrags.
8. Importeur kann mit den Dokumenten über die Ware im Bestimmungshafen verfügen.
9. Verrechnung zwischen den Banken
10. Gutschrift von der Bank des Exporteurs auf das Konto des Exporteurs

Rechtsbeziehungen beim Dokumenten-Inkasso

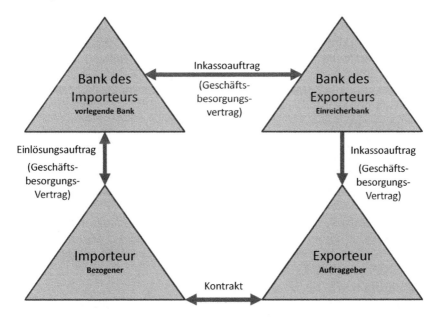

Vertragspartner	Vorteile	Nachteile
Exporteur	• Verfügung über die Ware erst nach Einlösung der Dokumente • Sicherer Zahlungseingang, wenn Importeur die Dokumente aufnimmt.	• Vorleistung der Produktion und des Transports der Ware • Folgen bei Nichtaufnahme der Dokumente durch den Importeur: • Lagerkosten • verderbliche Ware • Verkauf der Ware unter Wert • Rückverschiffungskosten
Importeur	• Er bestimmt den Zahlungszeitpunkt. • Auslösung der Zahlungspflicht erst bei Aufnahme der Dokumente	Überprüfung der Ware (Qualitätskontrolle) erst nach Aufnahme der Dokumente und damit nach Zahlung der Ware

3.2 Dokumenten-Akkreditiv

Es handelt sich um ein bedingtes, abstraktes Schuldversprechen des eröffnenden Kreditinstituts, im Auftrag und nach den Weisungen des ausländischen Importeurs gegen Übergabe vorgeschriebener Dokumente eine Zahlung an den inländischen Exporteur zu leisten, sofern die Akkreditivbedingungen erfüllt sind.

Wichtige Inhalte des Akkreditivs

Das Akkreditiv muss eindeutig angeben, ob es durch z. B. Sichtzahlung benutzbar ist. Das Akkreditiv muss genau angeben, gegen welche Dokumente Zahlung vorgenommen werden soll. Es muss ein Verfalldatum für die Vorlage der Dokumente enthalten. Alle Dokumente müssen spätestens am Verfalldatum vorgelegt werden. Es muss das Datum der spätesten Verladung der Ware enthalten.

Rechtsfolgen beim Akkreditiv

- Das eröffnende Kreditinstitut geht eine feststehende Verpflichtung gegenüber dem Begünstigten ein, sofern die Akkreditivbedingungen erfüllt werden.
- Das unwiderrufliche Akkreditiv kann vom Importeur nicht einseitig abgeändert werden.
- Unwiderrufliche Akkreditive können von dem avisierenden Kreditinstitut bestätigt werden. Gegen eine Bestätigungsprovision übernimmt das avisierende Kreditinstitut eine zusätzliche Einlösungsverpflichtung. Dem Exporteur haften nebeneinander wahlweise das Kreditinstitut im eigenen Land und das eröffnende Kreditinstitut. Als Grund für die Bestätigung können die Vorsorge gegen eine Zahlungsunfähigkeit des eröffnenden Kreditinstituts und Transferrisiken im Importland angeführt werden.

Abwicklungsschritte beim Dokumenten-Akkreditiv

- Kaufvertrag zwischen Exporteur (Begünstigter) und Importeur (Akkreditiv-Auftraggeber)
- Importeur erteilt den Akkreditivauftrag der eröffnenden Bank.
- Akkreditiveröffnung der Importbank
- Avisierung des Akkreditivs (abstraktes bedingtes Zahlungsversprechen der eröffnenden Bank) durch beauftragte Bank an den Exporteur

- Warenversand und Beschaffung akkreditivgerechter Dokumente durch Exporteur
- Dokumente werden von der avisierenden Bank zur eröffnenden Bank aus Sicherheits-gründen in zwei Postsendungen versandt.
- Dokumentenprüfung beim eröffnenden Kreditinstitut
- Aushändigung der Dokumente an den Importeur unter gleichzeitiger Belastung mit dem Akkreditiv-Betrag zuzüglich Provision und Spesen
- Anschaffung des Akkreditivbetrags (Verrechnung zwischen den beiden Kreditinstituten)
- Empfang der Ware durch den Importeur gegen Vorlage entsprechender Dokumente

Vertragspartner	Vorteile	Nachteile
Exporteur	• Die Zahlung erfolgt auch für den Fall, dass der Importeur zahlungsunfähig oder -unwillig ist. • Die Zahlung erfolgt auch für den Fall, dass der Importeur die gelieferte Ware nicht abnehmen will. • Bei einem bestätigten Akkreditiv gibt ein zweites Kreditinstitut, meist die Hausbank des Exporteurs, ein weiteres Zahlungsversprechen ab. • Der Exporteur erhält sein Geld auch, wenn die Auslandsbank insolvent/zahlungsunfähig wird. • Der Exporteur wird erst tätig (z. B. mit Versand der Ware), wenn das Akkreditiv eröffnet/avisiert worden ist.	
Importeur	• Zahlung erfolgt erst nach Vorlage akkreditivgerechter Dokumente. • Termingerechte Erfüllung des Auslandsgeschäfts, da Verladefrist und Gültigkeitsdauer des Akkreditivs festgelegt sind.	Qualitätskontrolle der Ware erst nach Zahlung des Akkreditivs möglich.

Die Transportdokumente

Bei einem Dokumenten-Akkreditiv müssen die Dokumente folgende Merkmale enthalten, damit sie für akkreditivgerecht gelten:

- Es muss ein An-Bord-Seekonnossement sein, d. h. damit wird bestätigt, dass die Ware an Bord des benannten Schiffes übernommen worden ist.
- Ein voller Satz (3-fache Ausfertigung) bedeutet, dass alle ausgestellten Originale vorgelegt werden, damit kein Unberechtigter mit Vorlage eines Originals die Verfügungsberechtigung über die Ware erlangen kann.
- Die An-Bord-Seekonnossemente müssen reingezeichnet sein, d. h. das Konnossement darf keine Mängelhinweise des Verfrachters über sichtbare Beschädigungen an der Ware bzw. Verpackung enthalten.

Rechtsbeziehungen bei einem unwiderruflichen, bestätigten Dokumenten-Akkreditiv

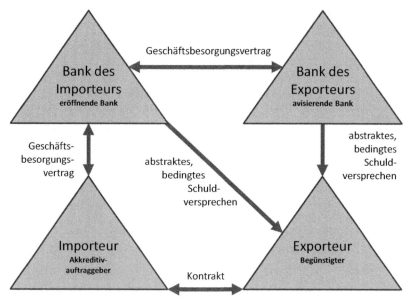

Rechtsbeziehungen bei einem unwiderruflichen, unbestätigten Dokumenten-Akkreditiv

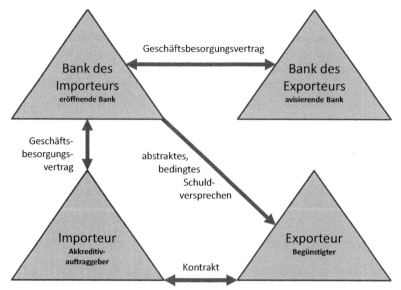

3.3 Devisentermingeschäfte

Allgemeine Kennzeichnung	• Devisentermingeschäfte sind Fixhandelsgeschäfte in fremder Währung, bei denen der Zeitpunkt der Erfüllung später als zwei Geschäftstage liegt. • Mit Termingeschäften kann bei zu erwartenden Deviseneingängen oder Zahlungsverpflichtungen der Kurs sofort gesichert werden. • Termingeschäfte können auch zur Ausnutzung von Zinsunterschieden durch Swapgeschäfte eingesetzt werden. • Termingeschäfte werden nur im Freiverkehr abgeschlossen. • Es sind zwar alle Termine möglich, häufig werden aber standardisierte Monatstermine verwendet. • Devisentermingeschäfte sind in jedem Fall zu erfüllen. • Kursunterschiede zwischen Kassa- und Terminkurs werden als Deport bzw. Report bezeichnet.
Deport – Report	Der Terminkurs ist abhängig vom Kassakurs der Währung, von der Laufzeit des Geschäfts und von der Zinsdifferenz zwischen den Währungen. Der Swapsatz ist die Differenz zwischen Kassa- und Terminkurs. Der Swapsatz kann ein Deport oder ein Report sein. • Der Terminkurs ist höher als der Kassakurs, wenn die Zinsen im Inland niedriger sind als die ausländischen Zinsen: den Aufschlag bezeichnet man als **Report**. • Der Terminkurs ist niedriger als der Kassakurs, wenn die Zinsen im Ausland niedriger sind als die inländischen Zinsen den Abschlag bezeichnet man als **Deport**.
Beispiel für die Berechnung eines Terminkurses	Ein Hamburger Exporteur erwartet aus einem Exportgeschäft in die USA in 6 Monaten einen Eingang in Höhe von 200.000,00 USD. Um den Wert des gesamten Exportgeschäfts abzusichern, schlägt seine Bank ein Devisentermingeschäft per 6 Monate vor. Zinssätze für 6-Monats-Geld Euroland: 0,25% Zinssätze für 6-Monats-Geld USA: 1,25 % Report (Aufschlag): 1 % Kassakurs/Briefkurs: 1,0900 Berechnung: 1,0900 + (1,0900 x 0,01 x 6 : 12) = 1,0955 Der Exporteur hat mit diesem Devisentermingeschäft erreicht, dass der Exporterlös in Höhe von 200.000,00 USD zum festen Terminkurs von 1,0955 abgesichert ist. Er erhält dann aus dem Exportgeschäft 182.565,04 EUR ohne Berücksichtigung von weiteren Kosten (Berechnung: 200.000 : 1,0955).

B Anlage auf Konten

1. Termineinlagen

Wesen	Termineinlagen sind Bankeinlagen mit dem Ziel der kurzfristigen Vermögensanlage. Diese werden auf besonderen Termingeldkonten für einen befristeten Zeitraum (i. d. R. 1 bis 6 Monate) festgelegt und stehen daher für den bargeldlosen Zahlungsverkehr nicht zur Verfügung. Während des Anlagezeitraums kann über das Guthaben nicht verfügt werden. Die Zinsen werden bei Fälligkeit bezahlt.
Arten	**Festgeld:** Festgelder werden bei Fälligkeit entweder prolongiert oder entsprechend der Weisung des Kunden seinem Girokonto gutgeschrieben. **Kündigungsgeld:** Kündigungsgelder werden erst nach Kündigung und Ablauf der vereinbarten Kündigungsfrist fällig.
Betrag	Termineinlagen werden meist erst ab Beträgen von 5.000,00 EUR (oder einem Vielfachen hiervon) entgegengenommen.
Verzinsung	Die Verzinsung ist abhängig von der vereinbarten Laufzeit und der Einlagenhöhe und orientiert sich an den kurzfristigen Marktzinssätzen.
Laufzeit	1 bis 6 Monate
Verwendungsmöglichkeiten für Kreditinstitute	Termineinlagen sind die Hauptrefinanzierungsquelle von Kredit- und Großbanken. Befristete Einlagen sind für Kreditinstitute von großem Interesse. Zum einen ist die eingelegte Geldsumme relativ hoch, zum anderen kann das Institut wegen der vereinbarten Laufzeit oder Kündigungsfrist genau absehen, wie lange ihm die Gelder als Finanzierungsmittel für andere Geschäftsfelder (z. B. das Kreditgeschäft) zur Verfügung stehen.

2. Spareinlagen

Wesen	Spareinlagen dienen der unbefristeten Kapitalanlage und Kapitalansammlung. Sie sind durch Ausfertigung einer Sparurkunde gekennzeichnet. Sie dienen nicht dem Zahlungsverkehr und weisen eine Kündigungsfrist von mindestens drei Monaten auf.
Sparziele	• geplante Anschaffungen • Existenzgründungen • Altersvorsorge • Ausbildung von Kindern • geplante Reise • in der Zukunft liegende Zahlungsverpflichtungen • Ansammlung und Anlage von Vermögen

© Springer Fachmedien Wiesbaden GmbH, ein Teil von Springer Nature 2023
W. Grundmann, R. Rathner, *Bankwirtschaft*, Prüfungstraining für Bankkaufleute,
https://doi.org/10.1007/978-3-658-39340-3_4

Merkmale von Spareinlagen	• Spareinlagen sind Guthaben auf Sparkonten. Es sind unbefristete Gelder, die die Voraussetzungen des § 21 Abs. 4 der Rechnungs-legungsverordnung der Kreditinstitute erfüllen. • Ausfertigung einer Sparurkunde • Zahlungsverkehrsverbot • Befristungsverbot • Anlegerkreis: Spareinlagen können nicht von Kapitalgesellschaften, Genossenschaften, wirtschaftlichen Vereinen oder Personenhandels-gesellschaften angenommen werden, es sei denn, diese Unternehmen dienen gemeinnützigen, mildtätigen oder kirchlichen Zwecken oder es handelt sich um die Anlage von Mietkautionen.
Sonder-vereinbarungen	Sparvertrag zugunsten Dritter nach § 328 BGB: Durch eine besondere Vereinbarung zwischen dem Einzahlenden einer Spareinlage und dem Kreditinstitut kann geregelt werden, dass die Spareinlage nicht an ihn, sondern an einen Dritten ausgezahlt werden soll. Eine solche Begünsti-gung kann widerruflich oder unwiderruflich sein.
Bedeutung der Sparurkunde	§ 21 Abs. 4 RechtKredV schreibt vor, dass für Spareinlagen Urkunden ausgestellt werden müssen. Die wichtigste Form der Sparurkunde ist das Sparbuch. Das Sparbuch hat **Beweisfunktion**: • Wenn ein Dritter die Sparurkunde zur Abhebung vorgelegt hat, kann sich das Kreditinstitut gegenüber dem Gläubiger auf die Sparurkunde berufen. • Die Sparurkunde beweist das Bestehen einer Spareinlage und enthält ein Zahlungsversprechen. Die Höhe der Spareinlage wird dadurch nicht ausgewiesen. Das Sparbuch hat **Ausweisfunktion**: • Das Kreditinstitut kann dem Vorleger des Sparbuches als verfügungs-berechtigt ansehen, eine Prüfung seiner Legitimation ist grundsätzlich nicht erforderlich. Das Sparbuch ist eine **Schuldurkunde** im Sinne des § 808 BGB: • Die Bank ist berechtigt, aber nicht verpflichtet, an jeden Vorleger des Sparbuchs fällige Zahlungen zu leisten und ihn als zur Kündigung berechtigt anzusehen.

Hinkendes Inhaberpapier

Das Kreditinstitut kann von jedem Inhaber eines Sparbuchs – auch bei Verfügungen im Rahmen der versprochenen Leistung – verlangen, dass er seine Verfügungsberechtigung über das Sparguthaben nachweist.

Qualifiziertes Legitimationspapier

Das Kreditinstitut darf an einen nicht verfügungsberechtigten Sparbuchinhaber mit schuldbe-freiender Wirkung im Rahmen der versprochenen Leistung zahlen. Das Sparbuch legitimiert den Vorleger. Das gilt auch für Zahlungen an geschäftsunfähige oder beschränkt geschäfts-fähige Personen.

Als versprochene Leistung gilt

- bei einer ungekündigten Spareinlage der Betrag, der kündigungsfrei zurückgefordert werden kann. Das sind bei Spareinlagen mit dreimonatiger Kündigungsfrist 2.000,00 EUR je Kalendermonat.
- bei einer gekündigten Spareinlage der durch Kündigung nach Ablauf der Kündigungsfrist fällige Betrag.

Ein nicht verfügungsberechtigter Sparbuchinhaber hat aufgrund der Legitimationswirkung des Sparbuchs prinzipiell die Möglichkeit, die Einlage zu kündigen und über sie nach Ablauf der Kündigungsfrist zu verfügen. Die Legitimationswirkung des Sparbuchs geht jedoch nicht so weit, dass vorzeitige Verfügungen über Spareinlagen außerhalb bestehender Kündigungsfreibeträge durch nicht verfügungsberechtigte Dritte möglich sind.

Die Verzinsung der Spareinlage

Die Sparzinssätze im standardisierten Privatkundengeschäft werden durch Aushang im Kassenraum bekannt gegeben. Sonderzinssätze aus einem Individualvertrag werden häufig an die standardisierten Regelsätze gekoppelt. Eine Änderung im Standardzinsniveau wirkt sich dann automatisch auf die Höhe der Sonderzinssätze aus.

Für die Verzinsung von Spareinlagen gelten nach den Sonderbedingungen für den Sparverkehr folgende Regelungen: Die Verzinsung beginnt mit dem Tage der Einzahlung und endet mit dem der Rückzahlung vorhergehenden Kalendertag. Der Monat wird zu 30 Tagen, das Jahr zu 360 Tagen gerechnet.

Im Unterschied zu Girokonten werden die Zinsen für Spareinlagen nicht aus den Salden, sondern aus den Umsätzen nach der sog. progressiven Postenmethode ermittelt. Die Zinsen werden vorausgreifend bis zum Jahresende berechnet. Es wird unterstellt, dass keine Kontoveränderung mehr folgen wird. Bei noch anfallenden Kontobewegungen wird der Zinsbestand entsprechend korrigiert. Zum Schluss des Kalenderjahres werden die aufgelaufenen Zinsen gutgeschrieben, dem Kapital hinzugerechnet und mit diesem vom Beginn des neuen Kalenderjahres an verzinst. Wird über die gutgeschriebenen Zinsen nicht innerhalb von zwei Monaten nach Gutschrift verfügt, unterliegen sie der für die Spareinlage vereinbarten Kündigungsregelung.

Verfügungen über Spareinlagen

Über Spareinlagen können Kunden grundsätzlich nur nach vorheriger Kündigung und Ablauf der vereinbarten Kündigungsfrist verfügen. In der Praxis lassen Kreditinstitute jedoch vorzeitige Verfügungen unter Berechnung von Vorschusszinsen oder Vorfälligkeitsentschädigungen zu. Der Kunde hat jedoch keinen Rechtsanspruch auf vorzeitige Verfügungen, da er von der ursprünglichen Vertragsvereinbarung abweichen will. Die Bundesanstalt für Finanzdienstleistungsaufsicht (BaFin) erwartet von den Banken und Sparkassen ausdrücklich, dass sie bei vorzeitigen Verfügungen einen Vorfälligkeitspreis berechnen, da sich nur so die sofort verfügbaren Gelder (Sichteinlagen) von den Spareinlagen abgrenzen lassen.

Die Höhe der Vorschusszinsen wird meist im Preisaushang bekannt gegeben. In der Regel berechnen die Banken ein Viertel (25 %) des Habenzinssatzes. Die Belastung der Vorschusszinsen muss im Sparbuch gesondert ausgewiesen werden. Ein Kreditinstitut kann in Ausnahmefällen auf die Berechnung von Vorschusszinsen verzichten. Diese Möglichkeit wird von der BaFin eingeräumt, um in Einzelfällen besondere Härten zu vermeiden. Beispiele für Härtefälle sind Erwerbsunfähigkeit, Arbeitslosigkeit, längere Krankheit oder Wohnsitzwechsel.

Beispiel: Berechnung des Vorfälligkeitspreises

Von einem Sparkonto mit einer Kündigungsfrist von 3 Monaten werden am 20.04. ohne vorherige Kündigung 9.000,00 EUR abgehoben. Der Habenzinssatz beträgt 2 %. Weitere Verfügungen gab es in dem Jahr nicht. 2.000,00 EUR sind für den Monat April frei verfügbar. 7.000,00 EUR für 3 Monate (90 Tage) mit einem Vorschusszinssatz von 0,5 % = 8,75 EUR Vorschusszinsen zu verzinsen.

Vorschusszinsen

Vorschusszinsen betragen i. d. R. ein Viertel des Haben-Zinssatzes auf den Betrag und für den Zeitraum der vorzeitigen Verfügung. Die Vorschusszinsberechnung wird nach der 90-Tage-Methode durchgeführt, d. h. die Vorschusszinsen werden für 90 Tage auf den Betrag berechnet, der den Freibetrag von 2.000,00 EUR übersteigt.

In der Praxis wird der Zeitraum der Vorschusszinsberechnung auf höchstens 2½ Jahre begrenzt. Über die zu vergütenden Habenzinsen des laufenden Jahres sowie ggf. die kapitalisierten Zinsen der Vorjahre hinaus werden keine Vorschusszinsen berechnet.

Abrechnung eines Sparkontos mit einer vereinbarten Kündigungsfrist von 3 Monaten

Zinssatz für Spareinlagen mit vereinbarter Kündigungsfrist von 3 Monaten laut Aushang 2,0 % p. a. Für den Kunden liegt ein Freistellungsauftrag vor.

Vorgang	Geschäftstag	interne Wertstellung	Betrag in EUR	Tage	Zinszahlen	Zinsen in EUR
Vortrag	01.01.	31.12.	2.500,00	360		
Einzahlung	15.03.	14.03.	2.000,00	286		
Zwischensumme			4.500,00			
Abhebung	11.10.	10.10.	-1.000,00	80		
Zwischensumme			3.500,00			
Einzahlung	01.12.	30.11.	10.000,00	30		
Zwischensumme			13.500,00			
Abhebung	04.12.	03.12.	-2.000,00	27		
Zwischensumme			11.500,00			
Einzahlung	10.12.	09.12.	1.000,00	21		
Zwischensumme			12.500,00			
Einzahlung	20.12.	19.12.	2.000,00	11		
Zwischensumme			14.500,00			
Gutschrift der Zinsen	31.12.	31.12.				
Guthaben	31.12.	31.12.				
Vortrag	01.01.	31.12.	2.500,00	360	9.000	50,00
Einzahlung	15.03.	14.03.	2.000,00	286	5.720	31,78
Zwischensumme			4.500,00			81,78
Abhebung	11.10.	10.10.	-1.000,00	80	-800	-4,44
Zwischensumme			3.500,00			77,34
Einzahlung	01.12.	30.11.	10.000,00	30	3.000	16,67
Zwischensumme			13.500,00			94,01

Abhebung	04.12.	03.12.	-2.000,00	27	-540	-3,00
Zwischensumme			11.500,00			91,01
Einzahlung	10.12.	09.12.	1.000,00	21	210	1,17
Zwischensumme			12.500,00			92,18
Einzahlung	20.12.	19.12.	2.000,00	11	220	1,22
Zwischensumme			14.500,00			93,40
Gutschrift der Zinsen	31.12.	31.12.	93,40			
Guthaben	31.12.	31.12.	14.593,40			

3. Bausparen

Übersicht über die staatliche Sparförderung

Wesen	Beim Bausparen handelt es sich um ein Zwecksparen. Das Ziel des Bausparers ist es, nach Erreichen bestimmter Voraussetzungen die Zuteilung der Bausparsumme zu erhalten. Die Bausparsumme setzt sich zusammen aus dem angesparten Guthaben und einem zinsgünstigen nachrangigen Bauspardarlehen. Die Konditionen sind beginnend mit Vertragsabschluss festgeschrieben und garantiert, obwohl das Darlehen meist erst Jahre später beansprucht wird und die Zinssituation auf dem Kapitalmarkt dann völlig anders als bei Vertragsabschluss sein kann. Das Bausparen ist ein Finanzierungsinstrument, bei dem Eigenkapital angespart wird, bevor das Darlehen gegeben wird. Dieses Vorsparen wird staatlich gefördert durch die Wohnungsbau-Prämie und Arbeitnehmersparzulage. Die Vorschriften des Geldwäschegesetzes gelten auch für Bausparkassen bei entsprechenden Kontoeröffnungen.
Rechte des Bausparers	Der Bausparer erwirbt neben dem Forderungsrecht für die Zukunft ein Anrecht auf ein zinsgünstiges Darlehen, durch das er von Hochzinsphasen nicht betroffen wird. **Bauspartarife, Wartezeit:** Durch unterschiedlich aufgebaute Tarife haben sich die Bausparkassen flexibel den unterschiedlichen Bedürfnissen der Bausparer angepasst. Die Wartezeit bis zur Zuteilung des Bauspardarlehens hat sich in den letzten Jahren verlängert. Bei Sofortauffüllung eines Bausparvertrags auf z. B. 50 % der Bausparsumme beträgt die Wartezeit i. d. R. 4 Jahre. Spezialtarife mit höherer Ansparquote und kürzerer Laufzeit führen zu einer früheren Zuteilung der Bausparsumme. **Zuteilung des Bauspardarlehens:** Die Zuteilung bedeutet den Zeitpunkt, zu dem die Bausparsumme aus der Zuteilungsmasse zugeteilt wird. Die Zuteilungsvoraussetzungen müssen jedoch erfüllt sein. Der Bausparvertrag nimmt an den Zuteilungen innerhalb einer Zuteilungsperiode teil, wenn die Mindestbewertungszahl an dem der jeweiligen Zuteilungsperiode vorausgehenden Bewertungsstichtag erreicht war.
Abwicklung eines Bausparvertrags	Das Bausparen kann in vier Phasen eingeteilt werden: 1. Abschluss des Vertrags: Es gibt viele Vertrags- und Kombinationsmöglichkeiten, z. B. Langzeittarif, Standardtarif, Schnelltarif sowie Optionstarif mit Tarif-Wechselmöglichkeit. Die Abschlusskosten betragen 1 % bis 1,6 % der Vertragssumme.

> 2. Sparphase: Der Bausparer zahlt die Bausparraten bis zum Erreichen des Mindestsparguthabens ein.
> 3. Zuteilung: Voraussetzung für eine Zuteilung ist das Erreichen der Mindestbewertungszahl und des Mindestguthabens.
> 4. Tilgungsphase des Darlehens: Nach der Zuteilung und der Auszahlung des Bauspargguthabens und des Darlehens erfolgt die Rückzahlung mit monatlichem Zins- und Tilgungsbetrag von 4 bis 8 ‰ der Bausparsumme.

Konditionenbeispiel für Bausparverträge

Tarifmerkmale	Classic	Top/Finanz
Guthabenzins jährlich	1,0 %	0,5 %
Bonus jährlich	-	-
monatlicher Regelsparbeitrag in v. T. der Bausparsumme	4 ‰	4 ‰
Abschlussgebühr bezogen auf die Bausparsumme	1 %	1 %
Mindestansparung bezogen auf die Bausparsumme	40 %	40 %
Sparzeit bei Zahlung des Regelsparbeitrags bis zur Zuteilung	ca. 5 Jahre	ca. 4 Jahre
Darlehenszins (fest) jährlich	3,75 %	2,95 %
monatlicher Beitrag für Zinsen und Tilgung in vollen Tausender der Bausparsumme	6 ‰	6 ‰
effektiver Jahreszins für Darlehen nach Zuteilung gem. PAngV	4,25 %	3,34 %
maximale Darlehenslaufzeit	11 Jahre	9 Jahre und 6 Monate

Voraussetzungen für die Zuteilung eines Bausparvertrages

1. Mindestspargutthaben: Nach den meisten Tarifen müssen 50 % der Bausparsumme als Mindestspargutthaben erreicht sein.

2. Ausreichende Höhe der Bewertungszahl: Die Bewertungszahl ist je nach Tarif das 0,4- bis 1,8-fache der bis zum Bewertungsstichtag erzielten Guthabenzinsen im Verhältnis zu einem Tausendstel der Bausparsumme. Je nach Vertrag muss eine Mindestbewertungszahl erreicht sein.

3. Erreichen der Zielbewertungszahl: Das ist die Bewertungszahl, die gerade noch für eine Zuteilung ausreicht. Bei knappen Zuteilungsmitteln ist die Zielbewertungszahl hoch, bei reichlichen Mitteln niedrig. Dadurch wird die Verteilung der Mittel auf die Bausparer reguliert.

Die staatliche Bausparförderung im Überblick

Kriterien	Vermögenswirksame Leistungen mit Arbeitnehmersparzulage für Arbeitnehmer nach dem 5. Vermögensbildungsgesetz	Eigene Sparleistungen mit Wohnungsbau-Prämie nach dem Wohnungsbau-Prämiengesetz
Maximal zu versteuerndes Einkommen pro Jahr (Für Verheiratete gelten die doppelten Beträge)	17.900,00/35.800,00 EUR	35.000,00/70.000,00 EUR
Erbringung der Leistung	vermögenswirksame Leistungen (Überweisung durch den Arbeitgeber)	eigene Sparleistung (Überweisung oder Lastschrift durch den Sparer)
Geförderte Höchstbeträge jährlich	470,00 EUR	700,00/1.400,00 EUR
Fördersatz	9 % Arbeitnehmersparzulage	10,0 % Wohnungsbau-Prämie
Höchstmögliche staatliche jährliche Sparförderung	42,30 EUR/84,60 EUR	70,00 EUR/140,00 EUR
Gesamthöchstsumme der jährlichen Förderung	112,30 EUR/224,60 EUR	
Bindungsfristen	7 Jahre	

Die Förderung unterliegt unter steuerlichen Gesichtspunkten einer absoluten Zweckbindung auch über die Bindungsfrist hinaus.

Steuerliche Behandlung der Zinsen auf Bausparguthaben

Zinsen auf Bausparguthaben unterliegen grundsätzlich der Abgeltungsteuer von 25 %. Dabei gelten die Freibeträge von zurzeit 801,00 EUR für Ledige/1.602 EUR für Verheiratete. Darüber hinaus fällt der Solidaritätszuschlag in Höhe von 5,5 % auf die Abgeltungsteuer an. Wenn der Bausparer seiner Bausparkasse einen Freistellungsauftrag in ausreichender Höhe erteilt hat, können die Zinsen steuerfrei dem Bausparkonto gutgeschrieben werden.

4. Mietkaution

Kennzeichnung	Die Mietkaution ist eine vom Mieter dem Vermieter entsprechend den im Mietvertrag getroffenen Vereinbarungen zu stellende Sicherheit, auf die der Vermieter zurückgreifen kann, falls der Mieter seinen Verpflichtungen aus dem Mietvertrag nicht nachkommt. Die Mietkaution darf das Dreifache der Wohnungsmiete nicht übersteigen.
Arten	• Mietkautionskonto auf den Namen des Vermieters • Mietkautionskonto auf den Namen des Mieters • Mietaval

Mietkaution auf den Namen des Vermieters	• Der Vermieter legt die Mietkaution getrennt von seinem Vermögen auf einem Sparkonto mit dreimonatiger Kündigungsfrist zinsbringend an. • Das Konto wird als offenes Treuhandkonto mit dem Zusatz „wegen Mietkaution" angelegt. • Name und Anschrift des Mieters als wirtschaftlich Berechtigten sind der Bank mitzuteilen. • Der Vermieter ist der Bank gegenüber allein berechtigt und verpflichtet. Er hat jederzeitigen Zugriff auf das Sparguthaben. • Die Bank verzichtet i. d. R. auf ihr AGB-Pfandrecht. • Die Zinsen stehen dem Mieter zu und erhöhen die Sicherheit. • Die Erteilung eines Freistellungsauftrages ist nicht zulässig. Der Vermieter muss dem Mieter eine Bescheinigung über die entrichtete Abgeltungsteuer erteilen. • Nach Beendigung des Mietverhältnisses ist die Mietkaution dem Mieter einschließlich der Zins- und Zinseszinsen zurückzuzahlen.
Mietkautionskonto auf den Namen des Mieters	• Der Mieter eröffnet ein Sparkonto auf seinen Namen mit dem Zusatz „wegen Mietkaution". • Der Mieter verpfändet das Sparguthaben an den Vermieter. • Die Verpfändung wird dem kontoführenden Kreditinstitut angezeigt. Der Name des Vermieters wird von der Bank in den Kontounterlagen festgehalten. • Das Sparbuch wird dem Vermieter übergeben. Nur der Vermieter ist der Bank gegenüber allein verfügungsberechtigt. • Üblicherweise wird vor der Inanspruchnahme des Vermieters der Mieter von der Bank unterrichtet und die Auszahlung erst 4 Wochen nach Mitteilung vorgenommen. Der Mieter hat damit Gelegenheit, gegen die drohende Verfügung rechtlich vorzugehen. • Die Bank verzichtet auf ihr AGB-Pfandrecht. • Ein Freistellungsauftrag ist zulässig. • Die Zinsen stehen dem Mieter zu, erhöhen die Sicherheit. • Das Pfandrecht erlischt nach störungsfreier Beendigung des Mietverhältnisses. Das Sparbuch wird dem Mieter zurückgegeben.
Mietaval	Bei einem Mietaval verpflichtet sich die Bank im Auftrag des Mieters gegenüber dem Vermieter, für die Erfüllung der vertraglichen Pflichten des Mieters bis zur Höhe des vereinbarten Mietkautionsbetrages einzustehen.
Ablauf des Mietavals	• Der Mieter schließt mit seiner Bank einen Avalkreditvertrag ab. • Die Bank gibt dem Vermieter eine Verpflichtungserklärung ab, die als Bürgschaft oder als Garantie geleistet werden kann. • Die Bank übersendet die Verpflichtungserklärung an den Vermieter. • Die Bank stellt dem Mieter als Entgelt eine Avalprovision in Rechnung, i. d. R. 3 % p. a. Die Provision wird dem Mieter quartalsmäßig belastet. • Die Bank zahlt auf erste Anforderung des Vermieters, ohne die Rechtmäßigkeit des Anspruchs zu prüfen.

Rechtsbeziehungen beim Mietaval

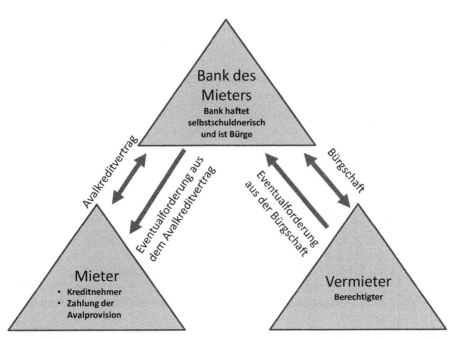

5. Sparbrief

Merkmale	Inhalte
Rechtsnatur	Namensschuldverschreibungen
Laufzeit	1 bis 6 Jahre
Verzinsung	Festzins für die gesamte Laufzeit
Arten	**Normalverzinsliche Sparbriefe:** • Ausgabe zum Nennwert • laufende Zinszahlung jährlich nachträglich • Rückzahlung bei Fälligkeit zum Nennwert **Abgezinste Sparbriefe:** • Ausgabe zum Nennwert abzüglich Zinsen und Zinseszinsen für die gesamte Laufzeit • keine laufenden Zinszahlungen • Rückzahlung bei Fälligkeit zum Nennwert **Aufgezinste Sparbriefe:** • Ausgabe zum Nennwert • keine laufenden Zinszahlungen • Rückzahlung zum Nennwert zuzüglich Zinsen und Zinseszinsen für die gesamte Laufzeit
Rückgabe vor Fälligkeit der Sparbriefe	i. d. R. ausgeschlossen Alternative: Verkauf an Dritte oder Beleihung beim Kreditinstitut
Übertragung auf Dritte	Übertragung durch Abtretung

Beispiel eines abgezinsten Sparbriefes

Nominalbetrag des abgezinsten Sparbriefes: 14.000,00 EUR Zinssatz: 4,25 % p. a. Laufzeit: 5 Jahre Aufzinsungsfaktor: 1,231347	
Kaufpreis des Sparbriefes: 14.000 : 1,231347 =	**11.369,66 EUR**

Beispiel eines aufgezinsten Sparbriefes

Kaufpreis (Nennwert) des aufgezinsten Sparbriefes: 14.000,00 EUR Zinssatz: 4,75 % p.a. Laufzeit: 6 Jahre Aufzinsungsfaktor: 1,321065	
Rückzahlungspreis des Sparbriefes: 14.000 x 1,321065 =	**18.494,91 EUR**

6. Versicherungssparen

Arten	• Im Todesfall des Versicherten wird die Versicherungssumme an den Bezugsberechtigten ausgezahlt. • Im Erlebensfall wird nach Ablauf der Versicherungsdauer (z. B. 15 Jahre) die Ablaufleistung an den Versicherten ausgezahlt. Die Ablaufleistung besteht aus der Versicherungssumme und der Überschussbeteiligung.
Beitragshöhe	Die Beitragshöhe ist abhängig von: • Versicherungssumme, • Versicherungsdauer sowie • Geschlecht und Alter des Versicherten.
Beitrags-bestandteile	**Risikoanteil** • Mit dem Risikoanteil wird das Todesfallrisiko abgedeckt. • Der Sterblichkeitsgewinn, der entsteht, wenn der tatsächliche Aufwand durch vorzeitige Todesfälle geringer ist als angenommen, steht den Versicherten zu 75 % zu. **Sparanteil** • Der Sparanteil wird ertragbringend in Anleihen, Aktien oder Immobilien angelegt. Garantieverzinsung von zum Beispiel 2,25 % • Die zu 2,25 % aufgezinsten Sparanteile für die Laufzeit der Versicherung ergeben die Versicherungssumme. • Der über die Garantieverzinsung hinausgehende Mehrertrag steht den Versicherten zu 90 % zu. **Kostenanteil** • Mit dem Kostenanteil werden die laufenden Verwaltungs- und Vertriebskosten gedeckt. • Der Kostengewinn steht den Versicherten zu 90 % zu.
Ablaufleistung	Die Ablaufleistung ist die Versicherungssumme plus Überschussbeteiligung (Mehrertrag + Kostengewinn + Sterblichkeitsgewinn)

Deckungsstock	Die Vermögenswerte, die mit dem Deckungsstockkapital erworben werden, nennt man Deckungsstock. Die Versicherungsgesellschaft muss ein Deckungskapital bilden, um nach Ablauf der Versicherungsdauer bzw. im Todesfall die Versicherungssumme zahlen zu können.
Rückkaufswert	Bei einer vorzeitigen Kündigung der Versicherung wird der Rückkaufswert (Zeitwert) an den Versicherten ausgezahlt. Der Rückkaufswert besteht unter Berücksichtigung der Abschlusskosten aus den verzinsten Sparanteilen seiner Einzahlungen zuzüglich der bisher angefallenen Überschussbeteiligung.
Besteuerung	Vertragsabschluss nach 31.12.2004: Bei Auszahlung der Ablaufleistung bei Fälligkeit bzw. Rückkaufswertes bei vorzeitiger Auflösung der Versicherung sind die Erträge (Differenz zwischen dem Auszahlungsbetrag und der Summe der gezahlten Prämien) nur zur Hälfte einkommensteuerpflichtig, wenn die Laufzeit mindestens • 12 Jahre beträgt und die Auszahlung erst nach Vollendung des • 60. Lebensjahres erfolgt.
Vorteile	Durch die starken finanziellen Nachteile bei vorzeitiger Kündigung oder Beitragsfreistellung wird der Investor zur Disziplin gezwungen. Er muss den Vertrag durchhalten, wenn er wenigstens ein bisschen Rendite erzielen will. Andernfalls macht er ein Minus oder fast keine Rendite.
Nachteile	Die langfristig erzielbare Rendite von deutschen Kapitallebensversicherungen liegt bei 2 bis 3 Prozent im Jahr. Das liegt zum einen daran, dass deutsche Lebensversicherer die Beiträge nur zu max. 30 Prozent in Aktien anlegen dürfen. Zum anderen fallen ca. 12 Prozent der eingezahlten Beiträge den Verwaltungskosten der jeweiligen Versicherung zum Opfer. Hat man erst einmal eine Kapitallebensversicherung abgeschlossen, ist es in den ersten Jahren nur unter Inkaufnahme unverhältnismäßig hoher Kosten möglich, aus dem Vertrag wieder herauszukommen. Kündigt man den Vertrag in den ersten Jahren, erleidet man praktisch einen Totalverlust des eingesetzten Kapitals. Kündigt man den Vertrag nach mittlerer Frist, ist die erzielte Rendite so gering, dass das Kapital auf dem Sparbuch besser angelegt gewesen wäre.

Rechtsbeziehungen beim Versicherungssparen

Einräumung einer widerruflichen oder unwiderruflichen Bezugsberechtigung

7. Vermögenswirksame Leistungen

Übersicht über die staatliche Sparförderung

Sparformen	Einkommens-grenzen ledig/ verheira-tet	Sparhöchst-betrag	Arbeitnehmer-sparzulage/ Wohnungsbau-Prämie	Sperrfristen	Arbeitnehmer-sparzulage
Bausparen nach dem 5. VermBG	17.900,00 EUR 35.800,00 EUR	470,00 EUR	9 %	7 Jahre ab Vertrags-schluss	43,00 EUR
Beteiligungs-sparen	20.000,00 EUR 40.000,00 EUR	400,00 EUR	20 %	7 Jahre, ab 01.01. des Jahres der ersten Einzahlung	80,00 EUR
Bausparen nach dem WoPG	35.000,00 EUR 70.000,00 EUR	700,00 EUR 1.400,00 EUR	10,0 %	Fällig bei Zuteilung des Bausparvertrages und Verwendung für wohnwirtschaftliche Zwecke. Ausnahme: Freie Verfügung über das Guthaben nach 7 Jahren, wenn der Bausparer bei Ver-tragsabschluss das 25. Lebensjahr noch nicht vollendet hatte.	70,00 EUR 140,00 EUR

Festsetzung der Arbeitnehmersparzulage und der Wohnungsbau-Prämie

Arbeitnehmersparzulage	Wohnungsbau-Prämie
Die Investmentgesellschaft bzw. Bausparkasse erteilt jedes Jahr eine Bescheinigung über die gezahlten vermögenswirksamen Leistungen. Der Arbeitnehmer reicht die Bescheinigung im Rahmen seiner Steuererklärung bei seinem Finanzamt ein und beantragt die Festsetzung der Arbeitnehmersparzulage. Nach Ablauf der Sperrfrist bzw. bei Zuteilung des Bausparvertrags überweist das Finanzamt die gesamte Arbeitnehmersparzulage.	Der Bausparer beantragt die Wohnungsbau-Prämie bei der Bausparkasse mit der Erklärung, dass die Einkommensgrenze von 35.000,00/70.000,00 EUR nicht überschritten wurde. Bei Zuteilung des Bausparvertrags bzw. bei Ablauf der Bindungsfrist (Bausparer bei Vertragsabschluss unter 25 Jahre alt) wird die gesamte ermittelte Prämie von der Bausparkasse beim Finanzamt angefordert und dem Bausparkonto gutgeschrieben bzw. ausgezahlt.

Weitere Besonderheiten bei der Arbeitnehmersparzulage

Beantragung der Arbeitnehmersparzulage	• Nach § 14 Abs. 4 VermBG wird die Arbeitnehmersparzulage auf Antrag durch das zuständige Finanzamt des Arbeitnehmers festgesetzt. • Der Antrag auf Arbeitnehmersparzulage ist spätestens vier Jahre nach Ablauf des Sparjahres vom Arbeitnehmer zu stellen. • Der Arbeitnehmer hat die vermögenswirksamen Leistungen durch die Bescheinigung nach § 15 Abs. 1 VermBG nachzuweisen. • Die Investmentgesellschaften und Bausparkassen erteilen jährlich eine Bescheinigung über die gezahlten vermögenswirksamen Leistungen.
Fälligkeit der Arbeitnehmersparzulage	• mit Ablauf der für die Anlageform vorgeschriebenen Sperrfrist • mit Ablauf der im Wohnungsbau-Prämiengesetz genannten Sperr- und Rückzahlungsfristen • bei Zuteilung des Bausparvertrages • bei prämienunschädlicher vorzeitiger Verfügung Die Arbeitnehmersparzulage wird durch das Finanzamt an den Arbeitnehmer überwiesen.
Steuern und Sozialabgaben	Die vermögenswirksamen Leistungen sind Einkommensbestandteile und daher steuer- und sozialversicherungspflichtig nach 5. VermBG.
Vorzeitige zulagenunschädliche Verfügungen	**Arbeitnehmersparzulage bei Beteiligungssparen (§ 4 VermbG):** • Heirat, sofern mindestens zwei Jahre seit Beginn der Sperrfrist vergangen sind • Aufnahme einer selbstständigen Erwerbstätigkeit bei Aufgabe der nichtselbstständigen Arbeit • Finanzierung einer beruflichen Weiterbildungsmaßnahme • Arbeitslosigkeit von mindestens einem Jahr • Tod oder Erwerbsunfähigkeit des Sparers oder seines Ehegatten **Arbeitnehmersparzulage und Wohnungsbau-Prämie bei Bausparen (§ 2 WoPG):** • Zuteilung des Bausparvertrages und Verwendung für wohnwirtschaftliche Maßnahmen • Arbeitslosigkeit von mindestens einem Jahr • Tod oder Erwerbsunfähigkeit des Sparers oder seines Ehegatten

8. Altersvorsorge

8.1 Riester-Rente

Drei-Schichten-Modell	Das Alterseinkünftegesetz ordnet die Altersvorsorge in drei Schichten: • Basisversorgung, z. B. gesetzliche Rente, Rürup-Rente • die geförderte, kapitalgedeckte Zusatzversorgung, z. B. Riester-Rente sowie die betriebliche Altersvorsorge • sonstige Kapitalanlagen und Versicherungsprodukte, z. B. kapitalbildende Lebensversicherungen zur privaten Altersvorsorge mit anschließendem Rentenauszahlungsplan
Geförderter Personenkreis	• Arbeitnehmer, die in der gesetzlichen Rentenversicherung pflichtversichert sind. • Bezieher von Lohnersatzleistungen, z. B. Arbeitslosengeld I und II • Beamte • nicht erwerbstätige Eltern in den Kindererziehungszeiten • Wehr- und Zivildienstleistende • Bezieher von Vorruhestandsgeld
Nicht geförderter Personenkreis	• Selbstständige, die nicht in der gesetzlichen Rentenversicherung pflichtversichert sind. • geringfügig Beschäftigte • Rentner und Pensionäre
Besonderheiten bei Eheleuten	Jeder Ehegatte kann unabhängig vom Partner einen eigenen Altersvorsorgevertrag mit dem Anspruch auf staatliche Förderung abschließen. Auch wenn nur ein Ehegatte zum förderfähigen Personenkreis gehört, erhält der eigentlich nicht förderberechtigte Ehegatte ebenfalls die staatliche Förderung, sofern er selbst einen Altersvorsorgevertrag abschließt.
Anlageformen	**Riester-Rentenversicherung:** • garantierte Mindestverzinsung des Sparanteils von 1,25 % p. a. • Überschussbeteiligung, wenn Versicherung eine Verzinsung über 1,25 % erzielt hat • Verwaltungskosten **Fondsgebundene Rentenversicherung:** • Anlage in Investmentanteilen • keine garantierte Mindestverzinsung • Ertrag abhängig von der Wertentwicklung der Fondsanteile • Verwaltungs- und Managementkosten **Riester-Fondssparplan:** • keine garantierte Mindestverzinsung • Abgabe einer Kapitalgarantie durch die Kapitalanlagegesellschaft • Kurssicherungskosten • einmaliger Ausgabeaufschlag • jährliche Verwaltungskosten **Banksparplan:** • Zusicherung eines festen Zinsertrages • keine Verwaltungskosten

	Wohn-Riester: Anlage dient dem Erwerb oder der Entschuldung von inländischen selbst genutzten Immobilien. **Betriebliche Altersversorgung:** Anlage der Mittel in Direktversicherungen, Pensionskassen oder Pensionsfonds
Zertifizierung der geförderten Anlageformen durch Bundesanstalt für Finanzdienstleis tungsaufsicht (BaFin)	Merkmale: • Die Auszahlungen dürfen nicht vor dem 62. Lebensjahr beginnen. Das Risiko Erwerbsunfähigkeit und die Hinterbliebenen können zusätzlich abgesichert werden. • Zu Beginn der Auszahlungsphase muss mindestens das eingezahlte Kapital zur Verfügung stehen (Kapitalgarantie). • Die Auszahlung erfolgt grundsätzlich als lebenslange Leibrente (Kapitalverrentung). Bis zu 30 % des bei Rentenbeginn zur Verfügung stehenden Kapitals kann sich der Anleger jedoch zu Beginn der Auszahlungsphase direkt auszahlen lassen. • Die Abschluss- und Vertriebskosten sind auf 5 Jahre zu verteilen. • Der Anleger hat das Recht, den Vertrag ruhen zu lassen, zu kündigen und zu wechseln sowie vorübergehend Mittel zum Wohnungsbau zu entnehmen. Der Anleger ist bei Vertragsabschluss zu informieren über: • die Anlage des Geldes, • die kalkulierte Rendite, • das mit der Anlage verbundene Risiko, • die Höhe und Verteilung der Abschluss- und Vertriebskosten, • die Kosten für die Verwaltung der Geldanlage sowie die Kosten beim Wechsel zu einem anderen Produkt. Der Anleger ist jährlich zu informieren über: • die Beitragsverwendung, • die Kapitalverwendung, • die Kosten und Erträge, • ob der Anbieter ethische, soziale oder ökologische Belange bei der Geldanlage berücksichtigen will.
Voraussetzungen für die staatliche Förderung	• Der Anleger gehört zum förderungsfähigen Personenkreis. • Die Anlage erfolgt in einem zertifizierten Altersvorsorgevertrag. • Der Anleger erbringt einen einkommensabhängigen Eigenbeitrag.
Beiträge und staatliche Förderung	Die Einzahlungen auf den Altersvorsorgevertrag (Gesamtbeitrag) setzen sich zusammen aus dem Eigenbeitrag des Anlegers und der staatlichen Altersvorsorgezulage, die aus einer Grundzulage und einer Kinderzulage besteht. Zum Erhalt der vollen staatlichen Förderung ist ein jährlicher Gesamtbeitrag (Eigenbeitrag) zu leisten. Bei einem niedrigeren Eigenbeitrag verringert sich die staatliche Förderung anteilig.
Gesamtbeitrag pro Jahr	4 % des sozialversicherungspflichtigen Vorjahreseinkommens, max. aber 2.100,00 EUR

Maximale jährliche Grundzulage	175,00 EUR
Maximale jährliche Kinderzulage je Kind	• 185,00 EUR • Kinder, die nach dem 01.01.2008 geboren sind, erhalten eine Kinderzulage von 300,00 EUR. • Eine Kinderzulage gibt es für jedes Kind, für das Kindergeld gezahlt wird. • Bei Eheleuten wird die Kinderzulage grundsätzlich der Mutter zugeordnet, auf Antrag beider Eltern dem Vater. Bei Alleinerziehenden steht die Kinderzulage dem Elternteil zu, in dessen Haushalt das Kind lebt.
Gesamtbeitrag/ Eigenbeitrag	Gesamtbeitrag = Eigenbeitrag + Zulagen Eigenbeitrag = Gesamtbeitrag - Zulagen Wenn beide Eheleute zum geförderten Personenkreis gehören, ist der Mindestgesamtbeitrag für jeden Ehegatten getrennt zu ermitteln. Das Einkommen des Ehegatten ist dabei nicht zu berücksichtigen. Ein Ehegatte mit abgeleitetem Zulagenanspruch muss auf seinen Vertrag den Mindestbeitrag (Sockelbeitrag) von 60,00 EUR jährlich einzahlen.
Zulage für Berufseinsteiger unter 25 Jahre	einmalige zusätzliche Grundzulage von 200,00 EUR
Sockelbetrag von 60,00 EUR	Der Gesamtbeitrag besteht aus der Summe von Eigenbeitrag des Anlegers und der staatlichen Förderung. Dies würde bei einem niedrigen Einkommen dazu führen, dass der Anleger selbst nur sehr niedrige oder gar keine eigenen Zahlungen leisten müsste. Deshalb verlangt der Staat vom Anleger zumindest die Zahlung eines Sockelbetrages von 60,00 EUR. Bei Eheleuten ist der Sockelbetrag getrennt festzustellen.
Sonderausgabenabzug und Günstigerprüfung	Altervorsorgeaufwendungen (Eigenbeitrag des Anlegers plus staatliche Zulagen) sind grundsätzlich bis zu einem bestimmten Höchstbetrag als Sonderausgaben bei der Einkommensteuer abzugsfähig. Die Gewährung einer Zulage schließt jedoch den Sonderausgabenabzug aus. Im Rahmen einer sog. Günstigerprüfung prüft das Finanzamt von Amts wegen, ob die Steuerersparnis höher als die Zulagen ist. Ggf. erstattet das Finanzamt die Differenz im Rahmen der Einkommensteuerveranlagung.
Antragsverfahren für die Zulagen	Die staatlichen Zulagen sind beim Anbieter des Altersvorsorgesparplanes zu beantragen, der den Antrag an die Zulagenstelle für Altersvermögen (ZfA) weiterleitet. Diese überweist die Zulage auf das Anlagekonto des Anlegers. Bei einem Dauerzulagenantrag bevollmächtigt der Anleger den Anbieter zur jährlichen Antragstellung, sodass der Anleger selbst keinen Antrag stellen muss. Der Anleger ist jedoch verpflichtet, alle Änderungen, die sich auf die Höhe der Zulage auswirken können, z. B. Streichung des Kindergeldes, unverzüglich dem Anbieter mitzuteilen. Zur Feststellung des auf den Vertrag einzuzahlenden Gesamtbeitrages fragt die ZfA direkt beim Rentenversicherungsträger das sozialversicherungspflichtige Einkommen des Anlegers ab.

	Verkürztes Antragsverfahren für die staatlichen Zulagen: Der Anleger bevollmächtigt den Anbieter zur jährlichen Antragsstellung durch einen Dauerzulagenantrag.
Auswirkung einer zulagen- schädlichen Verwendung des angespar- ten Kapitals	Bei förderschädlichen Verfügungen sind alle Zulagen und Steuervorteile zurückzuzahlen. Zudem sind die im Auszahlungsbetrag enthaltenen Erträge zu versteuern.
Nachgelagerte Besteuerung	• Die Beiträge für die Altersvorsorge mittels Riester-Produkte mindern in der Ansparphase das zu versteuernde Einkommen. • Die daraus entstehenden Renten unterliegen in der Auszahlphase (Rentenphase) der Besteuerung.
Verfügungs- modalitäten	• Auszahlung bis zu 30 % des angesparten Kapitals bei Rentenbeginn möglich • lebenslange Rente mit Restkapital, z. B. Zahlung einer lebenslangen gleichbleibenden oder steigenden Rente

Berechnungsbeispiel für Grund- und Kinderzulage

Vorjahresbruttoeinkommen des Ehemanns	38.000,00 EUR
Vorjahresbruttoeinkommen der Ehefrau	24.000,00 EUR
2 Kinder Geburt nach 01.01.2008 1 Kind Geburt vor 01.01.2008	
Geförderter Gesamtbeitrag für den Ehemann	4 % von 38.000,00 = 1.520,00 EUR
Geförderter Gesamtbeitrag für die Ehefrau	4 % von 24.000,00 = 960,00 EUR
Grundzulage für jeden Ehepartner	175,00 EUR
Kinderzulage für 1 Kind Kinderzulage für 2 Kinder	185,00 EUR 600,00 EUR
Eigenbeitrag für den Ehemann	1.520,00 − 175,00 = **1.345,00 EUR**
Rechnerisch ermittelter Eigenbeitrag für die Ehefrau	960,00 -175,00 − 785,00 = 0,00 EUR
Eigenbeitrag für die Ehefrau	**Sockelbetrag 60,00 EUR**

8.2 Wohn-Riester

Allgemeines zu Wohn-Riester	Das Eigenheimrentengesetz (Wohn-Riester) hat die selbstgenutzte Immobilie in den Kreis der staatlich geförderten Vorsorgewege aufgenommen. Die Eigenheimrente (ersparte Miete) tritt gleichrangig neben die Geldrente. Damit profitieren Wohneigentümer schon mit dem Einzug in die eigenen vier Wände von ihrer Altersvorsorge. Beim Wohn-Riester handelt es sich um ein verzinsliches Ansparen von Guthaben zum Bau eines Hauses. Der Anleger erwirbt z. B. mit Abschluss eines Bausparvertrages einen bedingten Anspruch auf ein zinsgünstiges Darlehen für den Wohnungsbau. Die staatliche Förderung ist während der Anspar- und der Tilgungsphase beim Bausparvertrag bzw. der Inanspruchnahme des zinsgünstigen Bauspardarlehens möglich.

Beispiel für einen Wohn-Riester-Bausparvertrag	Anja Müller, 29 Jahre, Arbeitnehmerin, 2 Kinder, die vor 2008 geboren wurden, jährliches beitragspflichtiges Einkommen 20.000,00 EUR, möchte einen nach Wohn-Riester geförderten Bausparvertrag abschließen. Der maximal staatlich geförderte Betrag beträgt: 4 % von 20.000 EUR = 800,00 EUR Frau Müller muss auf den Bausparvertrag jährlich aus eigenen Mitteln einen Eigenbeitrag leisten: 800,00 EUR - 175,00 EUR (Grundzulage) - 370,00 EUR (Kinderzulage) = 255,00 EUR Der monatliche Eigenbeitrag beträgt: 255,00 EUR : 12 = 21,25 EUR Der Regelsparbeitrag auf den Bausparvertrag beträgt monatlich: 800,00 EUR : 12 = 66,67 EUR Bei einem Regelsparbeitrag von 4 Promille der Bausparsumme ergibt sich für Frau Müller der Abschluss eines Bausparvertrages mit einer Bausparsumme von: 66,67 x 1.000,00 : 4 = 16.667,50 EUR aufgerundet auf volle 1.000,00 EUR = 17.000,00 EUR
Altersvorsorge-verträge bei Wohn-Riester	• Bausparverträge mit Darlehensoption: Sparbeiträge und staatliche Zulagen erhöhen in der Ansparphase das Bausparguthaben. Tilgung des Kredits in der Darlehensphase. • Darlehensverträge: Vertrag wird bei der Darlehensaufnahme zur Finanzierung einer selbst genutzten Wohnimmobilie abgeschlossen. Sparbeiträge und staatliche Zulagen dienen der reinen Tilgung des Darlehens, nicht aber der Zinszahlungen. • Banksparplan: Die angesparten Mittel in einem Banksparplan können während der Ansparphase vollständig zum Erwerb oder Bau einer selbst genutzten Wohnimmobilie entnommen werden. • Die Darlehen müssen spätestens bis zum zur Vollendung des 68. Lebensjahres getilgt sein.
Vorteile der Riester-Altersvorsorge-produkte	• Steuerstundungseffekt: Der Nutzer der staatlichen Förderungsmaßnahme für die Altersvorsorge verwendet unversteuertes Einkommen zum Aufbau einer privaten Altersvorsorge, das erst in der Rentenphase versteuert wird. • Zinseszinseffekt: Ersparte Steuern können als Sonderzahlungen bzw. Sondertilgungen in die Finanzierung eingebracht werden. • Steuerprogressionseffekt: In der Regel gibt es in der Rentenphase deutlich niedrigere Steuersätze.
Steuerschädliche Verfügungen	Sobald das eigengenutzte Haus oder die Wohnung verkauft oder vermietet wird, handelt es sich um eine steuerschädliche Verwendung. In diesem Fall muss das in der Immobilie gebundene steuerlich geförderte Kapital (= Stand des Wohnförderkontos) versteuert werden. Ausnahmen: Der Förderberechtigte legt sich innerhalb von 4 Jahren erneut ein Eigenheim zu oder er zahlt die geförderten Beträge innerhalb eines Jahres in einen Riester-Sparvertrag ein. Auch die vorübergehende Vermietung nach einem beruflich bedingten Umzug ist möglich. Allerdings muss die Absicht bestehen, dass der Steu-

	erpflichtige die Selbstnutzung wieder aufnimmt. Diese Intention muss er spätestens mit Vollendung des 67. Lebensjahres umgesetzt haben.
Förderunschädliche Verfügungen	Der Sparer muss die Immobilie grundsätzlich während der Auszahlungsphase für mindestens 20 Jahre selbst nutzen. Ein Verkauf innerhalb dieser Frist ist zulässig, wenn der Sparer das Kapital in ein Folgeobjekt reinvestiert oder in einen neuen Riester-Vertrag einzahlt.

8.3 Riester-Sonderausgabenabzug

Zulagen oder Sonderausgabenabzug bei staatlich geförderten Altersvorsorgeverträgen im Rahmen der Günstigerprüfung

Die staatlichen Zulagen für den Altersvorsorgevertrag sowie die Eigenbeiträge können nach § 10a EStG als Sonderausgaben geltend gemacht werden. Der Höchstbetrag für den Sonderausgabenabzug beträgt 2.100,00 EUR. Die Steuerermäßigung durch den Sonderausgabenabzug wird nicht dem Altersvorsorgevertrag gutgeschrieben, sondern stattdessen direkt mit der Steuererstattung ausgezahlt. Voraussetzung ist, dass die Anlage AV mit der Steuererklärung eingereicht wird, zusammen mit einer Bescheinigung vom Anbieter des Altersvorsorgevertrags über die geleisteten Eigenbeiträge.

Zulagen und Sonderausgabenabzug können nicht gleichzeitig wegen der Vermeidung der Doppelförderung in Anspruch genommen werden. Das Finanzamt prüft bei der Veranlagung zur Einkommensteuer mit einer Günstigerprüfung, ob die Zulage oder der Sonderausgabenabzug vorteilhafter ist.

Berechnung

Erster Schritt: Zuerst wird die tarifliche Einkommensteuer ausgerechnet, die sich ergibt, wenn die Altersvorsorgeaufwendungen nicht als Sonderausgaben berücksichtigt werden.

Zweiter Schritt: Danach wird die tarifliche Einkommensteuer ausgerechnet unter Berücksichtigung der Altersvorsorgeaufwendungen als Sonderausgaben. Anschließend werden die beiden Steuerbeträge miteinander verglichen. Der Differenzbetrag ist die Steuerentlastung durch den Sonderausgabenabzug.

Ergebnis: Die Steuerentlastung ist geringer als die Zulage.

- In diesem Fall bleibt es bei der Förderung durch die Zulage.
- Die Zulage wird auf den Altersvorsorgevertrag eingezahlt.
- Es gibt keine weitere Förderung durch einen Sonderausgabenabzug.

Ergebnis: Die Steuerentlastung ist höher als die Zulage.

Die Altersvorsorgeaufwendungen werden als Sonderausgaben abgezogen.

- Die Zulage wird auf den Altersvorsorgevertrag eingezahlt.
- Um eine Doppelförderung zu vermeiden, zieht das Finanzamt die Zulage (als bereits erfolgte Steuervergütung) von der Steuerentlastung durch den Sonderausgabenabzug ab.
- Die Differenz zwischen Steuerentlastung und Zulage wird gesondert im Einkommensteuerbescheid festgestellt und zusammen mit der Steuererstattung direkt ausgezahlt. Sie fließt also nicht in den Vorsorgevertrag.

Beispiel

Herr Gerhard Müller ist versicherungspflichtiger Angestellter ohne Kinder und hatte 2020 Einnahmen aus nichtselbstständiger Arbeit von 40.000,00 EUR. Herr Müller zahlt 2021 einen Eigenbeitrag von 1.425,00 EUR und bekommt eine Grundzulage von 175,00 EUR. Als Sonderausgaben kann er im Rahmen des § 10a EStG also insgesamt 1.600,00 EUR ansetzen.

Erster Schritt: Berechnung der Steuerentlastung für 2021

	Einnahmen	40.000,00 EUR
-	Arbeitnehmer-Pauschbetrag	1.000,00 EUR
-	Sonderausgaben-Pauschbetrag	36,00 EUR
-	ungekürzte Vorsorgepauschale	2.774,00 EUR
=	**zu versteuerndes Einkommen I**	**36.190,00 EUR**
	Zu versteuerndes Einkommen I	36.190,00 EUR
-	Sonderausgaben nach 10a EStG	1.600,00 EUR
=	**zu versteuerndes Einkommen II**	**34.590,00 EUR**
	Steuer aus zu versteuerndem Einkommen I	7.594,00 EUR
-	Steuer aus zu versteuerndem Einkommen II	7.044,00 EUR
=	**Steuerentlastung durch Sonderausgabenabzug**	**550,00 EUR**

Zweiter Schritt: Vergleich der Steuerentlastung mit der Zulage

	Steuerentlastung durch Sonderausgabenabzug	550,00 EUR
-	Anspruch auf Zulage (1 x Grundzulage)	175,00 EUR
=	Steuervorteil des Sonderausgabenabzugs gegenüber dem Anspruch auf Zulage	375,00 EUR

C1 Kreditgeschäft Teil 1: Verbraucherdarlehen

1. Kreditfähigkeit und Kreditwürdigkeit

Kreditfähigkeit	• Die Kreditfähigkeit ist die Fähigkeit, rechtswirksam eine Kreditverpflichtung einzugehen. Sie ist gegeben, wenn der Kreditnehmer volljährig und somit voll geschäftsfähig ist. • Minderjährige Personen bedürfen zur Übernahme einer Kreditverpflichtung der Zustimmung der gesetzlichen Vertreter und des Vormundschafts- oder Betreuungsgerichts. • Eingetragene Unternehmen können über ihre handelnden Personen, z. B. Geschäftsführung, Vorstand, Prokuristen Kreditverpflichtungen übernehmen.
Unterlagen zur Feststellung der Kreditfähigkeit	• Natürliche Personen: gültiger Lichtbildausweis • Unternehmen: aktueller Handelsregisterauszug bzw. Genossenschaftsregisterauszug • Eingetragener Verein: aktueller Auszug aus dem Vereinsregister • Partnerschaft: aktueller Auszug aus dem Partnerschaftsregister
Kreditwürdigkeit	Wichtigste Voraussetzung für die Gewährung eines Kredites ist die persönliche und materielle Kreditwürdigkeit des Kunden. Die Prüfung erfolgt in zwei Schritten: • Prüfung der persönlichen Kreditwürdigkeit • Prüfung der materiellen Kreditwürdigkeit
Persönliche Kreditwürdigkeit	Die persönliche Kreditwürdigkeit des Kunden ist gegeben, wenn dieser persönliche Eigenschaften besitzt (z. B. Zuverlässigkeit, einwandfreier Ruf), die darauf schließen lassen, dass er den Willen zur Kreditrückzahlung hat.
Unterlagen zur Prüfung der persönlichen Kreditwürdigkeit	• SCHUFA-Auskunft: Sie gibt Positiv- und Negativmerkmale zu dem Antragsteller wieder, z. B. Abwicklung früherer Kreditaufnahmen. • Bankauskunft: Sie gibt Auskunft über das Verhalten des Kunden im Zusammenhang mit Bankgeschäften in der Vergangenheit. • Auskünfte der Kontoführung, sofern der Kreditnehmer bereits Kunde des Kreditinstituts ist, insbesondere die Überprüfung und Abwicklung früherer Kredite
Materielle Kreditwürdigkeit	Der Kunde sollte vor allem in der Lage sein, seine finanziellen Möglichkeiten selbst realistisch einzuschätzen und genau zu prüfen, ob er die finanziellen Verpflichtungen, die er mit einem Kreditvertrag eingeht, erfüllen kann. Die materielle Kreditwürdigkeit des Kunden ist gegeben, wenn dessen Einkommens- und Vermögensverhältnisse zeigen, dass er in der Lage ist, den Kredit vertragsgemäß zurückzuzahlen.

© Springer Fachmedien Wiesbaden GmbH, ein Teil von Springer Nature 2023
V. Grundmann, R. Rathner, *Bankwirtschaft*, Prüfungstraining für Bankkaufleute,
https://doi.org/10.1007/978-3-658-39340-3_5

Unterlagen zur Prüfung der materiellen Kreditwürdigkeit	• Einkommensnachweise: Kreditinstitute verlangen Lohn- und Gehaltsnachweise der letzten 3 Monate. Sie bringen den Nachweis über die Höhe des Nettoeinkommens. • Steuerbescheide: Sie informieren über die gesamten Einkommensverhältnisse des letzten Jahres. • Selbstauskunft des Kunden: Sie gibt Einblick in die Vermögenssituation, weitere Einnahmen und die finanziellen Belastungen des Kreditnehmers. • Bankauskünfte und Auskünfte der Kontoführung, sofern er bereits Kunde des Kreditinstituts ist, z. B. Umsatzentwicklung • Arbeitsverträge: Sie zeigen an, ob es sich um befristete oder unbefristete Arbeitsverträge handelt. • Grundbuchauszüge: Sie informieren über die Eigentumsverhältnisse am Grundstück und über Belastungen des Grundstücks

2. Kreditwürdigkeitsprüfung bei Privatkunden

Aspekte	Details	Unterlagen
Persönliche Verhältnisse	• Familienstand • Anzahl der Kinder • Beruf • Dauer des Arbeitsverhältnisses • ordnungsgemäße Erfüllung bisheriger Kreditverpflichtungen • Kontoführung	• Selbstauskunft • Kontounterlagen • Schufa-Auskunft • Arbeitsverträge • ggf. Bankauskünfte von anderen Kreditinstituten
Wirtschaftliche Verhältnisse	• Ermittlung des frei verfügbaren Resteinkommens	• Gehaltsnachweise der letzten drei Monate • Haushaltsrechnung mit einer Gegenüberstellung der monatlichen Einnahmen und Ausgaben • Selbstauskunft
	• Vermögen	• Konto- und Depotunterlagen • ggf. Nachweise von Guthaben und Depotbeständen bei anderen Kreditinstituten • ggf. Grundbuchauszug

3. Allgemein-Verbraucherdarlehen

3.1 Kreditantrag und Kreditvertrag

Allgemeine Kennzeichnung Kredit – Darlehen	Die Kreditinstitute verstehen unter einem Kredit die zeitlich befristete Überlassung von Kapital, wobei die Zinsen das Entgelt für die Überlassung des Kapitals darstellen. Der Gesetzgeber versteht unter einem Verbraucherdarlehen grundsätzlich ein Gelddarlehen an einen Verbraucher nach § 13 BGB, also die Überlassung von Verfügungsmöglichkeiten über Geld oder die direkte Überlassung von Zahlungsmitteln. Nach dem neuen Schuldrecht müssen Verbraucher detailliert über die Bankkonditionen des Produkts informiert werden. Dabei sollten die persönlichen Verhältnisse des Kunden berücksichtigt werden.
Inhalte des Kreditgesprächs	• Höhe und Verwendungszweck des Kredits • Zeitpunkt der Bereitstellung • Laufzeit des Kredits • Rückzahlung des Kredits • mögliche Kreditsicherheiten • Einwilligung zur Einholung einer Schufa-Auskunft • Abschluss einer Restschuldversicherung
Kreditbesicherung	Für den Fall einer nicht ordnungsgemäßen Rückführung des Kredits während der Kreditlaufzeit verlangen Kreditinstitute i. d. R. eine Besicherung ihrer Ansprüche. Die Kreditsicherheit hat die Aufgabe, den Rückzahlungsanspruch und damit das Ausfallrisiko abzusichern. Eine Sicherheit kann nur verwertet werden, wenn die gesicherte Forderung zur Rückzahlung fällig ist. Die Art der Verwertung richtet sich dabei nach der Art der Sicherheit und den entsprechenden Vorschriften.
Grundsätze bei der Auswahl von Kreditsicherheiten	**Werthaltigkeit:** Der Wert des Sicherungsgutes und dessen Wertbeständigkeit sollten in einem angemessenen Verhältnis zur Kredithöhe und Kreditlaufzeit stehen. **Verwertbarkeit:** Die Sicherheiten sollen nach Fälligkeit des Kredits kurzfristig und mit geringem Aufwand verwertbar sein. **Rechtswirksamkeit:** Die Sicherungsvereinbarung muss rechtlich wirksam und praktisch durchführbar sein; so ist z. B. der Sicherungsgegenstand genau zu bestimmen. **Angemessenheit:** Neben dem Absicherungsinteresse des Kreditinstituts sind auch die wirtschaftlichen Interessen des Kreditnehmers zu beachten. So darf der Kredit nicht übersichert werden. **Wirtschaftlichkeit:** Bei der Auswahl der Besicherung muss neben einer rechtswirksamen Bestellung insbesondere auch auf die Wirtschaftlichkeit der Besicherung geachtet werden. So werden Kredite in geringer Höhe nicht besichert. Auch die Ansammlung mehrerer Sicherheiten mit geringem Sicherheitswert wird vermieden. **Sicherungszweck:** Jede Sicherheit haftet nur dann für einen Kredit, wenn der Sicherungszweck in der Sicherungszweckerklärung kon-

	kret vereinbart wurde. Der Kreditnehmer braucht nur die Inanspruch-nahme der Sicherheit zu dulden, wenn die Verwertung in Überein-stimmung mit dem vereinbarten Sicherungszweck geschieht. Man unterscheidet einen weiten und einen engen Sicherungs-zweck: • Die Vereinbarung eines **weiten Sicherungzwecks** bedeutet, dass die Sicherheit sowohl für das Darlehen als auch für alle be-stehenden, künftigen und bedingten Ansprüche, die der Bank gegen den Darlehensnehmer zustehen, dient. Bei weiteren Dar-lehen an den gleichen Darlehensnehmer ist daher kein neuer Si-cherheitenvertrag notwendig. Dennoch muss die Sicherheit in dem neuen Darlehensvertrag als Sicherheit aufgeführt werden. • Bei der Vereinbarung eines **engen Sicherungszwecks** dient die Sicherheit nur für die Forderungen, die im Sicherheitenvertrag aufgeführt sind.
Bewertung der Kreditsicherheiten	Bei der Bewertung der Sicherheit muss ein Sicherheitsabschlag berücksichtigt werden. Dadurch können Erlöseinbußen und Ver-wertungskosten (z. B. Gerichtskosten) berücksichtigt werden, die aus einer zwangsweisen Verwertung resultieren. Ferner darf die Bank bei der Bewertung von Sicherheiten die wirt-schaftliche Freiheit des Kreditnehmers nicht unangemessen ein-schränken, sodass der Kreditnehmer seine freie finanzielle Selbst-bestimmung behält (vgl. § 1248 BGB).
Gehaltsabtretung	Bei der Gehaltsabtretung handelt es sich um eine abstrakte Si-cherheit. Die Abtretung wird in §§ 398 ff. BGB geregelt. Sie ist ein Vertrag, durch den eine Forderung übertragen wird. Vertragspar-teien sind der bisherige Forderungsinhaber (Zedent) und der neue Forderungsinhaber (Zessionar). Die Abtretung ist formfrei gültig. Sie wird jedoch aus Beweisgründen immer schriftlich vereinbart. Da die Abtretung der Gehaltsforderungen nur sicherungsweise erfolgt, erwirbt die Bank die Forderungen treuhänderisch (fiduzia-risch) für die Kreditlaufzeit. Die Bank darf die Forderungen nur im Falle der Nichterfüllung des Kreditvertrags bis zur Höhe der tat-sächlichen Forderung verwerten. Die Forderung wird bei der Bank nicht bilanziert. **Sicherungszweck:** Bei der Gehaltsabtretung handelt es sich um eine abstrakte Sicherheit, deshalb muss der Kreditsicherungsver-trag die Sicherheit mit der besicherten Forderung verknüpfen. **Verwertungsbefugnis:** Es ist zu regeln, unter welchen Vorausset-zungen die Bank die ihr übertragene Forderung verwerten darf. **Rückübertragungsanspruch:** Wird die Sicherheit nicht benötigt, ist eine Rückübertragung an den Sicherungsgeber zu regeln. **Beurteilung einer Gehaltsabtretung:** Der Wert einer Gehaltsab-tretung ist von der Bonität des Kreditnehmers und der Sicherheit seines Arbeitsplatzes abhängig. Deshalb müssen Faktoren wie Ausbildungsstand, Qualifikationen und Alter des Kreditnehmers sowie branchenspezifische Kriterien in die Sicherheitenbewertung

	mit einfließen. Darüber hinaus hängt die Wertigkeit dieser Sicherheit von der Höhe des pfändungsfreien Betrages und vom Umfang der Unterhaltsverpflichtungen des Arbeitnehmers ab. Die Abtretung bezieht sich nur auf den pfändbaren Teil des Gehalts (§§ 850 ff. ZPO). Die formularmäßige Gehaltsabtretung enthält i. d. R. folgende Regelungen: • Die Abtretung darf von dem Arbeitgeber nicht vertraglich ausgeschlossen worden sein. • Die Abtretung wird auf den Gesamtkreditbetrag begrenzt. • Der Sicherungsgeber versichert, dass die abgetretenen Forderungen anderweitig weder abgetreten noch verpfändet oder gepfändet sind. • Eine Offenlegung erfolgt nur, wenn die Kreditnehmer sich seit mindestens zwei Monatsraten in Verzug befinden, die Offenlegung angedroht wurde und eine Frist von einem Monat seit der Androhung vergangen ist. • Die Sicherungsgeber sind verpflichtet, jeden Wechsel des Arbeitgebers unverzüglich anzuzeigen. Außerdem ist die Bonität des Arbeitgebers bei der Bewertung der Gehaltsabtretung zu berücksichtigen. **Arbeitsverhältnisse im öffentlichen Dienst:** Bei Beamtenverhältnissen muss die Abtretung gemäß § 411 BGB durch eine amtlich beglaubigte Urkunde angezeigt werden.
Wichtige Regelungen bei ausgewählten Sicherheiten	**Abtretung von Spareinlagen:** Forderungen, die in von der Bank selbst herausgegebenen Sparbüchern verbrieft worden sind, können nicht an die Bank abgetreten werden. Denn damit würden Gläubiger- und Schuldnerstellung sich vereinigen. In diesem Fall wäre nur eine Verpfändung des Sparguthabens zugunsten der Bank möglich. **Nicht abtretbare Forderungen:** Nicht abtretbar sind Forderungen, die kraft Vereinbarung zwischen Sicherungsgeber und Drittschuldner nicht abtretbar sind. **Abtretung von Ansprüchen aus Lebensversicherungen:** Der Anspruch auf Auszahlung des Rückkaufswertes einer Kapitallebensversicherung bei Vertragskündigung durch den Versicherungsnehmer ist abtretbar. Der Rückkaufswert steigt sukzessive mit der Vertragslaufzeit. Sicherungsgeber ist der Kreditnehmer. Sofern bei der Kapitallebensversicherung eine unwiderrufliche Bezugsberechtigung eines Dritten besteht, muss dieser der Abtretung zustimmen. Dies erfolgt durch Mitunterzeichnung des Abtretungsvertrages. Da Zahlungen aus dem Versicherungsvertrag regelmäßig die Vorlage des Versicherungsscheins erfordern, verlangt die Bank diesen vom Sicherungsgeber bei Vertragsabschluss. Die Bank muss sich vergewissern, dass die AGB des Versicherers die Abtretung von Ansprüchen gestatten, ggf. ist die Versicherung von der Abtretung

zu informieren. Die Abtretung von Ansprüchen aus Kapitallebensversicherungen kann steuerschädlich sein. Der Kunde muss auf diesen Sachverhalt hingewiesen werden.

Restschuldversicherung: Bei der Restschuldversicherung handelt es sich um eine Risikoversicherung mit fallender Versicherungssumme zur Sicherung der Restschuld von Darlehen bei Tod, Erwerbsunfähigkeit oder Arbeitsunfähigkeit und Arbeitslosigkeit der Kreditnehmer. Im Versicherungsfall zahlt die Versicherung bei Erwerbsunfähigkeit oder Arbeitslosigkeit die Raten für eine vereinbarte Zeitdauer bzw. im Todesfall umgehend die Restschuld. Bei Arbeitsunfähigkeit zahlt die Versicherung eine Arbeitsunfähigkeitsrente, mit der die laufenden Raten abgedeckt werden. Bei Ratenkrediten wird die Prämie einmalig im Voraus bei Abschluss des Kreditvertrags gezahlt.

Allgemeine Bedingungen für die Restschuldversicherung (Auszug)

a) Begriffserklärungen:

Versicherungsnehmer: Der Versicherungsnehmer ist der Gläubiger der Zahlungsverpflichtung (z. B. das Kreditinstitut bzw. der Leasinggeber), der die versicherte Person zum Vertrag angemeldet hat. Er wird als solcher im Vertrag benannt. Die Beitrittserklärung ist gleichzeitig Versicherungsbestätigung.

Versicherte Person: Die versicherte Person im Sinne dieser Bedingungen ist diejenige Person, auf deren Leben der Baustein zur Restschuldversicherung abgeschlossen worden ist.

Beispiel für Allgemeine Versicherungsbedingungen
§ 1 Versicherungsfall

(1) Bei Tod der versicherten Person während der Versicherungsdauer zahlt die Versicherung die Versicherungsleistung in Höhe der am Tag des Todes bestehenden Restforderung des Kreditgebers aus dem Kredit, zu dem diese Restschuldversicherung abgeschlossen wurde, maximal jedoch das vereinbarte Garantiekapital.

Das Garantiekapital reduziert sich monatlich um den im Vertrag angegebenen Betrag.

(2) Die Versicherung ist nicht überschussberechtigt, es werden keine Überschussanteile fällig.

(3) Ist die Versicherung auch auf den Arbeitsunfähigkeitsfall abgeschlossen und wird die versicherte Person während der Versicherungsdauer arbeitsunfähig, so zahlt die Versicherung eine monatliche Arbeitsunfähigkeitsrente.

Der Anspruch auf Arbeitsunfähigkeitsrente entsteht nach Ablauf von sechs Wochen nach Eintritt der Arbeitsunfähigkeit. (...)

Der Anspruch auf Arbeitsunfähigkeitsrente erlischt, wenn die Arbeitsunfähigkeit endet. (...)

Arbeitsunfähigkeit im Sinne dieser Bedingungen liegt vor, wenn die versicherte Person infolge Gesundheitsstörungen, die ärztlich nachzuweisen sind, außerstande ist, ihre bisherige oder eine ande-

	re Tätigkeit auszuüben, die aufgrund ihrer Ausbildung und Erfahrungen ausgeübt werden kann und ihrer bisherigen Lebensstellung entspricht. **§ 2 Beginn des Versicherungsschutzes** Der Versicherungsschutz beginnt, wenn der Einmalbetrag gezahlt wurde, frühestens jedoch zu dem im Versicherungsvertrag genannten Versicherungsbeginn. Vor Abschluss des Versicherungsvertrags sowie vor Auszahlung der Darlehenssumme besteht jedoch noch kein Versicherungsschutz.
Angaben im Kreditantrag nach Art. 247 § 3 EGBGB	• Nettodarlehensbetrag und ggf. Höchstgrenze des Darlehens • Gesamtrückzahlungsbetrag inklusive Zinsen und sonstiger Kosten • Rückzahlungsmodalitäten (Höhe, Anzahl und Fälligkeit der Raten) • Nominalzins und sonstige Kreditkosten • effektiver Jahreszins oder anfänglicher effektiver Jahreszins gemäß den Vorschriften der Preisangabenverordnung • Kosten einer Restschuld- oder sonstigen Versicherung, die im Zusammenhang mit dem Verbraucherdarlehen abgeschlossen werden • zu bestellende Sicherheiten
Schriftform	• Das Verbraucherkreditgesetz sieht für alle Kreditverträge die Beachtung der Schriftform vor. • Ein Kreditvertrag, der nicht schriftlich abgeschlossen wurde, ist nichtig. • Die Schriftform dient neben der Sicherung der zutreffenden Informationen über die wesentlichen Kreditkonditionen auch der Warnung des Verbrauchers vor unüberlegtem finanziellen Engagement. • Dem Verbraucher soll transparent und übersichtlich die wirtschaftliche Belastung aus der geplanten Kreditaufnahme bewusst gemacht werden. Zudem soll dem Verbraucher eine tragfähige Grundlage an die Hand gegeben werden. • Es reicht aus, wenn Antrag und Annahme durch die Vertragsparteien jeweils getrennt und schriftlich erklärt werden. Besteht das Vertragswerk aus mehreren Blättern, muss ihre Zusammengehörigkeit kenntlich gemacht und die einzelnen Blätter von den Vertragsparteien gesondert unterschrieben werden. • Die Bank muss mindestens ein Kreditbestätigungsschreiben verschicken, wenn sie den schriftlichen Antrag des Kreditnehmers angenommen hat. • Dem Kunden muss eine vollständige Ausfertigung des Vertrags mit allen nach dem Gesetz erforderlichen Angaben vorliegen.

Pflichtangaben im Kreditvertrag	• Nettokreditbetrag, Höchstgrenze • Darlehensnennbetrag • Angabe des Gesamtbetrages • Rückzahlung des Kredits • Angabe des Zinssatzes • sonstige Kosten • effektiver Jahreszins • Kosten einer Restschuldversicherung • zu bestellende Sicherheiten
Nettokreditbetrag, Höchstgrenze	Der Nettokreditbetrag ist der auszuzahlende Betrag, d. h. es ist der dem Darlehensnehmer effektiv zur Verfügung stehende Betrag, der sich nach Abzug aller Kosten, Gebühren, Entgelte, Provisionen, Versicherungsprämien ergibt. Auch die Kosten einer Restschuldversicherung sind abzuziehen. Damit soll dem Verbraucher dargelegt werden, wie viel Geld ihm effektiv zur Verfügung steht.
Darlehensnennbetrag	Der Darlehensnennbetrag ist der Betrag, der dem Verbraucher zur Nutzung überlassen wird, und ist damit die Grundlage der Verzinsung. Fehlt die Angabe des Kreditbetrags, so ist der Kreditvertrag nichtig.
Angabe des Gesamtbetrages	Das Verbraucherkreditgesetz fordert die Angabe aller zur Tilgung eines Kredits, zur Zahlung der Zinsen und sonstigen Kosten zu entrichtenden Teilzahlungen (Gesamtbetrag). Mit der Angabe des Gesamtbetrages soll der Verbraucher auf die wirtschaftliche Tragweite seiner Verpflichtung hingewiesen werden. Das Fehlen des Gesamtbetrages hat die Nichtigkeit des Kreditvertrags zur Folge.
Rückzahlung des Kredits	In die Vertragsurkunde sind die Art und Weise der Rückzahlung des Kredits oder die Regelung der Vertragsbeendigung aufzunehmen. Bei Ratenkrediten ist die Anzahl der Raten, die Höhe der Raten und die Fälligkeit der Raten anzugeben. Anzugeben ist auch eine Abweichung der ersten oder letzten Rate in Betrag und Fälligkeit von der Regelrückführung. Auch die Zahlungsmodalitäten sind anzugeben, z. B. wenn die Ratenzahlung per Lastschrifteinzug erfolgen soll.
Angabe des Zinssatzes	Die Bank hat den Zinssatz und alle sonstigen Kosten des Kredits zu bezeichnen. Um dem Verbraucher eine Vergleichsbasis zu bieten, muss der Zinssatz angegeben werden. Der Zinssatz ist der Nominalzinssatz, der als Jahreszins oder Monatszins ausgeworfen werden kann. Als Zinssatz sind alle laufzeitabhängigen Entgelte, wie Kreditprovision, Kreditgebühr und Disagio zu verstehen. Neben dem Zinssatz sind die sonstigen Kosten anzugeben, die aus Gründen der Transparenz einzeln darzustellen und aufzuschlüsseln sind. Zu diesen Kreditkosten zählen sämtliche Aufwendungen, die der Kreditnehmer nach dem Vertrag neben den Zinsen zu zahlen hat, um den Kredit zu erhalten.

Sonstige Kosten	Kosten für die Bestellung von Kreditsicherheiten, Schätzkosten sowie Entgelte für die Führung des Darlehenskontos und die Kosten der Restschuldversicherung u.a.. Fehlt die Angabe des Nominalzinssatzes, so ist der Kreditvertrag nichtig. Wird der Kredit trotzdem in Anspruch genommen, so ermäßigt sich der zugrunde gelegte Zinssatz auf den gesetzlichen Zinssatz von 4 %. Nicht angegebene Kosten werden nicht geschuldet.
Effektiver Jahreszins	Der effektive Jahreszins ist Vergleichsmaßstab für die Kreditkosten und damit wichtigster Bestandteil der Verbraucheraufklärung. Die Kosten von obligatorischen Restschuldversicherungen werden in die Berechnung des Effektivzinses einbezogen. Fehlt die Angabe des effektiven Jahreszinses, so ist der Kreditvertrag nichtig. Wird der Kredit trotzdem in Anspruch genommen, so ermäßigt sich der zugrunde gelegte Zinssatz auf den gesetzlichen Zinssatz von 4 %.
Kosten einer Restschuldversicherung	Die Kosten einer Restschuldversicherung oder Kapitallebensversicherung sind im Kreditvertrag anzugeben. Nicht angegebene Kosten werden dem Gläubiger gegenüber nicht geschuldet. In Betracht kommen folgende Versicherungen: • **Restschuldversicherung:** Eine Restschuldversicherung ist eine Risikolebensversicherung auf den Todesfall, die um eine Berufsunfähigkeits- und / oder Krankentagegeldversicherung ergänzt werden kann. In die Restschuldversicherung kann auch das Risiko der Arbeitslosigkeit einbezogen werden. Der Versicherungsfall tritt ein, wenn der Kreditnehmer vor vollständiger Darlehenstilgung stirbt, arbeitsunfähig oder arbeitslos wird. Als Versicherungsleistung wird die im Zeitpunkt des Versicherungsfalls offene Restschuld gezahlt, sodass die Restschuldversicherung eine Risikolebensversicherung mit fallender Todesfallsumme gegen Einmalbetrag ist. • **Kapitallebensversicherung:** Endfällige Darlehen werden häufig gegen den Abschluss einer Lebensversicherung gewährt, die sowohl eine Sicherheit als auch Tilgungsersatz darstellen. Die Tilgung des Darlehens geschieht am Ende der Laufzeit aus der Leistung der Lebensversicherung. Zu diesem Zweck werden die Ansprüche aus der Versicherung an die Bank abgetreten.
Zu bestellende Sicherheiten	Der Kreditgeber hat das Recht, für seine Forderungen die Bestellung von Sicherheiten zu verlangen. Die zu bestellenden Sicherheiten sind konkret zu benennen, und zwar so genau, dass der Verbraucher über Art und Umfang der von ihm vorzunehmenden Rechtsgeschäfte unterrichtet ist. Sieht der Kreditvertrag eine Lohnabtretung vor, sollte mindestens die Deckungsgrenze angegeben werden. Sicherheiten, die im Kreditvertrag nicht genannt sind, können vom Kreditnehmer nicht gefordert werden. Damit soll der Verbraucher vor der nicht vereinbarten Nachforderung von Sicherheiten durch die Bank geschützt werden.

3.2 Widerrufsbelehrung

Gesetzliche Grundlage nach § 495 BGB	Durch das Widerrufsrecht soll dem Verbraucher die Möglichkeit verschafft werden, seine Entscheidung für einen Kredit noch einmal zu überdenken und seine Entscheidung ggf. rückgängig zu machen. Das Widerrufsrecht kann nur auf den gesamten Kreditvertrag insgesamt ausgeübt werden. Der Kreditvertrag ist bis zur Ausübung des Widerrufsrechts oder bis zum Ablauf der Frist schwebend unwirksam. Der Auszahlungsanspruch entsteht erst nach Wirksamwerden des Vertrags. Die Widerrufsbelehrung muss entweder in einer gesonderten schriftlichen Vereinbarung oder in die vom Darlehensnehmer zu unterzeichnende Vertragserklärung aufgenommen und dort deutlich hervorgehoben werden. Der Ablauf der Widerrufsfrist von zwei Wochen beginnt erst, wenn der Verbraucher zutreffend und formgerecht über sein Widerrufsrecht belehrt wurde. Insbesondere muss in der Widerrufsbelehrung enthalten sein: • Belehrung über das Recht zum Widerruf innerhalb von zwei Wochen • der ausdrückliche und unmissverständliche Hinweis auf den Fristbeginn und die Fristwahrung durch rechtzeitige Absendung des Widerrufs • Name und Anschrift desjenigen, dem gegenüber der Widerruf zu erklären ist • die Belehrung über die verlangte Textform des ggf. zu erklärenden Widerrufs und der Hinweis, dass eine Begründung des Widerrufs nicht erforderlich ist. Damit die Widerrufsbelehrung ordnungsgemäß und damit Frist auslösend ist, hat der Darlehensgeber dem Verbraucher eine eindeutige und deutlich gestaltete Belehrung entsprechend den Erfordernissen des eingesetzten Kommunikationsmittels zur Verfügung zu stellen.
Folgen fehlerhafter Belehrung	Die Belehrung muss dem Verbraucher gemäß § 355 Abs. 2 Satz 1 BGB in Textform mitgeteilt werden und ist demnach auch mittels Telekopie, E-Mail oder anderer Telekommunikationsmittel möglich. Eine mündliche Widerrufserklärung ist nicht ausreichend. Unterbleibt eine Widerrufsbelehrung oder ist sie unzureichend, so wird der Lauf der Widerrufsfrist nicht in Gang gesetzt. Das Widerrufsrecht besteht dann fort, der Vertrag bleibt in der Schwebe und das Widerrufsrecht erlischt erst nach beiderseits vollständiger Erbringung der Leistung, spätestens ein Jahr und 14 Tage nach Abgabe der Willenserklärung des Verbrauchers. Durch diese Regelung soll eine schwebende Unwirksamkeit des Kreditvertrags auf Dauer verhindert werden. Das Widerrufsrecht ist eine einseitige, empfangsbedürftige Willenserklärung. Es kann innerhalb der Frist jederzeit und ohne Angabe von Gründen vom Verbraucher ausgeübt werden.

Darlehensrückzahlung nach Widerruf	Durch den Widerruf wird der Kreditnehmer gezwungen, die Darlehenssumme innerhalb von zwei Wochen zurückzuzahlen. Der Rückzahlungsbetrag ist der empfangene Nettokreditbetrag. Zahlt der Kreditnehmer den Nettokreditbetrag nicht fristgerecht zurück, so gilt der Widerruf als nicht erfolgt und der Vertrag wird rechtsgültig.
Rechtsfolgen des Widerrufs	Die Bank kann für die Zeit zwischen dem Empfang und der Rückzahlung des Darlehens Zinsen verlangen. Der Verbraucher hat allerdings nicht die vertraglichen Zinsen zu zahlen, sondern nur den gesetzlichen Zins. Andere Nebenentgelte sind nicht zu entrichten.

Beispiel

Nordbank AG

Auszug aus dem Konditionentableau für Verbraucherdarlehen (in EUR)

Laufzeit: 48 Monate

Sollzinssatz p. a.:   3.90 %

Kreditbetrag	Zinsen	Sonstige Kosten	Gesamtbetrag	Höhe der Raten	letzte Rate
8.500,00	692,94	127,50	9.320,44	196,96	63,32
9.000,00	733,76	135,00	9.868,76	208,53	67,85
10.000,00	815,31	150,00	10.965,31	231,70	75,41
11.000,00	896,83	165,00	12.061,83	254,88	82,47
12.000,00	978,35	180,00	13.158,35	278,05	90,00
13.000,00	1.059,90	195,00	14.254,90	301,22	97,56
14.000,00	1.141,46	210,00	15.351,46	324,39	105,13
15.000,00	1.222,96	225,00	16.447,96	347,55	113,11

Herr Jens Bauer ist Kunde der Nordbank AG. Herr Bauer beantragt einen Kredit über 13.000,00 EUR zur Finanzierung einer Einbauküche. Herr Bauer möchte den Kreditbetrag in 48 Monatsraten zurückzahlen.

Folgende Informationen werden in den Kreditvertrag übernommen:

Nettokreditbetrag: 13.000,00 EUR

Rate 1 bis 47: 301,22 EUR

Rate 48: 97,56 EUR

Gesamtzinsbetrag: 1.059,90 EUR

Sonstige Kosten: 195,00 EUR

Gesamtbetrag (Kreditbetrag einschließlich Kosten): 14.254,90 EUR

3.3 Kündigung und Vorfälligkeitsentschädigung

Nach § 500 BGB kann der Darlehensnehmer das Darlehen während der Laufzeit jederzeit ganz oder teilweise kündigen und ablösen. Die Einhaltung einer Kündigungsfrist ist nicht erforderlich. Die Bank ist berechtigt, eine Vorfälligkeitsentschädigung zu erheben, die in § 502 BGB geregelt ist.

§ 500 (Kündigungsrecht des Darlehensnehmers; vorzeitige Rückzahlung)

(1) Der Darlehensnehmer kann einen Allgemein-Verbraucherdarlehensvertrag, bei dem eine

Zeit für die Rückzahlung nicht bestimmt ist, ganz oder teilweise kündigen, ohne eine Frist einzuhalten. Eine Vereinbarung über eine Kündigungsfrist von mehr als einem Monat ist unwirksam.

(2) Der Darlehensnehmer kann seine Verbindlichkeiten aus einem Verbraucherdarlehensvertrag jederzeit ganz oder teilweise vorzeitig erfüllen. ...

§ 502 BGB

(3) Bei Allgemein-Verbraucherkreditverträgen darf die Vorfälligkeitsentschädigung folgende Beträge jeweils nicht überschreiten:

1. 1 % des vorzeitig zurückgezahlten Betrags oder, wenn der Zeitraum zwischen der vorzeitigen und der vereinbarten Rückzahlung ein Jahr nicht überschreitet, 0,5% des vorzeitig zurückgezahlten Betrags,
2. den Betrag der Sollzinsen, den der Darlehensnehmer in dem Zeitraum zwischen der vorzeitigen und der vereinbarten Rückzahlung entrichtet hätte.

Beispiel:

Frau Claudia Tillmann (31 Jahre alt, Angestellte) ist Kundin der *Nordbank AG*. Frau Tillmann wurde am 28.03. von der *Nordbank AG* angeschrieben, da sie ihren Dispositionskredit seit längerer Zeit ständig in Anspruch nimmt und es zu Überschreitungen der von der *Nordbank AG* eingeräumten Kreditlinie gekommen ist.

Frau Tillmann gibt der *Nordbank AG* folgende Informationen über ihre Kontostände an:

Konto/Depot	Betrag in EUR	Zusatzinformationen
Girokonto bei der *Nordbank AG*	4.861,67 S	Dispositionskredit 5.000,00 EUR Sollzinssatz 9,5 % p.a. Bankkarte und Rechnungsabschluss quartalsweise
Allgemein-Verbraucherdarlehen bei der *Unionbank AG*	3.240,00 S	Monatliche Rate 140,00 EUR Tilgungsverrechnung jeweils zum 30. eines Monats Gebundener Sollzinssatz für die gesamte Laufzeit 5,9 % p. a. Die noch zu zahlenden Sollzinsen bis zum vertraglich vereinbarten Ende der Laufzeit des Darlehens belaufen sich auf 207,71 EUR. Restlaufzeit zwei Jahre
Pkw-Leasing bei der *Sixt AG*	5.150,00 S	Monatliche Rate 199,00 EUR, jeweils zum 30. eines Monats. Die letzte Ratenzahlung von 5.150,00 EUR mit Übertragung des Eigentums an dem Pkw erfolgt am 30. November 2018

Frau Tillmann verfügt über keine weiteren Vermögenswerte. Die *Nordbank AG* schlägt Frau Tillmann vor, ihre gesamten Verbindlichkeiten, die sich aus der Geschäftsverbindung mit der *Nordbank AG* und aus den anderen Geschäftsverbindungen ergeben, durch ein Allgemein-Verbraucherdarlehen der *Nordbank AG* abzulösen.

Zu den anderen Verbindlichkeiten liegen folgende Informationen vor:
Die *Unionbank AG* legt bei der vorzeitigen Rückzahlung eines Allgemein-Verbraucherdarlehens die gesetzlichen Vorschriften zugrunde.
Mit Zahlung der letzten Rate ist das Pkw-Leasing beendet.

Frau Tillmann möchte ihre gesamten Verbindlichkeiten zum 30. April ablösen.
Wann und in welchem Umfang ist Frau Tillmann aufgrund der gesetzlichen Regelung zur vorzeitigen Rückzahlung des Allgemein-Verbraucherdarlehens an die *Unionbank AG* berechtigt.

Frau Tillmann kann nach § 500 BGB das Allgemein-Verbraucherdarlehen jederzeit und ganz oder teilweise zurückzahlen.

Die *Unionbank AG* ist aber berechtigt, nach § 502 BGB eine Vorfälligkeitsentschädigung zu verlangen.

Frau Tillmann kann im Rahmen der Ablösung des Allgemein-Verbraucherdarlehens insgesamt von der *Unionbank AG* mit folgendem Betrag belastet werden:

Vorfälligkeitsentschädigung: 1 % von 3.240,00 EUR	32,40 EUR
+ Zinsen: 3.240,00 x 5,9 % x 30 Tage : 360 Tage	15,93 EUR
+ Kreditbetrag	3.240,00 EUR
Summe	**3.288,33 EUR**

Zur Ablösung der gesamten Verbindlichkeiten muss die *Nordbank AG* Frau Tillmann folgenden Darlehensbetrag anbieten:

Ablösungsbetrag an die *Unionbank AG*	3.288,33 EUR
+ Ablösung der Kontoüberziehung bei der *Nordbank AG*	4.861,67 EUR
+ Restzahlung an die Sixt AG	5.150,00 EUR
Darlehensbetrag	**13.300,00 EUR**

C2 Maßnahmen gegen Kreditgefährdungen

1. Gerichtliches Mahnverfahren

Das gerichtliche Mahnverfahren ist ein formularmäßig durchgeführter, abgekürzter Zivilprozess, der dem Gläubiger (Antragsteller) schnell und kostengünstig einen Vollstreckungstitel verschafft. Der Vollstreckungstitel berechtigt den Gläubiger zur Zwangsvollstreckung in das Vermögen des Schuldners (Antragsgegner). Grundsätzlich ist das Amtsgericht des Gläubigers für das Mahnverfahren zuständig. Anträge auf Erlass eines Mahnbescheids können auch im Wege des Datenträgeraustauschs eingereicht werden. Bei einem streitigen Verfahren (Widerspruch, Einspruch) ist das Gericht, bei dem der Antragsgegner seinen allgemeinen Gerichtsstand hat, örtlich zuständig. Dies ist i. d. R. das Gericht, in dessen Bezirk der Antragsgegner (Schuldner) wohnt oder seinen Geschäftssitz hat. Rechnet der Gläubiger beim Mahnverfahren mit Einwendungen des Schuldners (Widerspruch) wird er zur Durchsetzung seiner Forderungen direkt das Klageverfahren einleiten.

Ablauf eines gerichtlichen Mahnverfahrens an einem Beispiel

Die Rechtsabteilung der *Nordbank AG* kündigt einen Kredit und schaltet die Rechtsanwaltssozietät Rechtsanwälte und Notare Becker, Müller & Partner ein. Die Rechtsanwälte beantragen einen Mahnbescheid beim Amtsgericht Hamburg. Hierzu zahlen die Rechtsanwälte die Gerichtskosten mittels Gerichtskostenmarke ein. Das Amtsgericht prüft nur die Einhaltung der Formalien, nicht aber die Richtigkeit der Forderung und stellt den Bescheid durch „Niederlegung als Schriftstück" dem Schuldner zu. Von diesem Vorgang wird die *Nordbank AG* als Gläubigerin bzw. die prozessbevollmächtigten Anwälte informiert.

14 Tage sind seit der Zustellung des Mahnbescheids vergangen, es erfolgte keine Zahlung, aber noch fristgemäß geht beim Amtsgericht Hamburg ein formgerechter Widerspruch gegen den Mahnbescheid des Schuldners ein. Hierzu wurde dem Amtsgericht lediglich kurz schriftlich mitgeteilt: „Ich erhebe Widerspruch. Der Widerspruch richtet sich gegen die Gesamtforderung. Der Schuldner". Wenige Stunden nach Eingang des Widerspruchs beim Amtsgericht wird per Boten der Antrag auf Vollstreckungsbescheid der Rechtsanwälte Becker, Müller & Partner dem Amtsgericht Hamburg überstellt. Aufgrund des rechtzeitig erfolgten Widerspruchs gegen den Mahnbescheid fordert das Amtsgericht Hamburg einen Gerichtskostenvorschuss von den Rechtsanwälten und einen begründeten Klageantrag mit einer 6-Monats-Frist an. Der bereits geleistete Gerichtskostenvorschuss für den Mahnbescheid ist damit verfallen.

© Springer Fachmedien Wiesbaden GmbH, ein Teil von Springer Nature 2023
V. Grundmann, R. Rathner, *Bankwirtschaft*, Prüfungstraining für Bankkaufleute,
ttps://doi.org/10.1007/978-3-658-39340-3_6

2. Zivilprozess

Ablauf eines Zivilprozesses aufgrund eines Widerspruchs gegen den Vollstreckungsbescheid

Aufgrund des rechtzeitig erfolgten Widerspruchs des Schuldners gegen einen Mahnbescheid fordert das Amtsgericht Hamburg einen Gerichtskostenvorschuss von den Rechtsanwälten und einen begründeten Klageantrag mit einer 6-Monatsfrist an. Der bereits geleistete Gerichtskostenvorschuss für den Mahnbescheid ist damit verfallen.

Die Rechtsanwälte Becker, Müller & Partner erheben Klage gegen den Schuldner vor dem Amtsgericht Hamburg, nachdem sie bei der *Nordbank AG* den Gerichtskostenvorschuss und den Auftrag zur Verfahrensübernahme angefordert haben. Das Amtsgericht ordnet ein schriftliches Verfahren an. Beide Parteien können sich nun schriftlich zur Sache äußern. Äußert sich der Schuldner, der jetzt als Beklagter bezeichnet wird, nicht binnen einer 14-Tagefrist mit einer „Verteidigungsabsicht", ergeht auf Antrag der Klägerin ein Versäumnisurteil, weil der Beklagte die Frist versäumt hat. Teilt der Beklagte zu irgendeinem Zeitpunkt einmal mit, die Forderung ganz oder teilweise anzuerkennen, ergeht auf Antrag der Klägerin Anerkenntnisurteil. Rechtsanwälte stellen deshalb immer bereits bei Einreichung der Klage diese Anträge.

Nachdem ein vollstreckbarer Titel ergangen ist, kann die *Nordbank AG* die Zwangsvollstreckung einleiten. Der vollstreckbare Titel wird in diesem Fall ein vollstreckbares Urteil sein. Wird das gerichtliche Mahnverfahren durchgeführt, so steht am Ende des Verfahrens ein Vollstreckungsbescheid (vollstreckbarer Mahnbescheid). Die Zwangsvollstreckung geht entweder über einen Gerichtsvollzieher, der bei dem Schuldner vorspricht und ihn zur Zahlung auffordert sowie ggf. Wohnung und Taschen („Taschenpfändung") des Schuldners durchsucht und Wertgegenstände beschlagnahmt, oder durch richterlichen Pfändungs- und Überweisungsbeschluss. Für einen Pfändungs- und Überweisungsbeschluss schicken die Rechtsanwälte Becker, Müller & Partner den vollstreckbaren Titel an das Amtsgericht Hamburg, zahlen entsprechende Gerichtskosten ein und bitten das Gericht, einen Pfändungs- und Überweisungsbeschluss gegenüber einem Drittschuldner (dies ist jemand, der wiederum dem Schuldner Geld schuldet) auszubringen.

Der *Nordbank AG* ist aus den Kontoumsätzen bekannt, dass der Schuldner drei Lebensversicherungen bei der *Allianz Lebensversicherungs-AG* hat. Sie kennt aus den Kontoumsätzen sogar die Versicherungsnummern. Diesen Sachverhalt teilt die *Nordbank AG* den Rechtsanwälten mit und bittet um Pfändung der Versicherungsverträge sowie um Überweisung des Rückkaufswertes der Verträge. Da die Amtsgerichte längere Zeit für die Bearbeitung von Pfändungs- und Überweisungsbeschlüssen benötigen und die Rechtsanwälte sicher gehen wollen, dass der Schuldner nicht in der Zwischenzeit seine Lebensversicherungsverträge selbst kündigt und sich auszahlen lässt, leiten die Rechtsanwälte eine „Vorpfändung" mittels „vorläufigem Zahlungsverbot" ein. Das „vorläufige Zahlungsverbot" untersagt dem Drittschuldner, zwischenzeitlich eine Zahlung an Dritte zu leisten. Der *Allianz Lebensversicherungs-AG* wird also somit verboten, an den Schuldner zu zahlen, bevor die gerichtliche Pfändung eingetroffen ist. Das „vorläufige Zahlungsverbot" wirkt somit wie ein Arrest.

Das „vorläufige Zahlungsverbot" bleibt nur drei Wochen wirksam. Danach muss es entweder erneuert werden oder durch Pfändungs- und Überweisungsbeschluss beglichen werden. Reicht der Rückkaufswert der Lebensversicherungen aus, erhält die *Nordbank AG* Befriedigung für ihre Restkreditforderung zuzüglich Zinsen und bisheriger Gerichtskosten. Der vollstreckbare Titel wird dem Schuldner dann entwertet zurückgegeben. Abschließend wird die *Nordbank AG* den Vorgang der Schufa melden. Die Sache ist dann erledigt.

3. Gerichtsorganisation

Ordentliche Gerichtsbarkeit	Arbeitsge-richtsbarkeit	Sozialgerichts-barkeit	Verwaltungs-gerichtsbarkeit	Finanzgerichts-barkeit
• Amtsgericht für Zivilsachen • Amtsgerichte, z. B. Nachlass-, Miet-, Betreu-ungssachen	Arbeitsgerichte	Sozialgerichte	Verwaltungs-gerichte	Finanzgerichte
Landgericht, z. B. Zivilsachen ab 5.000,00 EUR	Landesarbeits-gerichte	Landessozial-gerichte	-	-
Oberlandes-gerichte	-	-	Oberverwal-tungsgerichte	-
Bundesgerichts-hof in Karlsruhe	Bundesarbeits-gericht in Erfurt	Bundessozialge-richt in Kassel	Bundesverwal-tungsgericht in Leipzig	Bundesfinanzhof in München

Arten von Gerichtsurteilen

Streitiges Urteil	Das Gericht verkündet das Urteil an einem speziellen Verkündungster-min, spätestens drei Wochen nach der letzten Verhandlung.
Versäumnisur-teil	Der Beklagte hat die Klageabweisung beantragt. Dem festgesetzten Termin ist der Kläger unentschuldigt ferngeblieben.
Prozessver-gleich	Die Parteien einigen sich auf die Hälfte der Klageforderungen. Der Be-klagte verpflichtet sich z. B., an den Kläger den hälftigen Betrag zuzüglich 9 % p.a. Zinsen hieraus seit Fristsetzung zu bezahlen.
Klagerücknah-me	Der Kläger nimmt die Klage vor Beginn der mündlichen Verhandlung zu-rück.
Verzichtsurteil	Der Kläger nimmt seine Klage zurück und verzichtet auf seinen An-spruch. Der Beklagte stimmt zu unter der Voraussetzung, dass der Rich-ter dies in einem Urteil festschreibt.

4. Vermögensauskunft

Die Vermögensauskunft wurde durch das Gesetz zur Reform der Sachaufklärung in der Zwangsvollstreckung für Vollstreckungsaufträge eingeführt. Sie entspricht teilweise der in § 807 ZPO alter Fassung geregelten Pflicht zur Abgabe eines Vermögensverzeichnisses und Abgabe einer eidesstattlichen Versicherung.

Der Schuldner muss die Vermögensauskunft im Rahmen einer vom Gläubiger gegen den Schuldner durchgeführten Zwangsvollstreckung gegenüber dem Gerichtsvollzieher abgeben. Sie dient dazu, dem Gläubiger Kenntnis über die dem Schuldner gehörenden Vermögensge-genstände zu verschaffen. Damit kann in diese Vermögensgegenstände erfolgreich vollstreckt werden.

Bei Vorliegen der Voraussetzungen der Zwangsvollstreckung gemäß § 802c ZPO besteht von vornherein die Pflicht des Schuldners zur Erteilung der Vermögensauskunft, wenn der Gläubiger einen entsprechenden Auftrag nach § 802a ZPO erteilt hat. Wird die Forderung nicht in einer vom Gerichtsvollzieher gesetzten Zahlungsfrist von zwei Wochen vollständig beglichen, wird ein Termin zur Abnahme der Vermögensauskunft bestimmt.

In der Vermögensauskunft hat der Schuldner alle ihm gehörenden Vermögensgegenstände anzugeben sowie weitere in § 802c Abs. 2 ZPO genannte Angaben zu machen. Aus den Angaben des Schuldners erstellt der Gerichtsvollzieher nach 802f Abs. 5 Satz 1 ZPO das Vermögensverzeichnis. Sodann hat der Schuldner zu Protokoll an Eides statt zu versichern, dass er die Angaben nach bestem Wissen und Gewissen richtig und vollständig gemacht habe. Anschließend hinterlegt der Gerichtsvollzieher das Vermögensverzeichnis bei dem zentralen Vollstreckungsgericht und leitet dem Gläubiger eine Kopie zu.

Bleibt der Schuldner dem Termin zur Abgabe der Vermögensauskunft unentschuldigt fern oder verweigert er die Abgabe der Auskunft ohne Grund, erlässt das Amtsgericht auf Antrag des Gläubigers einen Haftbefehl (§ 802g ZPO). Die Haft dient nur zur Erzwingung der Abgabe der Vermögensauskunft. Nach deren Abgabe wird der Schuldner aus der Haft entlassen. Die Haft darf die Dauer von sechs Monaten nicht übersteigen (§ 802j Abs. 1 ZPO).

Betreiben weitere Gläubiger gegen denselben Schuldner die Zwangsvollstreckung, bedarf es innerhalb der nächsten zwei Jahre, soweit nicht Änderungen in den Vermögensverhältnissen glaubhaft gemacht werden, keiner nochmaligen Vermögensauskunft. Stattdessen leitet der Gerichtsvollzieher dem Gläubiger eine Kopie des letzten abgegebenen Vermögensverzeichnisses zu.

Zur Einsicht befugt sind auch Vollstreckungsgerichte, Insolvenzgerichte und Registergerichte sowie Strafverfolgungsbehörden, soweit dies zur Erfüllung der ihnen obliegenden Aufgaben erforderlich ist (§ 802k Abs. 2 ZPO). Das Finanzamt kann statt der eidesstattlichen Versicherung die weniger einschneidende Abgabe eines Vermögensverzeichnisses verlangen (§ 249 AO); das hat den Vorteil, dass keine Meldung an die SCHUFA erfolgt.

Nach Ablauf von zwei Jahren seit der Auskunft wird das Vermögensverzeichnis vom zentraler Vollstreckungsgericht gelöscht (§ 802k Abs. 1 Satz 3 ZPO).

Die SCHUFA nimmt die Abgabe der Vermögensauskunft in ihr Verzeichnis auf. Dies führt zu einer weitergehenden Kreditunwürdigkeit des Schuldners.

5. Verbraucherinsolvenz

Bei der Verbraucherinsolvenz handelt es sich um ein vereinfachtes Insolvenzverfahren, das i der Insolvenzordnung (InsO) geregelt ist. Ziel der Privatinsolvenz ist es, hoch verschuldeter Privatpersonen nach einer gewissen Zeit einen Neuanfang zu ermöglichen, indem der Schuld ner nach Ablauf der sogenannten Wohlverhaltensperiode und Abschluss des Insolvenzverfah rens von der Pflicht zur Tilgung der restlichen Schulden befreit wird (Restschuldbefreiung), frü hestens jedoch nach sechs Jahren nach Eröffnung des Insolvenzverfahrens.

Voraussetzungen der Verbraucherinsolvenz

Das Verfahren der Verbraucherinsolvenz steht Verbrauchern und ehemaligen Selbstständi gen und Kleingewerbetreibenden offen, sofern diese weniger als 20 Gläubiger und keine Ver bindlichkeiten aus Beschäftigungsverhältnissen mit Arbeitnehmern haben.

Ablauf der Verbraucherinsolvenz

Der Ablauf der Verbraucherinsolvenz lässt sich im Wesentlichen in vier Schritte gliedern:

1. Versuch der außergerichtlichen Einigung

Im ersten Schritt muss der Schuldner mithilfe eines sogenannten Schuldenbereinigungsplan versuchen, sich außergerichtlich mit den Gläubigern über eine Rückzahlung der Schulden z einigen. Hierzu muss sich der Schuldner an einen spezialisierten Rechtsanwalt oder eine öffentlich anerkannte Schuldnerberatungsstelle wenden, denn nur diese sind berechtigt, ihm die für den weiteren Verlauf des Insolvenzverfahrens nötige Bescheinigung über das Scheitern des Versuchs einer außergerichtlichen Einigung auszustellen. Verfügt der Schuldner nicht über ausreichende finanzielle Mittel zu Zahlung einer anwaltlichen Beratung, ist zu prüfen, ob gegebenenfalls Anspruch auf Beratungshilfe besteht.

Im Schuldenbereinigungsplan werden alle Einnahmen und Ausgaben des Schuldners aufgelistet. Es wird festgehalten, wie und in welcher Höhe der Schuldner die offenen Verbindlichkeiten abbauen kann und will. Wird dieser Plan von mindestens einem der Gläubiger abgelehnt oder betreibt ein Gläubiger nach Zustellung des Plans weiter die Zwangsvollstreckung, gilt der Schuldenbereinigungsplan als gescheitert.

Nun kann der Rechtsanwalt oder die Schuldnerberatungsstelle das Scheitern des Schuldenbereinigungsplans bescheinigen. Sobald diese Bescheinigung vorliegt, kann die Eröffnung des Insolvenzverfahrens beim zuständigen Insolvenzgericht beantragt werden (Insolvenzeröffnungsantrag). Gelingt hingegen eine außergerichtliche Einigung zwischen Schuldner und Gläubiger, ist das Verfahren an dieser Stelle beendet. Die Abwicklung der Verbindlichkeiten folgt dann dem Schuldenbereinigungsplan.

2. Gerichtliches Schuldenbereinigungsverfahren

Vor der Eröffnung des Insolvenzverfahrens prüft das Gericht die Erfolgsaussichten eines gerichtlichen Schuldenbereinigungsplans. Bei positiver Überprüfung werden der gerichtliche Schuldenbereinigungsplan und das Vermögensverzeichnis den Gläubigern zugestellt. Diese können nun innerhalb von vier Wochen dazu Stellung nehmen und den Plan gegebenenfalls ablehnen.

Wird der Plan nicht von mindestens der Hälfte der Gläubiger abgelehnt, kann das Gericht deren Zustimmung auf Antrag des Schuldners ersetzen. Die Hälfte der Gläubiger bestimmt sich hier nicht nach deren Anzahl, sondern nach der Höhe und Anzahl der Forderungen.

3. Vereinfachtes Insolvenzverfahren (Verbraucherinsolvenz)

Wurde auch der gerichtliche Schuldenbereinigungsplan nicht angenommen, wird nun das Verfahren der Verbraucherinsolvenz (vereinfachtes Insolvenzverfahren) eröffnet und durch Bekanntmachung verkündet.

Das pfändbare Vermögen des Schuldners wird nach Abzug der Verfahrenskosten verwertet, also an die Gläubiger ausgegeben. Hierzu wird ein Treuhänder eingesetzt. Dieser erstellt eine Aufstellung aus Gläubigern, Forderungshöhen und Forderungsgründen (Insolvenztabelle) und verwaltet das Vermögen des Schuldners.

4. Verfahren der Restschuldbefreiung und Wohlverhaltensperiode

Eine Verbraucherinsolvenz wird in der Regel durchgeführt, um im Anschluss daran eine Restschuldbefreiung zu beantragen und zu erlangen. Das Restschuldbefreiungsverfahren besteht aus einer sechsjährigen sogenannten Wohlverhaltensphase, die mit Eröffnung des Insolvenzverfahrens beginnt. Während dieser Zeit muss der Schuldner den pfändbaren Teil seines Einkommens sowie die Hälfte ihm zufallender Erbteile an den Treuhänder abtreten. Dieser schüttet Geld dann gemäß der in der Insolvenztabelle festgelegten Quote an die Gläubiger aus.

Nach Ablauf der Wohlverhaltensphase kann der Schuldner die Restschuldbefreiung beantragen. Im Schlusstermin können die Gläubiger, gestützt auf einen der Gründe in § 290 InsO, die Versagung der Restschuldbefreiung beantragen.

Gründe zu Versagung der Restschuldbefreiung sind unter anderem:

- rechtskräftige Verurteilung des Schuldners aufgrund einer Insolvenzstraftat
- falsche Angaben über wirtschaftliche Verhältnisse, um Leistungen und Kredite zu erhalten oder Zahlungen auszusetzen
- Verschwendung von Vermögen und somit unnötig gemachte Schulden
- Verletzung von Auskunfts- und Mitwirkungspflichten
- Erhalt oder Versagung einer Restschuldbefreiung innerhalb der letzten zehn Jahre

Erfolgt kein solcher Antrag, bzw. sind solche Anträge unbegründet, kündigt das Gericht die Restschuldbefreiung an. Das Gericht versagt die Restschuldbefreiung, wenn einer der in § 290 InsO genannten Gründe vorliegt. Wird kein (begründeter) Antrag auf Versagung der Restschuldbefreiung gestellt, wird die Restschuldbefreiung angekündigt. Nach dem Schluss-termin und der Verteilung der Masse wird das Verfahren aufgehoben.

D   Geld- und Vermögensanlage

1. Anleihen

1.1 Ausstattung von Anleihen

Laufzeit	Es ist der Zeitraum zwischen den in den Anleihebedingungen genannten Verzinsungsbeginn und der Fälligkeit der Anleihe. Kurzfristige Laufzeit: bis zu 4 Jahre Mittelfristige Laufzeit: 4 bis 8 Jahre Langfristige Laufzeit: mehr als 8 Jahre Ewige Anleihen: keine festgelegte Laufzeit
Verzinsung	**Festzinsanleihen:** fester Nominalzins über die gesamte Laufzeit **Variabel verzinsliche Anleihen:** Sie gewähren einen variablen Zinsertrag, der für jede Zinsperiode gültige Zinssatz wird auf der Grundlage eines Referenzzinssatzes, z. B. EURIBOR jeweils neu festgesetzt. **Zerobonds:** Keine Zinszahlung während der Laufzeit. Der Zinsertrag ergibt sich aus der Differenz zwischen Rückzahlungskurs und Emissionskurs, einmalige Zinszahlung bei Fälligkeit der Schuldverschreibung.
Zinszahlung	Zinszahlung kann jährlich oder halbjährlich erfolgen.
Rückzahlungs-modalitäten	**Tilgungsanleihen:** Der Anleihebetrag wird über die Laufzeit der Anleihe verteilt in Teilbeträgen zurückgezahlt. Die Tilgung erfolgt durch Auslosung von Serien bzw. Endziffern oder Rückkauf an der Börse. **Gesamtfällige Anleihen:** Der gesamte Anleihebetrag wird am Ende der Laufzeit in einer Summe zurückgezahlt. **Ewige Anleihen:** Diese Anleihen müssen nicht zurückgezahlt werden. Emittent kann die Anleihe nach Ablauf einer Festzinsperiode durch Kündigung zur Rückzahlung fällig stellen. **Rückzahlung durch Kündigung der Anleihegläubiger (Anleger):** Eine Kündigung durch den Anleihegläubiger wird in den Anleihebedingungen i. d. R. ausgeschlossen. Die Anleihegläubiger können die Anleihen allerdings über die Börse verkaufen. **Kündigung durch den Emittenten:** Das Kündigungsrecht kann in den Anleihebedingungen vereinbart werden. Eine Kündigung kann dann zweckmäßig sein, wenn der Nominalzins der Anleihe höher ist als der aktuelle Marktzins.
Sicherheit	Sie hängt von der Bonität des Emittenten ab. Mündelsichere und deckungsstockfähige Wertpapiere sprechen für eine gute Bonität des Emittenten.

© Springer Fachmedien Wiesbaden GmbH, ein Teil von Springer Nature 2023
J. Grundmann, R. Rathner, *Bankwirtschaft*, Prüfungstraining für Bankkaufleute,
https://doi.org/10.1007/978-3-658-39340-3_7

1.2 Bundeswertpapiere – Übersicht

Merkmale	Bundesanleihen	Bundesobligationen
Emissionsrhythmus	Einmalemission	Daueremission
Emissionsverfahren	Tenderverfahren (nur Mitglieder der Bietergruppe Bundesemissionen)	
Börsenhandel	Handel an allen deutschen Wertpapierbörsen	
Mindestauftragsgröße	Mindestauftragswert der Kreditinstitute	
Anlagehöchstbetrag	unbeschränkt	
Zinszahlung	jährlich nachträglich	
Zinsmethode	taggenau (actual/actual)	
Laufzeit	• Neuemissionen: überwiegend 10 Jahre • börsennotierte Titel: ca. 1 Monat bis unter 30 Jahre	• Neuemissionen: 5 Jahre • börsennotierte Titel: ca. 1 Monat bis unter 5 Jahre
Rückzahlung	zum Nennwert	
Erwerber	jedermann	
Verkauf bzw. vorzeitige Rückgabe	nach Börseneinführung täglicher Verkauf zum Börsenkurs; bei außerbörslichem Verkauf über die Deutsche Finanzagentur unter Abzug einer Gebühr von 0,4 % vom Kurswert	
Verkaufsstellen	Kreditinstitute	
Verwahrung/ Verwaltung	Kreditinstitute	
Kosten Erwerb ex Emission: Einlösung bei Fälligkeit: Verwaltung:	übliche Provision gebührenfrei bei der Deutschen Finanzagentur • Depotgebühren bei Kreditinstituten • gebührenfrei bei der Deutschen Finanzagentur	

1.3 Pfandbriefe

Wesen	Pfandbriefe sind von Pfandbriefbanken ausgegebene, gedeckte Schuldverschreibungen.
Arten	• Hypothekenpfandbriefe • Öffentliche Pfandbriefe • Schiffspfandbriefe
Voraussetzungen für die Erlaubnis zur Emission von Pfandbriefen	• Mindestkernkapital des Kreditinstituts beträgt 25 Millionen EUR. • Verfügung über geeignete Risikomanagementsysteme für die Deckungsmassen und das Emissionsgeschäft • regelmäßige und nachhaltige Betreibung des Pfandbriefgeschäfts • Bestehen eines organisatorischen Rahmens
Rechte des Anlegers	• Zinsertrag • Rückzahlung • Insolvenzvorrecht
Sicherheitsmerkmale	• Deckungsregister: Die zur Deckung der Pfandbriefe verwendeten Deckungswerte sind in das jeweilige Deckungsregister einzeln einzutragen. • Deckungsprinzip: Der Gesamtbetrag der umlaufenden Pfandbriefe einer Gattung muss in Höhe des Nennwerts jederzeit durch Werte von mindestens gleicher Höhe und mindestens gleichem Zinsertrag gedeckt sein. • Treuhänder: Die Bundesanstalt für Finanzdienstleistungsaufsicht (BaFin), bestellt einen Treuhänder, der darauf zu achten hat, dass jederzeit die vorschriftsmäßige Deckung vorhanden und im Deckungsregister eingetragen ist. Der Treuhänder verwahrt die in den Deckungsregistern eingetragenen Werte und Urkunden unter dem Mitverschluss der Pfandbriefbank. • Risikomanagement: Die Pfandbriefbank muss über ein geeignetes Risikomanagementsystem verfügen. • Transparenzvorschriften: Die Pfandbriefbank muss in Quartalsberichten alle wesentlichen Daten (z. B. Umlauf der Pfandbriefe, Deckungsmasse) veröffentlichen. • Insolvenzvorrecht: Im Falle der Insolvenz der Pfandbriefbank fallen die in den Deckungsregistern eingetragenen Werte nicht in die Insolvenzmasse. Die Pfandbriefgläubiger sind aus den im Deckungsregister eingetragenen Werten voll zu befriedigen.

1.4 Risiken bei festverzinslichen Wertpapieren

Bonitätsrisiko	Zinsänderungs- und Währungsrisiko	Kündigungs- und Auslosungsrisiko
• Gefahr der Zahlungsunfähigkeit des Anleiheschuldners • Das Bonitätsrisiko ist abhängig von der Laufzeit der Anleihe und der Anleihewährung. • Das Bonitätsrisiko schlägt sich im Kurs und in der Rendite der Anleihe nieder. Erstklassige Schuldner begeben ihre Anleihen mit niedrigerem Nominalzins. Emittenten mit niedriger Bonitätseinschätzung begeben ihre Anleihen mit höheren Renditen, die aber auch höhere Risiken bergen.	• Das Zinsänderungsrisiko ergibt sich aus der ungewissen zukünftigen Zinsentwicklung. Steigt der Marktzins, wirkt sich das Zinsänderungsrisiko durch Kursverluste aus. Die Zinsreagibilität ist umso höher, je niedriger der Zinssatz und je länger die Restlaufzeit ist. • Fremdwährungsanleihen haben ein zusätzliches Währungsrisiko.	• Das Kündigungsrisiko besteht in der Gefahr, dass der Anleihegläubiger bei sinkenden Marktzinsen mit einer Kündigung der Emission durch den Anleiheschuldner rechnen muss. Durch die Kündigung kann der Anleiheschuldner seine Zinslast senken. Voraussetzung ist eine Kündigungsklausel in den Anleihebedingungen. • Das Auslosungsrisiko ist die Gefahr bei Auslosungsanleihen, dass eine frühzeitige Auslosung bei vorgegebener Renditeerwartung zu einem Renditeverlust führen kann.

1.5 Nominalverzinsung und Rendite bei festverzinslichen Wertpapieren

Nominalverzinsung	Rendite
Die Nominalverzinsung stellt den verbrieften jährlichen Zinsanspruch, bezogen auf den Nennwert, dar.	Die Rendite drückt den durchschnittlichen jährlichen Kapitalertrag einer Kapitalanlage, unter Berücksichtigung der Rückzahlungsgewinne bzw. Rückzahlungsverluste, im Verhältnis zum tatsächlich eingesetzten Kapital aus.
Beispiel für eine Nominalverzinsung der Unternehmensanleihe der Stahlwerke Witten AG • Nominalverzinsung: 7 % p. a. • Fällig: 03.11.2023 • Zinstermin: 03.11. gzj. • Aktueller Kurs: 108,9 % • Jährliche Zinszahlung bei einem Anlagebetrag von 5.000,00 EUR, Nennwert: 350,00 EUR	**Beispiel für eine Renditeberechnung bei der Unternehmensanleihe der Stahlwerke Witten AG** • Nominalverzinsung: 7 % p. a. • Fällig: 03.11.2023 • Zinstermin: 03.11. gzj. • Aktueller Erwerbskurs: 108,9 % • Restlaufzeit: 3 Jahre • Rückzahlungswert: 100 % Nennwert Berechnung der Rendite: Formel: $$\frac{\left[\text{Nominalzinssatz} + \dfrac{(100 - \text{Erwerbskurs})}{\text{Laufzeit}}\right] \times 100}{\text{Erwerbskurs}}$$ $(7 + ((100 - 108,9) : 3) : 108,9 \times 100 = (7 - 2,97) : 108,9 \times 100 = 4,03 : 108,9 \times 100 = \mathbf{3,7\ \%}$

1.6 Stückzinsberechnung

Stückzinsberechnung

Beim Erwerb einer Anleihe zahlt der Käufer neben dem Kurswert auch die aufgelaufenen Stückzinsen an den Veräußerer. Bei einem Erwerb muss der Käufer dem Verkäufer die anteiligen Stückzinsen vom Beginn des Zinslaufs bis zum Kauf erstatten.

Geldvaluta: Börsengeschäfte werden zwei Börsentage nach dem Abschluss des Kaufvertrages abgerechnet.

Stückzinsvaluta: Der Stückzinsvalutatag ist der Kalendertag vor dem Geldvalutatag.

Beispiel 1: Ermittlung der Geld- und Zinsvaluta

Handelstag: Mittwoch, 14.10.2020
+ 2 Börsentage = Freitag, 16.10.2020 (= Geldvaluta)
- 1 Kalendertag = Donnerstag, 15.10.2020 (= Zinsvaluta)

Beispiel 2: Ermittlung der Geld- und Zinsvaluta

Handelstag: Donnerstag, 15.10.2020
+ 2 Börsentage = Montag, 19.10.2020 (= Geldvaluta)
- 1 Kalendertag = Sonntag, 18.10.2020 (= Zinsvaluta)

Beispiel 3: Stückzinsberechnung beim Verkauf einer Anleihe

Handelstag: Freitag, 16.10.2020
Nominal 10.000,00 EUR
Zinssatz: 4,25 %
Zinstermine: 10.10. gzj.
Laufzeit: bis 2023

Geldvaluta	20.10.2020
Zinsvaluta	19.10.2020
Zinsen für 10 Tage vom 10.10.2020 einschließlich bis 19.10.2020 einschließlich 10.000,00 x 10 x 4,25 : (365 x 100) =	**11,64 EUR**

1.7 Effektivzinsberechnung

Rendite

Die Effektivverzinsung (Rendite) ist der Anlageertrag bezogen auf eine Anlagedauer von einem Jahr und einem Kapitaleinsatz von 100,00 EUR.

Formel:
$$P_{eff} = \frac{\left[P_{nom} + \left(\frac{R_k - E_k}{J} \right) \right]}{E_k} * 100$$

P_{eff} = Effektivverzinsung
P_{nom} = Nominalverzinsung
J = Anlagedauer in Jahren
E_k = Erwerbskurs
R_k = Rückzahlungskurs

Beispiel einer Renditeberechnung für eine Industrieanleihe

Nennwert: 10.000,00 EUR
Restlaufzeit: 10 Jahre

Nominalverzinsung: 5,5 %
Erwerb bei einem Kapitalmarktzinsniveau von 6 %
Erwerbskurs: 104,56 %
Jahreskupon, Zinsen sind jährlich zahlbar
$P_{eff} = (5,5 + (100 - 104,56) : 10) : 104,56 \times 100 = \mathbf{4,824\ \%}$

1.8 Floating Rate Notes

Wesen	Floating Rate Notes (Floater) sind eine Anleihe, bei der der Zinssatz viertel- oder halbjährlich im Voraus unter Bezug auf einen Referenzzinssatz des Geldmarktes (z. B. EURIBOR) zuzüglich eines Aufschlags oder abzüglich eines Abschlags festgelegt wird. Die Höhe des Auf- oder Abschlags richtet sich nach der Bonität des Emittenten, der Laufzeit der Anleihe sowie der Marktlage. Sie wird bei Emission für die gesamte Laufzeit festgelegt. Floater werden am Euro-Kapitalmarkt und mit Bindung an den EURIBOR am deutschen Kapitalmarkt emittiert. Da der Zinssatz variabel ist, wird eine Verbindung zwischen Geld- und Kapitalmarkt hergestellt.
Laufzeit	i. d. R. 5 bis 10 Jahre
Kündigungs-möglichkeit	Ein Kündigungsrecht des Schuldners während der Laufzeit ist üblich, z. B. Kündigung zu Zinszahlungsterminen oder zu jedem Termin.
Unterschiede zu den festverzinslichen Wertpapieren	• variabler Zinssatz • Geldmarktausrichtung des Zinssatzes • größere Häufigkeit der Zinszahlung
Emittenten	Kreditinstitute, Unternehmen, Regierungen und supranationale Organisationen
Zinssatz	Der Zinssatz ist variabel und liegt meist unter dem Kapitalmarktzinssatz.
Vorteile	• Der Schuldner profitiert von einem evtl. fallenden Zinsniveau. Der Schuldner trägt das aber Zinsänderungsrisiko. • Werden Floater von Kreditinstituten emittiert, so können diese hiermit langfristig zugesagte, zinsvariable Darlehen refinanzieren und damit eine entsprechende Konditionengestaltung vornehmen. • Ein Anleger kann aufgrund der unterjährigen Zinszahlungen bei einer Wiederanlage der Zinserträge einen Zinseszinseffekt erzielen.
Anleger	überwiegend Banken
Liquidität	Erstklassige Floater sind sehr liquide, soweit ein funktionsfähiger Sekundärmarkt existiert.
Risiken	• Das Kursrisiko ist begrenzt. Es kommt bei einwandfreier Bonität des Schuldners nur zu geringen Abweichungen vom Nennwert, da die Zinssätze in relativ kurzen Zeitabständen den aktuellen Geldmarktkonditionen angepasst werden. • Ist der Schuldner nicht in der Lage, steigende Zinsen zu zahlen, so erhöht sich das Bonitätsrisiko für den Anleger.

Beispiel für einen Floater

Ein Kunde erteilt der Nordbank AG am 27. November (Mittwoch) die Order zum Kauf von nominal 20.000,00 EUR der folgenden Anleihe:

Nordhypothekenbank AG variabel verzinster öffentlicher Pfandbrief Serie 03/20..

Zinstermine: vierteljährlich 10. März/Juni/September/Dezember (act/360)

Zinssatz: 3-Monats-Euribor am 5. des Monats der Zinszahlung + 0,5 Prozentpunkte

Fälligkeit: Dezember 20..

Aktueller Börsenpreis: 98,2 %

Am 5. September des Jahres betrug der 3-Monats-Euribor 0,9 %.

Ermittlung des ausmachenden Betrags, den der Kunde zu zahlen hat:

Kurswert 98,2 % von 20.000,00 EUR	19.640,00 EUR
+ Stückzinsen für 80 Tage (20.000 x 80 x 1,4) : (360 x 100)	62,22 EUR
= ausmachender Betrag	**19.702,22 EUR**

Ermittlung der Zinszahlung am 10. Dezember des Jahres:

Zinsen für 91 Tage bei einem Anlagebetrag von 20.000,00 EUR (20.000 x 91 x 1,4) : (360 x 100)	**70,78 EUR**

2. Aktien

2.1 Aktionärsrechte, Aktienarten, Aktienregister und Aktienrückkauf

Aktionärsrechte	• Teilnahme an der Hauptversammlung • Stimmrecht in der Hauptversammlung • Recht auf Gewinnbeteiligung • Anspruch auf Auskunft durch den Vorstand • Angabe der Bezüge des Vorstands • Bezugsrecht zum Bezug z. B. junger Aktien bei einer Kapitalerhöhung • Anspruch auf Teilnahme am Liquidationserlös
Stammaktie	Aktie, die dem Inhaber die normalen Aktionärsrechte laut Aktiengesetz gewährt
Namensaktie	Auf den Namen des Inhabers ausgestellte Aktien. Name, Wohnort und Beruf des Inhabers müssen im Aktienregister der Gesellschaft eingetragen werden. Namensaktien sind kraft Gesetzes Orderpapiere und können daher nur durch Indossament übertragen werden. Namensaktien bieten Gesellschaften die Möglichkeit, ihren Aktionärskreis besser zu kennen und einfacher mit den Aktionären direkt in Kontakt zu treten.
Vinkulierte Namensaktie	Sonderform der Namensaktie. Eine vinkulierte Namensaktie kann nur mit Zustimmung der AG an einen neuen Eigentümer übertragen werden. Die Vinkulierung von Namensaktien ist möglich, wenn die Satzung der Gesellschaft dieses vorsieht, so z. B. bei Versicherungsgesellschaften, deren Grundkapital nicht voll eingezahlt ist, oder bei Gesellschaften, die sich vor Überfremdung schützen wollen.
Vorzugsaktie	Aktiengattung, der im Gegensatz zur Stammaktie das Stimmrecht fehlt. Als Ausgleich dafür sind i. d. R. Vorrechte bei der Gewinnverteilung und Abwicklung einer AG verbrieft. Eine AG kann neben Stammaktien auch Vorzugsaktien emittieren, allerdings darf deren Anteil am Grundkapital nicht höher sein als der Anteil der Stammaktien. Zu den Sonderrechten von Vorzugsaktionären gehört meist eine höhere Dividende.
Berichtigungs-aktie (Gratisaktie)	Aktie, die durch die Umwandlung von offenen Rücklagen in Grundkapital entsteht und an die Aktionäre ohne Gegenleistung ausgegeben wird (§§ 207 bis 220 AktG). Die Bezeichnung „Gratisaktien" ist irreführend, weil der Aktionär bereits vor dem reinen Passivtausch an den Rücklagen durch seinen Aktienbesitz beteiligt war. Für den Aktionär ändert sich daher der Wert seiner Beteiligung nicht, obwohl die Aktie um den Berichtigungsabschlag leichter wird.
Bonusaktie	Diese Aktien werden z. B. aufgrund eines Jubiläumsjahrs oder wegen einer Vorabzeichnung im Rahmen einer Neuemission an die Aktionäre kostenlos ausgegeben; dieser Vorgang ist allerdings einkommensteuerpflichtig.
Aktiensplit	Bei dieser Maßnahme setzt die AG den Nennwert der Aktien herab oder erhöht die Anzahl der ausgegebenen Aktien, um den Kurs einer börsennotierten Aktie zu reduzieren und die Aktie damit leichter handelbar zu machen.

Aktienanleihe	Die Aktienanleihe wird auch Reverse Convertible Bond genannt. Sie ist eine Anleihe mit i. d. R. relativ kurzer Laufzeit. Der Schuldner hat bei diesem Wertpapier das Recht, die Anleihe am Ende der Laufzeit wahlweise zu 100 % oder durch Lieferung einer vorher festgelegten Zahl einer bestimmten Aktie zurückzahlen zu können. Da der Anleger bei einer Aktienanleihe dabei das Risiko übernimmt, dass die Aktien zum Rückzahlungszeitpunkt der Anleihe insgesamt einen Wert ergeben, der unter dem Anleihewert liegt, wird eine Aktienanleihe höher verzinst als eine „normale" Anleihe.
Aktienregister	Das Aktienregister ist ein Register, das von Aktiengesellschaften geführt wird, die Namensaktien oder Zwischenscheine emittieren. Während Inhaberaktien formlos durch bloße Einigung und Übergabe übertragen werden können (§§ 929 ff. BGB), gehören **Namensaktien** und **Zwischenscheine** zu den geborenen Orderpapieren, die zwecks Übertragung noch eines Indossaments bedürfen. Die Sonderform der **vinkulierten Namensaktien** macht deren Übertragung von der Zustimmung der Aktiengesellschaft abhängig, wodurch zur Übertragung eine Zession erforderlich wird. Namensaktien und Zwischenscheine erfordern die Führung eines Aktienregisters durch die Aktiengesellschaft, sodass neben Indossament/Zession auch das Aktienregister die Verkehrsfähigkeit dieser Aktienarten behindert. In § 67 Abs. 1 AktG wird bestimmt, dass die Inhaber von Namensaktien zur Eintragung ins Aktienregister Namen, Geburtsdatum, Beruf und Adresse sowie die Stückzahl oder die Aktiennummer (bei Nennbetragsaktien den Betrag) mitzuteilen haben. Die Eintragung ins Aktienregister ist für den konstitutiven Rechtserwerb der Aktionärsrechte jedoch nicht notwendig, sondern dient lediglich der Legitimation gegenüber der Gesellschaft. Das Aktienregister dient der Gesellschaft zur sicheren Identifikation des Aktionärs und dazu, den Mitteilungspflichten gegenüber den Aktionären nachkommen zu können. Das Aktienregister gibt die aktuelle Aktionärsstruktur und deren Veränderungen wieder. Aktienregisterführer kann sowohl die Gesellschaft sein oder eine von ihr hiermit beauftragte Registrargesellschaft. Diese führt dann das Aktienregister. Der Inhalt eines Aktienregisters ist in § 67 Abs. 1 AktG abschließend aufgezählt. Nach internationalem Recht sind ausländische Aktionäre überwiegend in Nomineebeständen als Fremdbesitz ins Aktienregister eingetragen. Während inländische Namensaktionäre direkt durch die Depotbanken über das zentrale System der Clearstream Banking an die Aktienregister gemeldet werden, werden ausländische Aktionäre häufig über eine Bank als Inhaberin eines sog. Omnibuskontos registriert. Damit wird in diesem Fall nur die Bank als Aktionärin im Aktienregister eingetragen.
Aktienrückkauf	Einer Aktiengesellschaft kann eigene Aktien erwerben. Ein Aktienrückkauf kann sinnvoll sein, wenn er aus Gründen der Kurspflege notwendig erscheint, der Erschwerung einer Unternehmensübernahme dient oder wenn die eigenen Aktien als Zahlungsmittel bei der Übernahme eines anderen Unternehmens verwendet werden sollen. Auf der anderen Seite kann sich das Unternehmen durch den Erwerb eigene Anteile teilweise der Kontrolle durch die Aktionäre entziehen. Für den Aktienrückkauf gilt gemäß Aktiengesetz eine Obergrenze von 10 % des Grundkapitals.

2.2 Beispiel einer Tagesordnung der ordentlichen Hauptversammlung der Siemens AG Aktiengesellschaft am 5. Februar 2020

1. Vorlage des festgestellten Jahresabschlusses und des gebilligten Konzernabschlusses ...
2. Beschlussfassung über die Verwendung des Bilanzgewinns der Siemens AG
3. Beschlussfassung über die Entlastung der Mitglieder des Vorstandes
4. Beschlussfassung über die Entlastung der Mitglieder des Aufsichtsrats
5. Beschlussfassung über die Bestellung des Abschlussprüfers und Konzernabschlussprüfers
6. Beschlussfassung über die Billigung des Vergütungssystems für die Vorstandsmitglieder
7. Beschlussfassung über die Ermächtigung zum Erwerb und zur Verwendung eigener Aktien gemäß § 71 Abs. 1 Aktiengesetz sowie zum Ausschluss des Bezugs- und des Andienungsrechts
8. Beschlussfassung über die Ermächtigung zum Einsatz von Derivaten im Rahmen des Erwerbs eigener Aktien nach § 71 Abs. 1 Aktiengesetz sowie zum Ausschluss des Bezugs- und des Andienungsrechts
9. Beschlussfassung über die Erteilung einer neuen Ermächtigung des Vorstands zur Begebung von Wandel- /Optionsschuldverschreibungen, zum Ausschluss des Bezugsrechts sowie über die Schaffung eines bedingten Kapitals 2020, die Aufhebung des Bedingten Kapitals 2015 und des Bedingten Kapitals 2010 und entsprechende Satzungsänderungen
10. Beschlussfassung über die Zustimmung zu einem Beherrschungs- und Gewinnabführungsvertrag zwischen der Siemens AG und einer Tochtergesellschaft

Auskunftsrecht gemäß § 131 Abs. 1, § 293 Abs. 3 Aktiengesetz: In der Hauptversammlung kann jeder Aktionär oder Aktionärsvertreter vom Vorstand Auskunft verlangen über Angelegenheiten der Gesellschaft, die rechtlichen und geschäftlichen Beziehungen der Gesellschaft zu verbundenen Unternehmen sowie über die Lage des Konzerns und der in den Konzernabschluss einbezogenen Unternehmen, sowie die Auskunft zur sachgemäßen Beurteilung eines Gegenstands der Tagesordnung erforderlich ist. ...

2.3 Allgemeines zu virtuellen Hauptversammlungen

Der Gesetzgeber hat 2020 eine neue Regelung für die Teilnahme an Hauptversammlungen von Aktiengesellschaften erlassen. Das Aktiengesetz wurde von der Bundesregierung geändert. Es sind jetzt also virtuelle, beschlussfähige Hauptversammlungen möglich, auf denen Beschlüsse gefasst werden können. Die Präsenzpflicht bei Hauptversammlungen wurde aufgeweicht. Die Aktiengesellschaften brauchen dafür nicht ihre Satzung ändern. Die Einberufungsfrist wird von 30 auf 21 Tage verkürzt. Der Vorstand ist ermächtigt worden, auch ohne Satzungsregelung Abschlagszahlungen auf den Bilanzgewinn vorzunehmen. Zudem wurde die Möglichkeit eröffnet, eine Hauptversammlung innerhalb des Geschäftsjahres durchzuführen. Mit dieser Änderung des Aktienrechts will die Bundesregierung dem Unternehmen ermöglichen, trotz des „Lockdowns" in jeder Situation handlungsfähig zu bleiben. Zuletzt hatten mehrere deutsche große Konzerne wie Daimler oder die Deutsche Telekom ihr Aktionärstreffen auf einen späteren Zeitpunkt verschoben. Nach dem bisher geltenden Aktienrecht mussten sie aber bis spätestens acht Monate nach Ende des Geschäftsjahrs, also bis August, eine Hauptversammlung durchführen. Nur dann konnten auch die Dividenden ausgezahlt werden.

2.4 Beispiel einer Einladung zu einer virtuellen Hauptversammlung der Krones AG vom 18.05.2020

Angaben zur Einberufung der virtuellen Hauptversammlung (HV)

1. Gesamtzahl der Aktien und Stimmrechte

   Das Grundkapital der Gesellschaft beträgt zum Zeitpunkt der Einberufung der HV EUR 40.000.000,00. Es ist eingeteilt in 31.593.072 Stückaktien. Jede Stückaktie gewährt in der HV eine Stimme. Die Gesellschaft hält keine eigenen Aktien.

2. Durchführung der HV als virtuelle HV ohne physische Präsenz der Aktionäre und ihrer Bevollmächtigten; Online-Service

   Die ordentliche HV wird mit Zustimmung des Aufsichtsrats der Gesellschaft als virtuelle HV ohne physische Präsenz der Aktionäre und ihrer Bevollmächtigten (mit Ausnahme der von der Gesellschaft benannten Stimmrechtsvertreter) gemäß § 1 Abs. 1 und Abs. 2 des Gesetzes über Maßnahmen im Gesellschafts-, Genossenschafts-, Vereins-, Stiftungs- und Wohnungseigentumsrecht zur Bekämpfung der Auswirkungen der COVID-19-Pandemie (Art. 2 des Gesetzes zur Abmilderung der Folgen der COVID-19-Pandemie im Zivil-, Insolvenz- und Strafverfahrensrecht ...) abgehalten. Die gesamte, in den Geschäftsräumen der Gesellschaft stattfindende, HV wird zu diesem Zweck ... über den Online-Service der Gesellschaft unter der Internetadresse www.krones.com/de über den Link „Unternehmen/Investor Relation/Hauptversammlung/2020" live in Bild und Ton übertragen. Es können nur diejenigen Aktionäre, die sich ... ordnungsgemäß angemeldet haben, die Bild- und Tonübertragung der gesamten HV über den Online-Service der Gesellschaft verfolgen. Darüber hinaus können Aktionäre persönlich ... ihr Stimmrecht per Briefwahl oder durch die Bevollmächtigung eines von der Gesellschaft benannten Stimmrechtsvertreters ausüben sowie über den Online-Service der Gesellschaft Fragen stellen und einen Widerspruch gegen Beschlüsse der HV erklären.

   Eine darüber hinausgehende Ausübung von Aktionärsrechten ist in der virtuellen HV nicht möglich. Insbesondere ist eine Teilnahme der Aktionäre ..., mit Ausnahme der von der Gesellschaft benannten weisungsgebundenen Stimmrechtsvertreter, vor Ort ausgeschlossen. Die Übertragung der HV in Bild und Ton sowie die Einräumung des Stimmrechts sowie der Fragemöglichkeit und der Möglichkeit zum Widerspruch berechtigen die Aktionäre und Aktionärsvertreter auch nicht zur Teilnahme an der HV im Wege elektronischer Kommunikation im Sinne von § 18 Abs. Satz 2 AktG (keine elektronische Teilnahme).

3. ... Nach ordnungsgemäßen Anmeldung und des besonderen Nachweises des Anteilbesitzes bei der Gesellschaft werden den Aktionären – anstelle der herkömmlichen Eintrittskarten – Zugangskarten für den Online-Service der Gesellschaft mit persönlichen Zugangsdaten (Zugangskartennummer und Zugangscode) für die Ausübung der Aktionärsrechte in Bezug auf die virtuelle HV übermittelt.

4. Bedeutung des Nachweisstichtags

   Der Nachweisstichtag (auch Record Date genannt) ist das entscheidende Datum für die Ausübung der Aktionärsrechte in Bezug auf die virtuelle HV. Im Verhältnis zur Gesellschaft gilt für die Ausübung der Aktionärsrechte insbesondere des Stimmrechts, in Bezug auf die virtuelle HV als Aktionär nur, wenn zum Nachweisstichtag Aktionär der Gesellschaft war und den Nachweis hierüber fristgerecht erbracht hat. Veränderungen im Aktienbestand nach diesem Zeitpunkt haben hierfür keine Bedeutung. Aktionäre, die sich ordnungsgemäß angemeldet und den Nachweis erbracht haben, sind auch dann zur Ausübung ihrer Aktionärsrechte in Bezug auf die virtuelle HV berechtigt, wenn sie die Aktien nach dem

Nachweisstichtag veräußern. Der Nachweisstichtag hat keine Auswirkungen auf die Veräußerbarkeit der Aktien und ist kein relevantes Datum für eine eventuelle Dividendenberechtigung.

5. Verfahren für die Stimmabgabe durch Briefwahl

Aktionäre können ihr Stimmrecht in Textform … oder im Wege elektronischer Kommunikation abgeben (Briefwahl). Hierzu ist eine ordnungsgemäße Anmeldung erforderlich. Das Briefwahlformular ist auf der Zugangskarte für den Online-Service der Gesellschaft, … abgedruckt.

8. Fragemöglichkeit der Aktionäre … Auskunftsrecht der Aktionäre …

Ordnungsgemäß angemeldete Aktionäre haben die Möglichkeit, im Wege der elektronischen Kommunikation Fragen zu stellen … Aus organisatorischen Gründen sind Fragen spätestens bis zum Ablauf des 16. Mai … 24 Uhr … einzureichen.

2.5 Bezugsrechte

Gesetzliches Bezugsrecht	Bei der Ausgabe junger Aktien steht den Aktionären aufgrund des Verwässerungsschutzes ein gesetzliches Bezugsrecht zu. Das Bezugsverhältnis ist das Verhältnis, in dem der Aktionär aufgrund des Bestandes an alten Aktien neue Aktien beziehen kann (Anzahl alter Aktien dividiert durch die Anzahl der jungen Aktien). Der Bezugsrechtshandel dauert mindestens 14 Tage. Die beiden letzten Tage der Bezugsfrist dienen der Erfüllung der am letzten Handelstag abgeschlossenen Geschäfte. Mit Beginn des Bezugsrechtshandels notieren die alten Aktien „ex Bezugsrecht".
Ermittlung des rechnerischen Werts des Bezugsrechts	$B = K_a - K_n : (m : n + 1)$ B = rechnerischer Wert des Bezugsrechts K_a = Kurs der alten Aktien K_n = Ausgabepreis der neuen Aktien $m : n$ = Bezugsverhältnis (= altes Kapital : Kapitalerhöhung)

Beispiel für die Berechnung des rechnerischen Werts des Bezugsrechts	
Kurs der alten Aktie: 83 EUR altes Kapital: 65 Mio. EUR Kapitalerhöhung: 13 Mio. EUR Bezugspreis der jungen Aktie: 50,00 EUR	
$B = (83 - 50) : (5 + 1) =$	**5,50 EUR**

Wenn die neuen Aktien nicht voll dividendenberechtigt sind, muss die Formel um den Dividendennachteil/Dividendenvorteil erweitert werden:

$B = K_a - (K_n +/- \text{Dividendennachteil/Dividendenvorteil}) : (m : n + 1)$

Beispiel für die Berechnung des rechnerischen Werts des Bezugsrechts mit Dividendennachteil
Kurs der alten Aktie: 83,00 EUR   altes Kapital: 65 Mio. EUR   Kapitalerhöhung: 13 Mio. EUR   Bezugspreis der jungen Aktie: 50,00 EUR   Bardividende für die alten Aktien: 0,80 EUR

	Die jungen Aktien sind zu einem Viertel dividendenberechtigt.	
	B = (83,00 − 50 − 0,60) : (5 + 1) =	**5,40 EUR**

| **Kapitalerhöhung aus Gesellschaftsmitteln** | Bei der Kapitalerhöhung aus Gesellschaftsmitteln erhalten die Altaktionäre in einem bestimmten Verhältnis Berichtigungsaktien. Es fließen der AG keine liquiden Mittel zu, da es sich hier um einen buchungstechnischen Tausch auf der Passivseite der Bilanz handelt. Der Grund für die Kapitalerhöhung liegt bei Aktien mit sehr hohem Börsenkurs vor allem darin, das Vermögen der AG auf eine größere Zahl von Aktien zu verteilen, um so den Kurs „leichter" zu machen, womit die Aktie insbesondere für Kleinanleger interessanter wird. Durch die Ausgabe der Berichtigungsaktien ändert sich die Vermögensposition der Aktionäre trotz der Kurssenkung nicht.

 Beispiel:
 Eine Aktiengesellschaft erhöht ihr Grundkapital von derzeit 56 Millionen EUR durch die Auflösung von Rücklagen um 14 Millionen EUR auf dann 70 Millionen EUR im Verhältnis 2 : 1. Die alte Aktie notiert zurzeit mit einem Kurs von 120,00 EUR.
 Berechnung des Berichtigungsabschlags:
 Berichtigungsabschlag = Kurs der alten Aktie : (Bezugsverhältnis + 1)
 40 = 120 : 3
 Der Kurs der alten Aktie wird um 40,00 EUR reduziert auf dann 80,00 EUR. Der Aktionär erhält für zwei alte Aktien eine zusätzliche Berichtigungsaktie, die ihm in sein Depot gebucht wird. |
| **Kapitalherabsetzung** | Eine Kapitalherabsetzung ist eine Verminderung des Kapitals eines Unternehmens durch Gesellschafterbeschluss. Eine Kapitalherabsetzung findet meist dann statt, wenn das Unternehmen gezwungen ist, Verluste auszugleichen. Voraussetzung ist eine von der Hauptversammlung mit qualifizierter Mehrheit zu beschließende Satzungsänderung. Zweck einer nominellen Kapitalherabsetzung ist die Beseitigung einer Unterbilanz durch Anpassung des festgelegten Kapitalbetrags an das durch Verluste reduzierte Gesellschaftsvermögen.
 Eine Kapitalherabsetzung kann durch Einziehung von Aktien geschehen, die durch die zwangsweise Einziehung von Aktien oder durch den Erwerb eigener Aktien durch die Gesellschaft erfolgen kann. Erst mit der Eintragung ins Handelsregister gilt das Grundkapital als herabgesetzt.
 Beispiel einer Kapitalherabsetzung
 Der Solaranlagenbauer *Solarcity AG* zeigte im Januar 20.. den Verlust der Hälfte seines Grundkapitals von 398 Millionen Euro an. Es sollte ein Kapitalschnitt im Verhältnis von 8 : 1 auf 49,8 Millionen EUR durchgeführt werden.
 Ein Depotkunde, der z. B. 800 Aktien der *Solarcity AG* in seinem Depot hatte, erhält nach der Kapitalherabsetzung für seine 800 Stück alten *Solarcity AG*-Aktien 100 Stück neue *Solarcity AG*-Aktien. |

Bezugsrechts-emissionen	In der letzten Zeit waren Bezugsrechtsemissionen für deutsche Börsenunternehmen die wichtigste Möglichkeit zur Eigenkapitalzufuhr. Primär wurden sie zur Refinanzierung, Verbesserung von Bilanzrelationen und zur Beibehaltung von Rating-Bewertungen genutzt (z. B. Volkswagen, Continental, Heidelberg Cement, Infineon, Deutsche Wohnen), daneben auch, um M&A-Transaktionen und zukünftiges Wachstum zu finanzieren (z. B. *Volkswagen, K+S, Klöckner & Co., Rhön-Klinikum*). Für die Wahl der Bezugsrechtsemission sprechen mehrere Gründe: Bei der von Unternehmen angestrebten Zufuhr neuer Liquidität kommt nur eine Barkapitalerhöhung in Frage, und bei dieser kann das gesetzliche Bezugsrecht der Aktionäre nur bis zu einem Emissionsvolumen von maximal 10 % des bestehenden Grundkapitals ausgeschlossen werden. Daher bleibt in aller Regel nur die Bezugsrechtsemission, wenn der Liquiditätsbedarf diese Grenze überschreitet. Darüber hinaus sind Bezugsrechtsemissionen gegenüber Kapitalerhöhungen mit Ausschluss des Bezugsrechts der Aktionäre vor allem im Hinblick auf die Festlegung des Ausgabebetrages flexibler. Insbesondere darf hierbei der Abschlag auf den Börsenkurs 5 % überschreiten. Dieser Umstand hilft erheblich dabei, die neuen Aktien gerade in Zeiten volatiler Kapitalmärkte zu vermarkten. Die Aktionärsbasis bildet schließlich nicht selten ein gutes Nachfragereservoir bei einer Kapitalerhöhung, da die Altaktionäre die Equity Story des Unternehmens bereits durch ihre frühere Investitionsentscheidung unterstützt hatten.

2.6 Kapitalerhöhungen

Kapitalerhöhungen auf der Grundlage des Aktiengesetzes

Arten	Rechtsgrundlage	Kennzeichnung
Kapitalerhöhung gegen Einlagen: ordentliche Kapitalerhöhung und Genehmigtes Kapital	Die Hauptversammlung beschließt eine konkrete Kapitalerhöhung (ordentliche Kapitalerhöhung) oder sie ermächtigt den Vorstand, das Grundkapital in einem Zeitraum von maximal fünf Jahren bis zu maximal 50 % des bisherigen Grundkapitals zu erhöhen (Genehmigtes Kapital, sog. Vorratsbeschluss).	Die Hauptversammlung kann mit dreiviertel Mehrheit des anwesenden Kapitals die Erhöhung des Grundkapitals durch Ausgabe neuer Aktien gegen Bezahlung des Ausgabepreises (ordentliche Kapitalerhöhung/Genehmigtes Kapital) beschließen. Mit der Eintragung ihrer Durchführung in das Handelsregister ist das Grundkapital erhöht. Da der Ausgabepreis der neuen Aktien in der Regel niedriger ist als der Börsenkurs der alten Aktien, wird deren Wert nach der Aktienausgabe sinken (Verwässerungseffekt). Der Kursverlust der alten Aktie (Bezugsrechtsabschlag) entspricht dem Wert des Bezugsrechts.

Arten	Rechtsgrundlage	Kennzeichnung
Bedingte Kapitalerhöhung	Die Hauptversammlung beschließt eine konkrete Kapitalerhöhung bzw. sie ermächtigt den Vorstand, das Grundkapital in einem Zeitraum von maximal fünf Jahren bis zu maximal 50 % des bisherigen Grundkapitals zu erhöhen.	Die Hauptversammlung kann mit dreiviertel Mehrheit des anwesenden Kapitals eine Erhöhung des Grundkapitals beschließen, die nur insoweit durchgeführt werden soll, wie von einem Umtausch- oder Bezugsrecht (Wandelanleihen, Optionsanleihen) Gebrauch gemacht wird, das die Gesellschaft auf die neuen Aktien einräumt. Die bedingte Kapitalerhöhung soll nur zu folgenden Zwecken beschlossen werden: • Gewährung von Umtausch- oder Bezugsrechten an die Gläubiger von Wandel-/Optionsanleihen • Vorbereitung des Zusammenschlusses der Gesellschaft mit anderen Unternehmen • Ausgabe von Belegschaftsaktien. Der Nennbetrag des bedingten Kapitals darf 50 % des bisherigen Grundkapitals nicht übersteigen.
Kapitalerhöhung aus Gesellschaftsmitteln und Aktiensplit	Die Hauptversammlung beschließt eine konkrete Kapitalerhöhung bzw. sie ermächtigt den Vorstand, das Grundkapital in einem Zeitraum von maximal fünf Jahren bis zu maximal 50 % des bisherigen Grundkapitals zu erhöhen.	Die Hauptversammlung kann mit Dreiviertel des anwesenden Kapitals die Erhöhung des Grundkapitals durch Umwandlung von Kapital- und Gewinnrücklagen in Grundkapital beschließen. Mit der Eintragung des Beschlusses über die Erhöhung des Grundkapitals in das Handelsregister ist das Grundkapital erhöht. Die neuen Aktien (Berichtigungsaktien) gelten als voll eingezahlt. Sie stehen den Aktionären im Verhältnis ihrer Anteile am bisherigen Grundkapital zu. Die Hauptversammlung kann eine Neueinteilung des Grundkapitals durch die Ausgabe neuer Aktien (Aktiensplit) beschließen. Der auf die einzelne Aktie entfal-

Arten	Rechtsgrundlage	Kennzeichnung
		lende anteilige Betrag des Grund-kapitals (Nennbetrag) sinkt dadurch. Die neuen Aktien stehen den Aktionären der Gesellschaft entsprechend ihrer bisherigen Beteiligung zu. Ziel von Aktiensplits ist die Verringerung des Aktienkurses, um die Verkehrsfähigkeit der Aktie zu erhöhen.

2.7 Emissionsarten

Festpreisverfahren	Das Festpreisverfahren ist ein Emissionsverfahren, das bei Kapitalerhöhungen gegen Einlagen Anwendung findet, bei denen die Aktionäre ein Bezugsrecht besitzen und die Aktien schon an der Börse notieren. Der Emittent legt in Absprache mit dem Konsortium einen verbindlichen Emissionspreis fest, der meist unter dem aktuellen Börsenkurs der Aktie liegt, da in diesem Fall das Bezugsrecht einen inneren Wert besitzt. Die Anleger haben keinen Einfluss auf den Ausgabepreis.
Bookbuilding-Verfahren	Es ist ein Verfahren, das einen marktgerechten Ausgabepreis von Aktien im Zusammenhang mit der Börseneinführung einer Aktiengesellschaft ermittelt. Ausgangspunkt für die Preisfindung ist ein zwischen Emittent und Konsortialführer abgesprochener Preisrahmen (Bookbuilding-Spanne), der im Rahmen von Vorgesprächen mit potenziellen Investoren ermittelt und veröffentlicht wird. Während einer festgelegten Zeichnungsfrist haben Kaufinteressenten anschließend die Möglichkeit zur Abgabe verbindlicher Gebote innerhalb des Preisrahmens, die in einer zentralen Datei (Orderbuch) erfasst werden. Nach Schließung des Orderbuchs am Ende der Zeichnungsfrist wird aus den eingegangenen Geboten der endgültige Ausgabepreis festgelegt.
Greenshoe	Es ist eine Mehrzuteilungsreserve beim Bookbuilding-Verfahren. Der Greenshoe ermöglicht dem konsortialführenden Kreditinstitut eine höhere Zuteilung von Aktien für die Zeichner als ursprünglich geplant. Er dient so als Instrument zur Stabilisierung eines durch sehr großes Anlegerinteresse in die Höhe getriebenen Kurses für die neuen Aktien.

2.8 Stimmrechtsvollmacht

Ausübung des Stimmrechts auf einer Hauptversammlung	Banken sind nicht verpflichtet, die Ausübung von Stimmrechten aus Kundendepots zu übernehmen. Sofern Banken das Stimmrecht für Aktionäre ausüben wollen, müssen sie vom Kunden mit der Wahrnehmung der Stimmrechte aus den hinterlegten Aktien beauftragt werden.
Arten von Stimmrechtsvollmachten	• Der Kunde kann eine Einzelstimmrechtsvollmacht oder eine allgemeine Stimmrechtsvollmacht der Bank erteilen. • Die Einzelstimmrechtsvollmacht gilt nur für eine Hauptversammlung. • Die allgemeine Stimmrechtsvollmacht gilt für alle Hauptversammlungen inländischer Aktien im Depot des Kunden. Bei einer unbefristeten Erteilung muss die Bank einmal jährlich den Kunden auf die Möglichkeit des jederzeitigen Widerrufs der Vollmacht und auf andere Vertretungsmöglichkeiten hinweisen. Sie ist jederzeit widerruflich.
Beispiele für Vertretungsmöglichkeiten	• Kreditinstitute • Schutzgemeinschaft der Kleinaktionäre (SdK) • Deutsche Schutzvereinigung für Wertpapierbesitz e.V. (DSW) • Depotkunden können sich für einzelne Hauptversammlungen Eintrittskarten von ihrer Bank besorgen lassen, um selbst das Stimmrecht auszuüben oder ausüben zu lassen.
Vorschriften für die Ausübung von Vollmachten durch Kreditinstitute	• Das Kreditinstitut ist im Aktienregister anstelle des Depotkunden eingetragen: Mitteilung eigener Vorschläge zur Ausübung des Stimmrechts zu den einzelnen Tagesordnungspunkten an den Depotkunden durch das Kreditinstitut. • Der Aktionär ist im Aktienregister der AG eingetragen: Das Kreditinstitut muss dem Aktionär die eigenen Vorschläge z. B. auf der Homepage zugänglich machen. • Bei den eigenen Vorschlägen muss sich die Bank vom Interesse des Aktionärs leiten lassen. • Das Kreditinstitut verpflichtet sich zur Einhaltung der Pflichten sowie zur ordnungsgemäßen Ausübung der Stimmrechte. • Das Kreditinstitut muss den Depotkunden um Weisung für die Erteilung der Stimmrechtsausübung bitten. • Das Kreditinstitut stimmt entsprechend den eigenen Vorschlägen ab, falls der Aktionär nicht andere Weisungen erteilt. • Hinweis auf personelle oder kapitalmäßige Verbindungen zwischen der Gesellschaft und dem Kreditinstitut • Besondere Vorschriften bei eigenen Hauptversammlungen und Hauptversammlungen bei AG, bei denen das Kreditinstitut mit mehr als 5 % beteiligt ist: Der Depotkunde muss ausdrücklich Weisungen zu den einzelnen Punkten der Hauptversammlungen erteilen.

2.9 Aktienanalyse und Aktienindizes

Fundamentalanalyse	Die Fundamentalanalyse ist ein Verfahren zur Prognose zukünftiger Kursentwicklungen einer Aktie. Bei der Fundamentalanalyse wird der innere Wert einer Aktie mit Hilfe gesamtwirtschaftlicher Faktoren (z. B. Konjunktur), branchenspezifischer Faktoren (z. B. Geschäftsklima bei Anbietern von Internet-Software) und unternehmensindividueller Faktoren (z. B. Kurs-Gewinn-Verhältnis) ermittelt. Diese prognostizierten zukünftigen Erträge werden auf den gegenwärtigen Betrachtungszeitpunkt abgezinst.
Technische Analyse	Bei der technischen Analyse versucht man Aussagen über die zukünftige Kursentwicklung aus der Analyse vergangener Kursentwicklungsmuster abzuleiten. Börsenbezogene Daten wie Kursverlauf oder Handelsvolumen werden untersucht. Als Hilfsmittel werden Charts genutzt, d. h. grafische Darstellungen von Kurs- oder Umsatzentwicklungen zur Ermittlung von Trends. Kauf- bzw. Verkaufssignale werden aus typischen Erscheinungsbildern (Formationen) abgeleitet. So gilt z. B. ein Kursverlauf in „W"-Form mit zunächst sinkenden, dann steigenden, erneut sinkenden und wieder ansteigenden Kursen als Kaufsignal, da unterstellt wird, dass nach Erreichen des oberen rechten Punktes des „W" mit Kurssteigerungen zu rechnen ist. Umgekehrt wird eine „M"-Formation als Verkaufssignal gewertet.
Aktienindizes	Hinter der Berechnung der Indexwerte steht ein Korb von Wertpapieren. Beim DAX (Deutscher Aktienindex) und beim amerikanischen Dow Jones handelt es sich um die Aktien der 30 (ab September 2021 vierzig)größten, d. h. börsenumsatzstärksten deutschen bzw. amerikanischen Unternehmen. Im Gegensatz zum Dow Jones enthält der DAX jedoch eine Gewichtung: Je höher die Börsenkapitalisierung eines DAX-Wertes ist, desto höher sein Gewicht. Kursschwankungen von hoch gewichteten DAX-Werten führen damit zu einem größeren Einfluss auf die Indexentwicklung als Kursschwankungen geringer gewichteter Aktien. Wertpapierindizes erfüllen zum einen eine Informationsfunktion für den Anleger. Sie dienen aber auch als Benchmark, d. h. als Vergleichsmaßstab für Wertpapieranlagen. Ist z. B. der DAX innerhalb eines Zeitraums um 10 % gestiegen, so ist diese Veränderung eine wichtige Vergleichsziffer für Anleger, deren Aktiendepot aus Werten großer deutscher Unternehmen zusammengesetzt ist. Wertpapierindizes erfüllen aber auch eine operative Funktion, indem sie als Grundlage für Optionen und Futures fungieren. Ein Wertpapierindex kann auch ein **Performance-Index** sein. Bei dieser Indexart werden Kursrückgänge aufgrund von Ausschüttungen oder Kapitaländerungsmaßnahmen in der Indexformel berücksichtigt. Schüttet z. B. eine AG eine Dividende aus, so verringert sich durch den hiermit verbundenen Liquiditätsabfluss i. d. R. der Aktienkurs des Unternehmens. Die Aktie wird am Tag der Ausschüttung daher auch mit dem Kurszusatz „ex D" notiert. Für den Anleger ist rechnerisch dadurch kein realer Verlust verbunden, da der Kursrückgang durch die Dividendenzahlung entsprechend ausgeglichen wird. In einem Performanceindex würde daher im Gegensatz zu einem Kursindex der Kursrückgang korrigiert um die diesem Rückgang gegenüberstehende Dividendenzahlung. Der DAX wird sowohl als Kurs- als auch Performanceindex berechnet.

Begriffserklärungen aus der technischen Aktienanalyse

Aktienanalyse ist ein Verfahren zur Beurteilung von Unternehmen oder Aktien.

Bärenfalle Eine Bärenfalle ist ein charttechnisches Verkaufssignal, das sich im Nachhinein als Fehlsignal entpuppt. Der Kurs bricht aus einem kontinuierlichen Kursverlauf nach unten aus und lässt ein Verkaufssignal erkennen. Jedoch folgt ein scharfer Richtungswechsel und hebt das Wertpapier wieder über den Trend (vgl. Bullenfalle).

Balkenchart Ein Balkenchart ist eine charttechnische Darstellung eines Kursverlaufes. Ein vertikaler Strich (Balken) stellt den Höchst- und Tiefstkurs meist eines Tages dar. Er wird durch einen kleinen horizontalen Strich links (Eröffnung) und rechts (Schluss) ergänzt.

Benchmark ist ein Vergleichsindex, an dem der Anlageerfolg gemessen wird. Bei Aktien kann das der Aktienindex Dax sein.

Blue Chips (Standardwerte) Bezeichnung für Aktien der größten, international bekannten Unternehmen mit hohem Anteil am Börsenumsatz. Die 30 größten deutschen Unternehmen sind z. B. im Dax enthalten.

Bullenfalle Eine Bullenfalle ist ein charttechnisches Kaufsignal, welches sich im Nachhinein als Fehlsignal entpuppt. Der Kurs bricht aus einem kontinuierlichen Kursverlauf nach oben aus und kündigt ein Kaufsignal an. Danach folgt jedoch ein heftiger Kurseinbruch, der auf das alte Niveau einschwenkt.

Chart Grafische Darstellung von beobachteten Kursverläufen einzelner Wertpapiere. Dabei bilden die jeweiligen Tageskurse jeweils einen Punkt in einem Diagramm.

Durchschnittslinien Bei Durchschnittslinien werden die letzten z. B. 38 Tageskurse gemittelt (alle addiert und durch 38 dividiert). In den folgenden Tagen fällt jeweils der früheste Kurs heraus und der jüngste wird hinzugefügt. Während die 38-Tage-Linie eher kurzfristige Signale gibt, nimmt man langfristig 200 Tage an.

Signale Im engeren Sinne gibt es nur zwei Signale. Das eine ist „**kaufen**" und das andere „**verkaufen**". Je nach Temperament reicht/reichen für eine Entscheidung ein oder mehrere Signale aus. Ist der Markt hochgradig reagibel, hat man bei mehreren Signalen den günstigsten Zeitpunkt meist verpasst.

Kursformationen:

Wimpel Ein Wimpel ist eine Kursformation, bei der die Kursbewegungen immer geringer werden. Ein Ausbruch aus der Formation ist nahezu unausweichlich und weist auf eine neue Trendentwicklung hin.

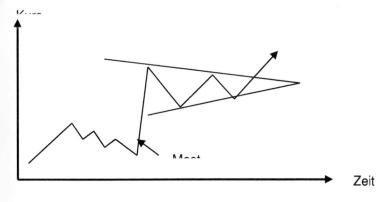

Flagge Eine Flagge verläuft oft antizyklisch zum Trend und weist auf eine Fortsetzung hin. Die obere und untere Trendlinien verlaufen weitgehend parallel. Ein deutlicher Ausbruch des Kursverlaufs deutet häufig auf eine Trendwende hin.

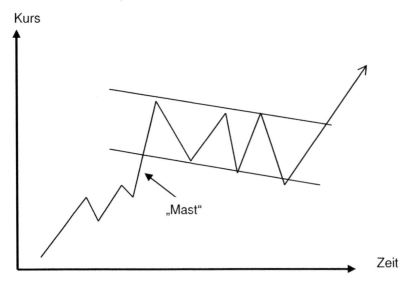

Bei einem **Balkenchart** werden die Kurse eines Tages in einer Senkrechten abgebildet. Liegen signifikante Kursdaten wie Schluss- oder Eröffnungskurse mehrfach am unteren oder oberen Ende der Chartlinie, lassen sich daraus Signale für einen Trendwechsel ablesen.

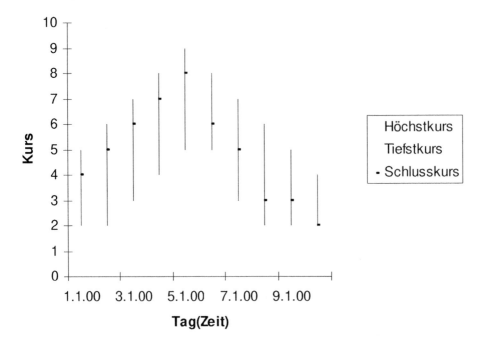

Bei einem **Keil** verlaufen im Gegensatz zum **Dreieck** die Kurse stetig zusammen und es zeichnet sich erst langfristig ein Schnittpunkt der Geraden ab. Es kann manchmal Jahre dauern, bis fertige Keilmuster entstanden sind.

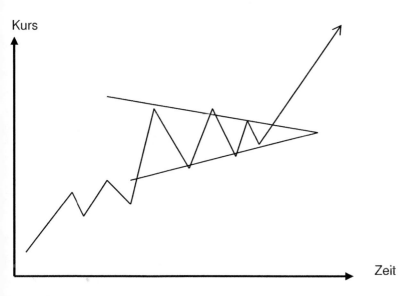

Unterstützungslinien sind analog zu den Widerstandslinien Parallelen zur x-Achse. Fällt der Kurs eines Wertpapiers mehrmals bis auf einen bestimmten Kurs zurück, um im Anschluss daran wieder zu steigen, so spricht man von einer Unterstützung. Wird eine Unterstützung jedoch nach unten durchbrochen lassen sich Schlüsse auf die weitere Kursentwicklung ziehen.

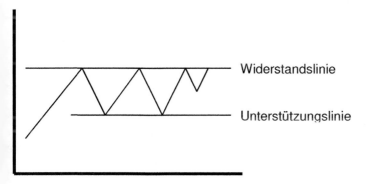

Widerstand Steigt der Kurs eines Wertpapiers mehrmals hintereinander bis auf ein bestimmtes Niveau an, um im Anschluss daran wieder zurückzufallen, so spricht man von einer Widerstandslinie. Das Durchbrechen einer Widerstandslinie lässt eine weitere Kurssteigerung erwarten.

2.10 Ertragskennziffern

Kurs-Gewinn-Verhältnis (KGV)	Diese Kennziffer gibt die Anzahl der Jahre an, nach denen bei einem gleich bleibenden Gewinn des Unternehmens der Aktienkurs verdient ist. Das KGV errechnet sich aus dem Verhältnis des Aktienkurses zum geschätzten Gewinn je Aktie. Beträgt z. B. der aktuelle Aktienkurs 100 EUR, so ergibt sich bei einem voraussichtlichen Gewinn (vor oder nach Steuern) von 2 EUR ein KGV von 50. Je höher das KGV ist, desto teurer erscheint die Aktie. Im Beispiel müsste der Gewinn des Unternehmens in 50 Folgejahren verdient werden, um den hohen Kurs zu rechtfertigen. KGV-Analysen sind nur bedingt zur Bewertung von Aktien geeignet, da die Gewinnprognosen für die Zukunft schwierig sind. Das KGV ist ein Maßstab für die Vergleichbarkeit von Unternehmen einer Branche.
Dividenden-rendite	Sie gibt die Verzinsung des Aktienkurses an. Zur Ermittlung der Dividendenrendite wird die erwartete Dividende ins Verhältnis zum Börsenkurs der Aktie gesetzt.

3. Investmentanteile

Allgemeine Kennzeichnung	Es handelt sich um ein in Wertpapieren oder Grundstücken angelegtes Sondervermögen einer Kapitalanlagegesellschaft. Fonds bündeln die Gelder vieler Anleger und investieren sie in Aktien, Anleihen und andere Anlageformen. Die Anteilsinhaber investieren mit einem geringen Betrag gleichzeitig in verschiedene Anlagen und streuen damit ihr Risiko. Investmentfonds werden von Investmentgesellschaften verwaltet. Das Fondsvermögen wird bei einer Depotbank verwahrt und bildet ein Sondervermögen, das von dem eigenen Vermögen der Gesellschaft getrennt gehalten wird. Das Fondsvermögen haftet nicht für Verbindlichkeiten der Gesellschaften.
Rechte von Anteilinhabern	• Miteigentum nach Bruchteilen am Sondervermögen • Anspruch auf Beteiligung am Fondsertrag • Anspruch auf Rückgabe der Anteile an die Kapitalanlagegesellschaft • Anspruch auf ordnungsgemäße Verwaltung des Fondsvermögens • regelmäßige Erstellung eines Jahresberichts
Anlage-vorschriften	• Das Fondsvermögen muss getrennt vom Vermögen der Kapitalverwaltungsgesellschaft gehalten werden. • Es dürfen nur bestimmte Wertpapiere und bestimmte andere Vermögensgegenstände bis zu einer bestimmten Höhe erworben werden. • Die Kapitalverwaltungsgesellschaft unterliegt der Aufsicht durch die Bundesanstalt für Finanzdienstleistungsaufsicht (BaFin).
Kauf und Verkauf von Investmen-tanteilen	Der Kauf oder Verkauf von Investmentanteilen ist bei der jeweiligen Investmentgesellschaft oder an der Börse möglich. Fondsanteile werden mit einem Ausgabeaufschlag zur Deckung der Vertriebskosten ausgegeben; dieser Ausgabeaufschlag entfällt im Börsenhandel.
Erträge	Die Erträge aus Dividenden oder Zinsen schüttet die Investmentgesellschaft an die Anteilseigner aus oder legt sie wieder an (thesaurierende Fonds).

Errechnung des Wertes eines Anteils	Der Wert eines Fondsanteils wird errechnet, indem das Fondsvermögen durch die Anzahl der umlaufenden Anteilsscheine dividiert wird. Steigt der Wert der im Fondsvermögen enthaltenen Anlagen, erhöht sich das Fondsvermögen bzw. der Wert des Anteilsscheins. Beispiel: Fondsvermögen: 150.000.000,00 EUR, Umlaufende Anteile: 4.500.000, Anteilwert: 33,33 EUR
Arten von Investmentfonds	Publikumsfonds: Es sind offene Fonds und haben eine unbegrenzte Zahl von Anlegern. Aktienfonds: Der Fonds investiert in Aktien einer oder mehrerer Branchen, national oder international. Beispiel für Aktienfonds:

	AkkumulaNord	*NordRenta international*
Währung	EUR	USD
Fondsvolumen	2,3 Mrd. EUR	2,9 Mrd. USD
Ausgabeaufschlag	2,5 %	3,0 %
Verwaltungsvergütung	0,75 % p.a.	0,90 % p.a.
Ertragsverwendung	thesaurierend	ausschüttend

- Rentenfonds: Der Investmentfonds investiert in nationale und internationale Rentenwerte.
- Spezialfonds
- Offene Investmentfonds
- Geschlossene Investmentfonds: Anlagesumme ist begrenzt.
- Ausschüttende Fonds: Die Fondserträge werden an die Anleger z. B. einmal jährlich ausgeschüttet.
- Dachfonds: Als Dachfonds werden Investmentfonds bezeichnet, die das Geld der Anteilseigner wiederum in Anteilen von Investmentfonds anlegen.
- Aktiv verwaltete Fonds: Das Management verfolgt eine eigene Strategie und versucht mit dieser, die zuvor festgelegte Benchmark zu schlagen.
- Passiv verwaltete Fonds oder Indexfonds sind an die Wertentwicklung eines Index gekoppelt.

Vorteil eines Indexfonds gegenüber einem aktiv gemanagten Fonds: Indexfonds sind bei Erwerb kostengünstiger.
Nachteil gegenüber einem aktiv gemanagten Fonds: Indexfonds können keine bessere aber auch keine schlechtere Performance erreichen als der zugrunde liegende Index.

Fondserträge	• Zinsen • Dividenden • Bezugsrechtserlöse • Kursgewinne
Allgemeine Vorteile	• Anlage durch Experten: Management der Kapitalanlagegesellschaft verwaltet den Fonds und analysiert den Markt. • Risikobegrenzung: Management investiert mittels Risikostreuung im Rahmen der Fondsbedingungen bzw. des Investmentgesetzes. • Risikomischung: Der Anleger erwirbt Miteigentum am Sondervermögen, das in verschiedenen Anlageformen investiert wird.

	• Der Anleger hat die Möglichkeit der Wertpapieranlage in kleineren Beträgen und kann den Cost-Average-Effekt nutzen.
Allgemeine Nachteile	• Der Anleger hat das Risiko der Kurs- und Ertragsschwankungen. • Es fallen beim Investmentsparen Kosten an, z. B. Ausgabeaufschlag und Verwaltungsprovision.
Risiken	**Bei Rentenfonds:** • allgemeines Kursrisiko • Zinsänderungsrisiko • Währungsrisiko bei Auslandsanleihen • Bonitätsrisiko des Emittenten **Bei Aktienfonds:** • allgemeines Kursrisiko • Bonitätsrisiko des Emittenten • Währungsrisiko bei Auslandsaktien • Ertragsrisiko
Cost-Average-Effekt	Kauft der Anleger regelmäßig Anteile einer Investmentgesellschaft in der Weise, dass er jeweils einen festen Betrag investiert, erwirbt er seine Anteile grundsätzlich zu einem günstigeren Durchschnittspreis als ein Anleger, der stets eine feste Stückzahl von Anteilen erwirbt. Der Anleger erwirbt weniger Anteile, wenn der Preis hoch ist und dagegen viele, wenn der Preis gering ist.
Berechnung eines Investmentanteils am Beispiel eines Aktienfonds	Der WEKA Nord Aktienfonds hat folgendes Fondsvermögen:

Stück	Vermögenswerte	Preis pro Stück in EUR	Kurswert in EUR
20.000	A-Aktien	25,20	504.000,00
20.000	B-Aktien	30,10	602.000,00
10.000	C-Aktien	40,50	405.000,00
90.000	weitere Aktien		5.841.000,00

Zum Fondsvermögen gehört ein Bankguthaben von 300.000,00 EUR. Es sind 200.000 Stück Fondsanteile im Umlauf.

Auszug aus den Fondsbedingungen:

Ausgabeaufschlag 3 % des Anteilwertes (Ausgabepreis auf volle 0,10 EUR aufrunden)

Rücknahme zum Anteilwert abzüglich 0,3 % Rücknahmekosten (Rücknahmepreis auf volle 0,10 EUR abrunden)

Berechnung des Inventarwerts

Summe der Aktienwerte im Aktienfonds zuzüglich Bankguthaben dividiert durch die umlaufenden Aktien ergibt den Inventarwert.

7.652.000 : 200.000 = 38,26 EUR

Berechnung des Verkaufspreises

Inventarwert zuzüglich 5 % Ausgabeaufschlag ergibt den Verkaufspreis des Fondsanteils.

39,50 EUR = Inventarwert x 1,03, aufgerundet auf volle 0,10 EUR

Berechnung des Rücknahmepreises

Anteilwert abzüglich 0,3 % Rücknahmekosten ergibt den Rücknahmepreis des Fondsanteils.

38,10 EUR = Anteilwert x 0,997, abgerundet auf volle 0,10 EUR

4. Optionsschuldverschreibungen

4.1 Optionsanleihe

Allgemeine Kennzeichnung	Eine Optionsanleihe ist eine festverzinsliche Schuldverschreibung mit zusätzlichen Optionsscheinen. Optionsanleihen unterscheiden sich von normalen Anleihen durch die Zugabe von Optionsscheinen. Diese berechtigen den Inhaber, Aktien oder Anleihen des Emittenten in der Regel nach einer bestimmten Frist zu einem festgelegten Kurs zu beziehen. Mit Beginn der Optionsfrist kann der Anleger über die Optionsscheine getrennt verfügen und diese an der Börse verkaufen. Die Anleihen notieren anschließend mit dem Kurszusatz „ex". Nicht getrennte Anleihen werden „cum", also mit Anleihe genannt. Mit der Ausübung der Option erlischt der Anspruch auf Rückzahlung des Nominalbetrages der Anleihe nicht.
Rechte des Anlegers	• Zinsanspruch • Rückzahlungsanspruch • Ausübung des Optionsrechts
Vorteile für den Anleger	Der Anleger erhält eine regelmäßig garantierte Zinszahlung. Die Rückzahlung zum Nennwert am Ende der Laufzeit ist ebenfalls garantiert. Das Kursrisiko ist begrenzt. Mit steigendem Aktienkurs des Unternehmens steigt auch der Kurs der Optionsanleihe. Bei fallendem Aktienkurs sinkt der Kurs der Optionsanleihe höchstens auf den Wert der Anleihe ex.
Vorteile für das emittierende Unternehmen	Durch die Ausgabe einer Optionsanleihe beschafft sich eine AG zunächst Fremdkapital (Anleihe). Zusätzlich hat sie die Möglichkeit zur Erhöhung des Eigenkapitals durch Emission von Aktien bei Ausübung der Optionsscheinrechte.
Arten	Man unterscheidet das Aufgeld- und das Abgeldmodell bei Optionsanleihen. • Beim Aufgeldmodell ist die Verzinsung marktgerecht und der Aufpreis für den Optionsschein beträgt 30 % bis 40 % des Nominalwertes der Anleihe. • Beim Abgeldmodell liegt die Verzinsung unterhalb des Marktzinsniveaus als Ausgleich für den Bezug des Optionsscheins. An der Börse werden 3 Varianten von Rechten gehandelt: • Anleihen mit Optionsschein, volle Stücke im Rentenhandel • Anleihe ohne Optionsschein (o. O.) im Rentenhandel • Optionsschein ohne Anleihe im Optionsscheinhandel
Steuerliche Behandlung	• Zinsen aus Optionsanleihen unterliegen der 25-prozentigen Abgeltungsteuer. • Die Veräußerungsgewinne unterliegen ohne Einhaltung einer Haltefrist ebenfalls der Abgeltungsteuer.

Auszug aus dem Bezugsangebot einer Optionsanleihe der *ComTech AG*

Aufgrund des Beschlusses der Hauptversammlung vom 25. Juni 2018 emittieren wir eine Optionsanleihe im Gesamtnennbetrag von 32.000.000,00 EUR.

Ein Bankenkonsortium hat die nom. 32.000.000,00 EUR Optionsschuldverschreibungen mit der Verpflichtung übernommen, sie den Aktionären unserer Gesellschaft zum Bezug anzubieten. Die Aktionäre können die Optionsschuldverschreibungen im nachstehenden Verhältnis beziehen: auf je 400 Stückaktien entfällt eine Optionsschuldverschreibung über nom. 1.000,00 EUR zum Ausgabekurs von 120 %. Gemäß den Anleihe- und Optionsbedingungen hat die Optionsanleihe folgende wesentliche Ausstattungsmerkmale:

Stückelung: Die Optionsanleihe ist eingeteilt in unter sich gleichberechtigte, auf den Inhaber lautende Optionsschuldverschreibungen im Nennbetrag von 1.000,00 EUR.

Verzinsung: Die Optionsschuldverschreibungen werden vom 5. Dezember 2018 an mit jährlich 3,25 % verzinst. Die Zinsen sind nachträglich am 5. Dezember der Jahre 2019 bis 2028 fällig. Die erste Zinszahlung erfolgt am 5. Dezember 2019.

Laufzeit und Rückzahlung: Die Laufzeit der Optionsanleihe beträgt zehn Jahre fest. Die Gesellschaft ist verpflichtet, die Optionsschuldverschreibungen am 5. Dezember 2028 zum Nennbetrag zurückzuzahlen.

Bedingtes Kapital: Zur Gewährung von Optionsrechten besteht ein bedingtes Kapital in Höhe von 2.560.000,00 EUR.

Optionsscheine: Jeder Optionsschuldverschreibung im Nennbetrag von 1.000,00 EUR sind acht Inhaberoptionsscheine mit Berechtigung zum Bezug von je einer Stückaktie unserer Gesellschaft beigefügt.

Optionsrecht: Die Inhaber der Optionsscheine sind berechtigt, die auf den Optionsscheinen angegebene Anzahl von Stückaktien unserer Gesellschaft zum Optionspreis von 80,00 EUR je Stückaktie zu beziehen. Die Aktien sind gewinnanteilberechtigt vom Beginn des Geschäftsjahres an, in dem sie aufgrund der Ausübung von Optionsrechten entstehen.

Optionsfrist: Das Optionsrecht kann vom 10. Mai 2019 bis zum 27. November 2028 einschließlich ausgeübt werden.

Zum **Bezug einer Optionsschuldverschreibung** im Nennbetrag von 1.000,00 EUR zum Kurs von 120 % berechtigen die Gewinnanteilscheine Nr. 11 von 400 Stückaktien.

Das **Bezugsrecht auf die Optionsschuldverschreibungen** wird vom 12. November 2018 bis 23. November 2018 einschließlich an allen deutschen Wertpapierbörsen gehandelt und amtlich notiert. Die Bezugsstellen sind bereit, den An- und Verkauf von Bezugsrechten nach Möglichkeit zu vermitteln.

4.2 Optionsscheine

Allgemeine Kennzeichnung	Der Optionsschein ist ein eigenständiges Wertpapier, das dem Inhaber das Recht einräumt, beispielsweise eine bestimmte Anzahl von Aktien im entsprechenden Bezugsverhältnis zu einem bestimmten Kurs (Bezugskurs) innerhalb einer bestimmten Frist (Bezugsfrist) zu erwerben (Aktienoptionsschein). Der Optionsschein wird losgelöst von der Anleihe an der Börse gehandelt. Es ist eine spekulative Anlage mit hohem Chancen-Risiko-Potenzial. Der Handel mit Optionsscheinen ist ein Finanztermingeschäft, d. h. die Bank muss über die mit solchen Geschäften verbundenen Risiken den Kunden förmlich aufklären und dies entsprechen dokumentieren.

Ausstattungsmerkmale	Klassische Optionsscheine haben meist eine Laufzeit von mehreren Jahren. Der Optionsschein ist wie eine Kaufoption (Call) ausgestattet und berechtigt zum Kauf von Aktien der emittierenden AG zu einem bestimmten Basispreis. Entsprechend der Kontraktgröße bei Optionen ist bei Optionsscheinen ein bestimmtes Bezugsverhältnis festgelegt. Ein Bezugsverhältnis von 1 : 5 bedeutet, dass mit einem Optionsschein 5 Aktien bezogen werden können. Um Chancen und Risiken des Optionsscheins zu beurteilen, sind die Optionsbedingungen wie Optionsverhältnis, Bezugsfrist, Bezugspreis und Optionsprämie zu beachten.
Hebelwirkung	Die Hebelwirkung beruht darauf, dass für den Erwerb des Optionsscheins ein geringerer Kapitaleinsatz erforderlich ist als für den Erwerb der Aktie, sodass der Optionsschein auf Kursänderungen der Aktie überproportional reagiert. Der Hebel gibt an, um wie viel Prozent sich der Kurs des Optionsscheins verändert, wenn der Kurs der Aktie um 1 % steigt oder fällt. **Beispiel eines Call-Optionsscheins:** Kurs des Optionsscheins 0,50 EUR Kurs der Aktie (Basiswert) 32,00 EUR Basispreis (Bezugspreis) 34,00 EUR Bezugsverhältnis 10 : 1 Restlaufzeit 2 Jahre **Ermittlung des Aufgeldes:** Aufgeld = (Basispreis + (Kurs des Optionsscheins : Bezugsverhältnis) - Aktienkurs) : Aktienkurs x 100 Aufgeld = (34,00 + 0,05 - 32,00) : 32,00 x 100 = 6,41 % Bei Verteilung des Aufgeldes auf die zwei Jahre Restlaufzeit ergibt sich pro Jahr ein Aufgeld von 3,205 %. **Ermittlung des Hebels:** Hebel = Kurs der Aktie : (Kurs des Optionsscheins x Bezugsverhältnis) Hebel = 32 : (0,50 x 10) = 6,4
Motive für den Erwerb von Optionsscheinen	• Kurssicherung • Spekulation
Steuerliche Behandlung	Grundsätzlich ist die Differenz zwischen Verkaufs- und Kaufpreis für die Besteuerung maßgeblich. Stillhalterprämien unterliegen der Abgeltungsteuer. Gewinne aus dem Verkauf von Optionsscheinen sind ebenfalls abgeltungsteuerpflichtig. Bei einem Verlust liegen negative Einkünfte aus Kapitalvermögen vor, die mit anderen Einnahmen wie Zinsen oder Dividendenerträgen verrechnet werden können.
Beispiel für einen Optionsschein	Die Aktie der *Chemie AG* wird nach einem langen Kursanstieg zu einem Kurs von 52,00 EUR an der Börse gehandelt. Der Depotkunde Jürgen Schneider besitzt 100 Aktien und möchte sich seine erzielten Kursgewinne sichern, ohne aber auf einen möglichen weiteren Kursanstieg der *Chemie AG*-Aktie zu verzichten. Herr Schneider sichert sich sein Depot durch einen Optionsschein ab.

Art	Basiswert	Laufzeit	Bezugs-verhältnis	Basis-preis	Kurs des Basiswer-tes	Options-schein-Kurs
Put	Aktie der *Chemie AG*	15.09.2018	1 : 1	50,00 EUR	52,00 EUR	5,00 EUR

Herr Schneider kauft 100 Optionsscheine, die Kosten der Absicherung betragen insgesamt 500,00 EUR.
Depotentwicklung bei unterschiedlichen Kursverläufen:

Kursverlauf	Wert des Options-scheins am Ver-falltag	Depotwert ohne Absicherung	Depotwert mit Absicherung
Aktie steigt auf 78,00 EUR	-	7.800,00 EUR	7.300,00 EUR
Aktie bleibt bei 50,00 EUR	-	5.000,00 EUR	4.500,00 EUR
Aktie fällt auf 42,00 EUR	800,00 EUR	4.200,00 EUR	4.500,00 EUR
Aktie fällt auf 28,00 EUR	2.200,00 EUR	2.800,00 EUR	4.500,00 EUR

Die Tabelle zeigt, wie sich das Depot von Herrn Schneider bei unterschied-lichen Kursverläufen am Ende der Laufzeit entwickelt hätte. Fallen die Aktienkurse nicht, hat die Kurssicherung mit dem Optionsschein den Ge-winn um die Depotabsicherungskosten geschmälert. Sollten die Aktienkur-se fallen, ist Herr Schneider vor größeren Verlusten geschützt.

4.3 Optionen

Allgemeine Kennzeich-nung von Optionen	Optionen sind standardisierte, börsenmäßig gehandelte Vereinbarungen, die dem Käufer das Recht, aber nicht die Verpflichtung gegeben, • eine bestimmte Menge eines bestimmten Basiswertes • innerhalb eines festgelegten Zeitraums (Optionsfrist) • oder zu einem festgesetzten Zeitpunkt (Optionstermin) • zu einem bei Vertragsabschluss festgelegten Preis (Basispreis) • zu kaufen (Call) • oder zu verkaufen (Put).
Put (Verkaufs-option)	Option, die den Käufer berechtigt, einen bestimmten Basiswert in einer bestimmten Menge zu einem im Voraus festgelegten Ausübungspreis bis oder zu einem bestimmten Termin zu verkaufen. Käufer eines Puts erwar-ten, dass der Preis des Basiswertes während der Laufzeit der Option fällt.
Call (Kaufoption)	Standardisiertes, an einer Terminbörse gehandeltes Kaufrecht auf einen Basiswert. Ein Call ist ein verbrieftes Recht, aber nicht die Pflicht, eine bestimmte Menge eines Basiswertes zu einem vereinbarten Preis (Basis-preis) innerhalb eines festgelegten Zeitraums zu erwerben.
Zeitwert eines Puts	Differenz zwischen aktuellem Kurs eines Basiswertes und dem Basispreis abzüglich des Optionspreises. Beispiel: Optionstyp: Put Basispreis: 45,00 EUR Optionspreis: 3,00 EUR aktueller Börsenkurs des Basiswertes: 42,50 EUR Zeitwert: 0,50 EUR

Innerer Wert	Er ist der Wert einer Option, die sich „im Geld" befindet. Der innere Wert gibt denjenigen Optionspreis an, bei dem ein Erwerb der Aktie über die Börse genauso günstig ist wie der Erwerb über die Option. Beispiel: Kaufoption über X-Aktien, Basispreis 95 EUR. Bei einem aktuellen Kurs der X-Aktie von 100 EUR und einem Optionsverhältnis von 1 : 1 ist der innere Wert 5 EUR. Der Erwerb über die Option (95 + 5 = 100) entspricht dem aktuellen Börsenkurs. Der innere Wert einer Option liegt i. d. R. unter dem tatsächlichen Optionspreis an der Börse, da der tatsächliche Preis die Spekulationserwartung der Anleger widerspiegelt, die umso höher ist, je länger die Restlaufzeit der Option und die Volatilität des Basiswertes ist. Der innere Wert der Option (Call oder Put) ist u. a. abhängig von der Volatilität des Börsenkurses des Basiswertes. Der Optionspreis wird am Verfalltag dem inneren Wert der Option entsprechen, da der Zeitwert dann null ist.
Einfluss- faktoren	Es gibt 5 Haupteinflussfaktoren, die den Preis einer Option bestimmen. Die einzelnen Faktoren haben eine unterschiedliche Einflussstärke, die sich während der Laufzeit der Option verändert. Die Faktoren sind: Innerer Wert, Basispreis, Laufzeit der Option, Volatilität und Zinsniveau. **Innerer Wert**: Die Differenz vom Kurs des Basiswerts zum Basispreis der Option bestimmt den Inneren Wert einer Option. Der Innere Wert kann grundsätzlich nicht unter Null sinken. Bei Calls gilt: Je höher der Kurs oder Preis des Basiswertes, desto höher ist der Wert der Option. Der Call auf die X-Aktie mit einem Basispreis von 100,00 EUR und einem Aktienkurs von 150,00 EUR hätte einen Wert von mindestens 50,00 EUR. Würde der Aktienkurs auf 170,00 EUR steigen, so wäre die Option mindestens 70,00 EUR wert. Bei Puts verhält es sich gegenläufig. Je niedriger der Kurs oder Preis der Aktie, desto höher ist der Wert des Puts. Der Put auf die X-Aktie mit einem Basispreis von 100,00 EUR und einem Aktienkurs von 80,00 EUR hätte einen Wert von 20 EUR. Bei der Ausübung des Puts kann die Aktie zu 100,00 EUR (Basispreis) angedient werden, obwohl der Marktwert der Aktie nur bei 80,00 EUR liegt. Würde der Aktienkurs um weitere 20 Punkte auf 60,00 EUR fallen, würde der Innere Wert des Puts um 20,00 EUR auf 40,00 EUR steigen. **Zeitwert**: Die Differenz zwischen dem Optionswert (Prämie) und dem Inneren Wert wird als Zeitwert bezeichnet. Die Optionsprämie wird mit Hilfe mathematischer Modelle errechnet. **Beispiel für die Ermittlung des inneren Wertes bei einem Optionsschein und einer Option** | Kurs der Option	81,00 EUR
Kurs des Optionsscheins	1,00 EUR
Kontraktgröße Option	100 Aktien
Bezugsverhältnis Optionsschein	100 : 1
Basispreis	300,00 EUR
Kurs des Basistitels	380,00 EUR	

Formel für den Inneren Wert des Optionsscheins	(Kurs Basistitel – Basispreis) : Bezugsverhältnis
Innerer Wert des Optionsscheins	0,8
Formel für den Inneren Wert der Option	Kurs Basistitel – Basispreis
Innerer Wert der Option	80

4.4 Futures

Allgemeine Kennzeichnung	Futures sind standardisierte, börsenmäßig gehandelte Terminkontrakte auf Finanzinstrumente mit der vertraglichen Verpflichtung, • eine bestimmte Menge eines Basiswertes (Kontraktgegenstand) • zu einem bei Vertragsabschluss festgelegten Preis (Future-Preis) • zu einem bei Vertragsabschluss vereinbarten späteren Zeitpunkt (Erfüllungstag) • zu liefern (Short Position) • oder abzunehmen (Long Position). Finanztermingeschäfte sind Festgeschäfte, d. h. Käufer und Verkäufer gehen eine bindende Liefer- oder Abnahmeverpflichtung ein. In der Praxis werden die Finanztermingeschäfte nicht erfüllt, sondern vor Fälligkeit durch Gegengeschäfte glatt gestellt: Gekaufte Kontrakte werden durch entsprechende Verkäufe, verkaufte Kontrakte durch entsprechende Käufe gleicher Kontrakte glatt gestellt. Der Gewinn oder Verlust ergibt sich aus dem Unterschied zwischen dem Eröffnungspreis und dem Preis des Glattstellungsgeschäfts.
Arten	• Zinsfutures • Aktienindexfutures • Devisenfutures

Motive für den Kauf oder Verkauf von Futures	• Kurssicherung:
	a) Verkauf eines Wertpapierbestandes auf Termin.
	   Vorteil: Kurssicherheit
	   Nachteil: Anleger profitiert nicht von steigenden Marktpreisen.
	b) Kauf von Wertpapieren auf Termin mit der Absicht, die Wertpapiere zu halten.
	   Vorteil: Kurssicherheit
	   Nachteil: Auch bei sinkenden Marktpreisen müssen die Wertpapiere zum höheren Kurs abgenommen werden.
	• geringer Liquiditätseinsatz
	• hohe Gewinn- aber auch hohe Verlustrisiken

Sicherheitsstellung (Margin)	Käufer und Verkäufer eines Futures haben zur Gewährleistung ihrer Kontraktverpflichtungen Sicherheiten in Geld oder Wertpapieren zu hinterlegen. Die EUREX berechnet die Höhe der erforderlichen Sicherheit börsentäglich auf Grund der Differenz zwischen dem vereinbarten Future-Preis und dem aktuellen Kassakurs.

5. Wandelanleihen

Allgemeine Kennzeichnung	Die Wandelanleihe verbindet Elemente der Anleihe mit Elementen der Aktie. Wandelanleihen verbriefen ein Wandlungsrecht: Eine Wandelanleihe ist eine Unternehmensanleihe, die innerhalb einer vorher festgelegten Frist zu einem vorab festgelegten Kurs in Aktien des Unternehmens umgetauscht werden kann. Eine Wandelanleihe ist demnach eine Anleihe mit einer Kaufoption auf Aktien. Anleger haben auch die Möglichkeit, die Wandelanleihe – wie bei einer klassischen Anleihe – bis zur Endfälligkeit zu halten. In diesem Fall erhalten sie jährliche Zinszahlungen vom Schuldner, der am Ende der Laufzeit die Anleihe zurückzahlt. Der Anleiheninhaber wird also vom Gläubiger zum Unternehmensteilhaber. Aufgrund dieses Rechts hat eine Wandelanleihe eine niedrigere Verzinsung als andere Anleihen. Die Hauptversammlung muss der Begebung einer Wandelanleihe und der damit verbundenen Kapitalerhöhung mit einer Dreiviertel-Mehrheit zustimmen. Wandelanleihen können sich in verschiedenen Details unterscheiden, z. B. vorzeitige Kündigungsrechte des Schuldners oder Einschränkungen für Anleger bei der Möglichkeit, die Anleihe in Aktien zu tauschen.
Rechte des Anlegers	• Anspruch auf Rückzahlung zum Nennwert falls keine Wandlung • Zinsanspruch • Umtauschrecht in Wertpapieren
Gründe für die Begebung von Wandelanleihen	Unternehmen können sich durch die Ausgabe von Wandelanleihen billig verschulden. Da die Wandelanleihe im Vergleich zur normalen Anleihe mit einem zusätzlichen Recht auf Umtausch in Aktien ausgestattet ist, liegt ihr Zinskupon unter jenem normaler Anleihen. **Wandelanleihen: Attraktiv für Emittenten und Anleger** Immer mehr Unternehmen entdecken die Vorzüge einer Finanzierung mittels Wandelanleihen - und davon können auch Anleger profitieren. Denn immer mehr Fondsgesellschaften entdecken die Wandelanleihenfonds und emittieren kräftig solche Produkte. Wandelanleihen oder Convertible Bonds bieten einen Zinsvorteil gegenüber herkömmlichen Anleihen. Außerdem können Firmen über dieses hybride Kapitalmarktprodukt, das Elemente aus Aktien und Schuldverschreibungen in sich vereint, die Basis der Kapitalgeber diversifizieren. Die Wandelanleihe ermöglicht eine Finanzierung zu attraktiven Konditionen. Börsenanalysten geben den Refinanzierungsvorteil für einen Triple-B-Emittenten bei einer 5-jährigen Wandelanleihe mit einer Ersparnis von 2,5 bis 3,5 Prozentpunkten im Vergleich zu einer herkömmlichen Unternehmensanleihe an. Dieser Vorteil ergibt sich aus dem Optionsrecht zur Wandlung der Anleihe in Aktien. Attraktiv ist das Instrument aber auch für Anleger. Wandelanleihen haben einen Renditevorteil gegenüber Aktien, wenn der Kupon über der Dividendenrendite liegt. Wandelanleihen haben zudem eine niedrigere Volatilität als Aktien. Aktienportfolien können so diversifiziert werden. In Anleiheportfolios sorgen sie hingegen für eine zusätzliche Rendite infolge der Aktienkursanstiege. Wandelanleihen haben vor allem aber

	einen großen Vorteil, der sie von allen anderen Finanzmarktinstrumenten unterscheidet: Anleger können von dem Aufwärtspotenzial einer Aktie profitieren und genießen gleichzeitig den Schutz einer Anleihe bei fallenden Aktienkursen. Als Faustformel gilt: Wandelanleihen machen die Aufwärtsbewegung einer Aktie zu etwa zwei Dritteln mit; bei einem Kursrückgang beträgt die Partizipation nur rund ein Drittel.
Vorteile für Anleger	Der Preis einer Wandelanleihe wird vom Aktienkurs des Unternehmens, dem Zinsniveau sowie der Bonität des Unternehmens beeinflusst. Erfahrungen mit der Anlage in Wandelanleihen zeigen, dass der Kurs einer Wandelanleihe tendenziell rund zwei Drittel der Hausse eines Aktienkurses mitmacht, aber nur ein Drittel der Baisse eines Aktienkurses. Wandelanleihen bieten dem Anleger die Möglichkeit einer kontrollierten Spekulation.
Risiken einer Wandelanleihe	Das größte Risiko liegt in der Möglichkeit der **Insolvenz** des Schuldners. Außerdem sind die Märkte für Wandelanleihen i. d. R. nicht so liquide wie die Aktienmärkte. Der Kurs der Wandelanleihe kann daher sehr **volatil** sein. Daneben müssen die Anleger wie auch bei Anleihen mit dem **Zinsänderungsrisiko** rechnen.
Marktvolumen	Das Volumen beträgt der am Markt befindlichen Wandelanleihen ca. 600 Milliarden US-Dollar. Davon entfallen auf europäische Wandelanleihen ca. 32 %. In Deutschland ist die Wandelanleihe kaum verbreitet.
Käufer und Anleger von Wandelanleihen	Wandelanleihen können sich für Privatanleger eignen. Da das Produkt kompliziert ist, bietet sich als Alternative zur Direktanlage eine Anlage in Anteilen an einem auf diese Papiere spezialisierten Fonds an. Überwiegend werden Wandelanleihen von Großanlegern, wie Versicherungen und Investmentgesellschaften sowie von Hedgefonds erworben.
Steuerliche Behandlung	Zinsen aus Wandelanleihen und Stückzinsen unterliegen der 25 %igen Abgeltungsteuer. Die Veräußerungsgewinne unterliegen ohne Einhaltung einer Haltefrist ebenfalls der Abgeltungsteuer.

Bezugsangebot Wandelanleihe der *Chemie AG*

2,85 % Wandelschuldverschreibung 2018/2024	
Gesamtnennbetrag	400.000.000,00 EUR
Bezugsfrist	14.05.2018 bis 18.05.2018
Bezugsverhältnis	Jeweils 30 Aktien berechtigen zum Bezug einer Wandelschuldverschreibung im Nennwert von 500,00 EUR.
Ausgabekurs	100 %
Kleinste Stückelung	500,00 EUR
Verzinsung	2,85 % p. a., zahlbar am 1. Juni jeden Jahres
Rückzahlung	1. Juni 2024, sofern nicht gewandelt wurde
Wandlungsfrist	1. Juni 2022 bis 31. März 2024
Wandlungsrecht	Eine Teilschuldverschreibung im Nennwert von 500,00 EUR kann in 10 Aktien der *Chemie AG* unter Zuzahlung von 5,00 EUR je Aktie umgetauscht werden.

Es können 8 Millionen Aktien aus der Emission von Wandelanleihen ausgegeben werden.
Berechnung: 10 x 400 Mio. : 500 = 8 Millionen Aktien
Die Stückaktien der Chemie AG haben einen rechnerischen Anteil am Grundkapital von 2,00 EUR. Zur Sicherung der Umtauschrechte muss die Hauptversammlung eine bedingte Kapitalerhöhung über 16 Millionen EUR beschließen.
Berechnung: 8 Millionen Aktien x 2 EUR = 16 Millionen EUR Kapitalerhöhung
Ein Depotkunde möchte 5.000 EUR Nennwert Wandelanleihen der *Chemie AG* beziehen. Er benötigt 300 Bezugsrechte.
Berechnung: 30 x 5.000 EUR : 500 = 300 Bezugsrechte
Die Ausübung des Wandlungsrechts lohnt sich, wenn der Wandlungspreis niedriger ist als der Aktienkurs. Aus dem Wandlungsverhältnis und der Zuzahlung von 5,00 EUR ergibt sich ein Wandlungspreis von 55,00 EUR. Eine Ausübung der Wandlung ist sinnvoll, wenn der Aktienkurs über 55,00 EUR liegt.
Berechnung: 500 EUR Nennwert : 10 Aktien = 50,00 EUR
50 EUR + 5 EUR Zuzahlung = 55 EUR
Wenn alle Anleger während der Wandlungsfrist von ihrem Wandlungsrecht Gebrauch machen, wandelt sich bei der *Chemie AG* Fremdkapital von 400 Millionen EUR in Eigenkapital um. Zudem erhält die *Chemie AG* einen Zuzahlungsbetrag von 40 Millionen EUR. Das Eigenkapital erhöht sich dann insgesamt um 440 Millionen EUR.
Das Grundkapital der Gesellschaft erhöht sich um 16 Millionen EUR, der Restbetrag von 424 Millionen EUR wird der Kapitalrücklage zugeführt.

6. Genussscheine

| **Allgemeine Kennzeichnung** | Genussscheine sind Wertpapiere, die Genussrechte verbriefen. Darunter versteht man das Recht, dem Inhaber einen Anteil am Reingewinn der betreffenden Unternehmung zufließen zu lassen, meistens verbunden mit dem Recht auf eine Mindestverzinsung (Basisrendite). Der Inhaber der Genussrechte hat kein Recht auf einen festen Ertrag und keine Stimmberechtigung auf einer Hauptversammlung. Die Kursentwicklung der Genussscheine entspricht je nach Ausstattung mehr den Aktien oder mehr den Schuldverschreibungen. Für Kreditinstitute ist die Ausgabe von Genussrechten interessant, da diese z. T. als haftendes Eigenkapital anerkannt werden.
Genussscheine sind weniger risikobehaftet als Aktien und viele Derivate. Genüsse nehmen eine Zwitterstellung zwischen Aktie und Anleihe ein. Wie festverzinsliche Wertpapiere verbriefen sie die Rückzahlung des eingesetzten Kapitals zum Ende der Laufzeit sowie regelmäßige Ausschüttungen.
Die Zinshöhe hängt allerdings vom Bilanzgewinn des Unternehmens ab. Steigende Gewinne können die Ausschüttungen erhöhen, Verluste können die Zinszahlungen senken. Auch ein Totalausfall ist möglich. Hinzu kommen die Kursrisiken. In der Regel müssen Genussscheininhaber Unternehmensverluste, Kapitalschnitte oder einen Konkurs in voller Höhe mittragen. Die Rückzahlungsansprüche und die Kurse von Genussscheinen verhalten sich entsprechend.
Das größere Risiko gegenüber Anleihen gleichen die Emittenten mit höheren Zinszahlungen aus. Der Renditeabstand richtet sich nach der |

	Bonität des Schuldners. Finanzschwache Unternehmen müssen hohe Zinsen bieten, damit steigt aber auch das Risiko für den Anleger und umgekehrt. Eine allgemein gültige Regel zur Berechnung von Genussscheinrenditen gibt es nicht.
Arten von Genussrechten	• Genussscheine, die eine Beteiligung am Gewinn und Liquidationserlös beinhalten. • Genussrechte, die eine feste oder variable Verzinsung ohne Beteiligung am Liquidationserlös beinhalten.
Vorteile von Genussscheinen für Anleger	• Genussscheine sind weniger risikobehaftet als Aktien und viele Derivate. • Die jährlichen Zinszahlungen (Ausschüttungen) liegen i. d. R. um ein Viertel Prozent höher als bei festverzinslichen Wertpapieren mit gleicher Laufzeit.
Nachteile von Genussscheinen für Emittenten und Anleger	Das Genussscheinkapital steht den Gläubigern nur für eine begrenzte Zeit zur Verfügung. Bei Unternehmensverlusten können die jährlichen Zinszahlungen ausfallen, bei Kapitalherabsetzungen sinken die Rückzahlungsansprüche der Anleger entsprechend. Das Genussrechtskapital ist ein Zwitter zwischen Eigen- und Fremdkapital. Dass es nur bis zum Ende der Laufzeit der Genussscheine und damit nicht dauerhaft einer AG, z. B. einer Bank zur Verfügung steht, macht es fremdkapitalähnlich. Der jährliche Zins auf die Genussscheine kann aber ausfallen, wenn eine Bank Verlust macht. Und im Extremfall kann Genussrechtskapital eben auch im Nennwert herabgesetzt werden, wenn damit Verluste abzudecken sind. Das macht es zu einem eigenkapitalähnlichen Instrument. In den vergangenen Jahren haben aber Banken, die einen Jahresverlust erlitten haben, in der Regel ihre Rücklagen und Sonderposten in der Bilanz aufgelöst, um ihren Genussschein-Inhabern die zugesagten Zinsen zu zahlen. Die ehemalige Gewerkschaftsbank AHBR war vor der Finanzkrise lange Zeit die einzige Bank, die zur Kapitalherabsetzung griff. Die EU-Kommission hat dagegen zum Jahresende 2008 durchgesetzt, dass alle Banken, die Staatshilfe in der Finanzkrise erhalten, so lange keine Zinsen auf ihr Genussscheinkapital zahlen dürfen, solange sie in einem Jahr Verlust machen. Der Praxis, Rücklagen und Sonderposten für die Ausschüttung zu mobilisieren, schob sie somit einen Riegel vor.

Beispiel für wesentliche Angaben aus einem Bezugsangebot für Genussscheine

Emittent:	*Reisebank AG*
Verkaufskurs	101 %
Laufzeitbeginn	14. Mai 2018
Rückzahlung	14. Mai 2026 zum Nennwert
Mindestzeichnungssumme	1.000 EUR und ein Vielfaches

Ausschüttung	4 % p.a. vom Nennwert; jeweils zahlbar am 14. Mai eines Jahres, erstmals zahlbar am 14. Mai 2019; die Ausschüttung entfällt, soweit sie zu einem Bilanzverlust führt.
Nachrangigkeit	Genussrechtskapital kann im Falle der Insolvenz der Bank erst nach Befriedigung der nicht nachrangigen Gläubiger der Bank zurückgefordert werden.
Teilnahme am Verlust	Genussrechtskapital nimmt während der Dauer der Laufzeit bis zur vollen Höhe am Bilanzverlust der Bank teil.

7. Aktienanleihe

Die Aktienanleihe ist ein Wertpapier, das Elemente von Aktien und Anleihen aufweist. Aktienanleihen sind Schuldverschreibungen mit einer festen Laufzeit. Die Prämie wird in Form einer Zinszahlung am Ende der Laufzeit in einer Summe gezahlt. Die Zinsen unterliegen der pauschalen Abgeltungsteuer in Höhe von 25 Prozent zuzüglich dem Solidaritätszuschlag und ggf. Kirchensteuer.

Die Art der Rückzahlung des eingesetzten Kapitals hängt davon ab, ob der der Anleihe zugrunde liegende Basiswert, eine Einzelaktie oder ein Index, an einem zuvor festgelegten Stichtag einen bestimmten Kurs (Basispreis) erreicht hat. D. h. bei Aktienanleihen besteht neben dem Emittentenrisiko ein Aktienkursrisiko.

Notiert die Aktie am Stichtag zum Basispreis oder über dem festgelegten Basispreis, wird die Anleihe zum Nennbetrag getilgt. Notiert der Basiswert unter dem Basispreis, erhält der Anleger eine bestimmte Anzahl von Aktien zum Basispreis.

Geht ein Anleger das Risiko von Aktienanleihen ein, sollten solide auf Einzelaktien basierte Aktienwerte ausgesucht werden, möglichst mit einem Basispreis unterhalb des Aktienkurses, wobei der Kurs der Anleihe nicht weit über dem Nennwert von 100 liegen sollte. Steigen die Aktienkurse nur leicht, sind höhere Renditen eher möglich als mit der getrennten Anlage in Aktien und Anleihen.

Aktienanleihen sind dann empfehlenswert, wenn man auf hohe, garantierte laufende Zinseinnahmen eines Emittenten mit mindestens guter Bonität abzielen und davon ausgeht, dass sich der Basiswert mittelfristig eher seitwärts bewegt oder keine stärkeren Kurssteigerungen eintreten.

Beispiel einer Aktienanleihe

Emittentin	Handelsbank AG
Stückelung	1.000,00 EUR Nennwert
Ausgabetag	16.10.2018
Zinssatz	4,65 %
Zinstermin	16.10.
Fälligkeit	16.10.2020
Basiswert	Immobilien AG-Aktien
Feststellungstag	09.10.2020
Tilgung	Nennwert oder 33 Aktien je 1.000,00 EUR Nennwert
Basispreis	30,30 EUR

Angenommen die Immobilien AG-Aktie notiert am Fälligkeitstag der Bankschuldverschreibung im Xetra-Handel bei 21,45 EUR. Die Aktienanleihe wird zum Nennwert zurückgezahlt, wenn der Kurs der Immobilien AG-Aktie am Feststellungstag den Basispreis von 30,30 EUR nicht unterschreitet.

Unterschreitet der Kurs der Immobilien AG-Aktie am Feststellungstag den Basispreis, wird die Aktienanleihe je 1.000,00 EUR Nennwert durch Lieferung von 33 Stück Immobilien AG-Aktien zurückgezahlt.

Der höhere Zinssatz der Aktienanleihe stellt einen Risikoaufschlag für den Fall dar, dass die Aktienanleihe nicht zum Nennwert zurückgezahlt wird, sondern in Aktien, deren Gegenwert unter dem Nennwert der Aktienanleihe liegt.

Steigt das Zinsniveau am Kapitalmarkt, wird diese Aktienanleihe für Kapitalanleger unattraktiv.

Sinkt der Kurs der Immobilien AG-Aktie, erhöht sich das Risiko der Rückzahlung in Aktien.

Sinkt die Bonität der Handelsbank AG, erhöht sich das Risiko des Totalverlusts.

8. Börse

Eine Börse ist ein nach bestimmten Regeln organisierter Markt für standardisierte Handelsobjekte. Gehandelt werden kann z. B. mit Wertpapieren (Aktien, Anleihen), Devisen, bestimmten Commodities, z. B. Agrarprodukte, Metalle und andere Rohstoffe oder mit hiervon abgeleiteten Rechten. Die Börse führt Angebot und Nachfrage zusammen, die von Börsenmaklern oder Skontroführern während festgelegter Handelszeiten vermittelt werden und gleicht sie durch amtliche Festsetzung von Preisen (Börsenkurse) aus. Die Feststellung der Börsenkurse der gehandelten Objekte richtet sich laufend nach Angebot und Nachfrage.

8.1 Funktionen der Börse

Kapitalumschlag:

- Anleger können jederzeit über die Börse unter Einschaltung von Börsenbanken liquide Mittel in Effekten anlegen und Effekten in liquide Mittel umwandeln.
- Die Börse erleichtert durch die Handelbarkeit der Papiere die Emission von Anleihen und Aktien. Sie trägt so zur Finanzierung privater und öffentlicher Investitionen bei Kapitalbewertung:
- Durch das Zusammentreffen einer Vielzahl von Aufträgen kommen i.d.R. börsentäglich für alle gehandelten Effekten Kursnotierungen zusammen. Diese Kurse werden veröffentlicht.
- Die strengen Vorschriften des Börsengesetzes zur Kursermittlung garantieren dem Anleger, dass als Börsenpreis ein Kurs ermittelt wird, der der wirklichen Geschäftslage an der Börse entspricht.

8.2 Marktsegmente an der Effektenbörse

Börsensegmente

Ein Börsensegment ist ein Teilmarkt der Börse, in welchem die gehandelten Wertpapiere bestimmte Zulassungs- und Publizitätsvoraussetzungen oder Folgepflichten zu erfüllen haben.

Mit der zunehmenden Vielfalt und Anzahl der an Börsen gehandelten Wertpapiere sinkt für die Börsenteilnehmer die Markttransparenz. Deshalb sind international die Börsen dazu übergegangen, durch Segmentierung nach bestimmten Sachgebieten die gehandelten Wertpapiere in Börsenteilmärkte aufzuteilen. Innerhalb der verschiedenen Börsenteilmärkte bestehen jedoch dieselben Börsenregeln. Unabhängig von bestehenden Börsensegmenten achtet ein-

Handelsüberwachungsstelle darauf, dass die Börsenmakler, Skontroführer und Spezialisten sich an die Regelwerke der einzelnen Börsensegmente halten. Über die Einhaltung gesetzlicher Vorschriften wacht außerdem die Bundesanstalt für Finanzdienstleistungsaufsicht (BaFin).

Historischer Rückblick

Im Mai 1987 wurde an den deutschen Börsen der geregelte Markt eingerichtet und löste danach den geregelten Freiverkehr ab.

Seitdem gibt es auch den wichtigsten deutschen Aktienindex DAX, der die 30 größten und umsatzstärksten börsennotierten Unternehmen erfasst. Im Januar 1996 entstand mit dem MDAX ein 50 Unternehmen umfassender Aktienindex.

Im Juni 1999 entstand der SDAX für 50 kleinere Unternehmen, so genannte Small Caps.

Im März 2003 entstand der TecDAX. Die Aktien dieser Börsensegmente wurden in die im November 2007 neu eingeführten Segmente Prime Standard (DAX, MDAX, TecDAX und SDAX) und General Standard (kleine und mittlere Unternehmen) überführt.

Arten von Börsensegmenten

In allen EU-Mitgliedsstaaten wird zwischen dem „regulierten Markt" und dem „börsenregulierten Markt" unterschieden. Während der „regulierte Markt" von der Europäischen Union überwacht wird, erfolgt die Regulierung des „börsenregulierten Markts" durch die jeweilige Börse selbst.

Der regulierte Markt stellt an der Frankfurter Wertpapierbörse mit den Segmenten *General Standard* und *Prime Standard* Handelssegmente mit höheren Transparenzstandards dar.

Der Freiverkehr ist mit seinen relativ geringen Anforderungen und Folgepflichten besonders für kleinere Unternehmen geeignet, die neu an die Börse möchten.

Nach § 42 Börsengesetz kann die Börsenordnung für Teilbereiche des regulierten Marktes ergänzend zu den vom Unternehmen einzureichenden Unterlagen zusätzliche Voraussetzungen für die Zulassung von Aktien oder Aktien vertretenden Zertifikate und weitere Unterrichtungspflichten des Emittenten auf Grund der Zulassung von Aktien oder Aktien vertretenden Zertifikate zum Schutz des Publikums oder für einen ordnungsgemäßen Börsenhandel vorsehen. Die Zulassungspflichten zum regulierten Markt ergeben sich aus § 32 Börsengesetz.

Börsensegmente können auch sachlich nach Wertpapierart gegliedert sein (Aktien, Investmentzertifikate, Anleihen), nach dem Kriterium der Betriebsgröße (DAX, SDAX) oder nach Wirtschaftszweigen (Industrie-, Handels- oder Dienstleistungswerte). Ferner kann an der Börse danach unterschieden werden, ob es sich um die Erstplatzierung von Wertpapieren handelt (Primärmarkt) oder ob sich die Wertpapiere bereits in Umlauf befinden (Sekundärmarkt).

Werden die Börsensegmente nach rechtlichen Kriterien gebildet, so erfordert die Präsenz eines Unternehmens in einem bestimmten Börsensegment die Erfüllung der dort normierten Kriterien. Der Wechsel eines Unternehmens von einem rechtlichen Segment zu einem anderen ist möglich, wenn es die rechtlichen Anforderungen dieses Segments erfüllt.

Zugehörigkeit zu einem Börsensegment

Die Zugehörigkeit zu einem Börsensegment ist für den Emittenten der Wertpapiere mit bestimmten Zulassungskriterien und Verpflichtungen verbunden. Diese betreffen vor allem Publizitätsvorschriften (Ad-hoc-Publizität, Finanzberichte, Quartalsberichte), unter Umständen auch die Unternehmensgröße sowie die Mindesthöhe von Streubesitz und Marktkapitalisierung. An welcher Börse und in welchem Börsensegment eine Emission stattfindet, kann das Unternehmen frei entscheiden. Dabei hat es die höheren Kosten, die sich aus strengeren Publizitäts- und Folgepflichten ergeben, zu berücksichtigen.

Solche regulierten Börsensegmente dienen der Qualitätssicherung im Börsenhandel. Anleger können sich darauf verlassen, dass der Handel mit den Wertpapieren eines bestimmten Segments und ggf. auch die Finanzberichte des Emittenten bestimmten Qualitätsansprüchen genügen. Über die betriebswirtschaftliche Qualität eines Unternehmens und dessen Zukunftsaussichten sagt die Zugehörigkeit zu einem Börsensegment jedoch nichts aus.

Abgrenzung verschiedener Börsensegmente

Einzelne Börsensegmente können klar voneinander abgegrenzt sein, zum Beispiel das Derivate-Segment EUWAX und das Anleihen-Segment *Bond-X* in Stuttgart. Die Segmente können sich aber auch überlappen, zum Beispiel das börsenübergreifende, öffentlich-rechtliche Segment geregelter Markt und das Qualitätssegment Prime Standard in Frankfurt. Eine Aktie kann gleichzeitig Teil des geregelten Markts und des Prime Standards sein.

Wenn für einen Emittenten mehrere Börsensegmente in Frage kommen, liegt es in seinem Ermessen, an welchem davon er teilnimmt. Die Wahl eines qualitativ höheren Segments ist jeweils mit höherem Aufwand und höheren Kosten verbunden.

Segmente an deutschen Regionalbörsen

Regionalbörse Stuttgart

An der Stuttgarter Börse gibt es das EUWAX-Segment (*EUropean WArrant eXchange*) für den Handel mit Optionsscheinen und Zertifikaten, das Segment *Bond-X* für Anleihen, das Segment *IF-X* für Investmentanteile, das Segment *Gate-M* für Nebenwerte und das Segment *4-X* für ausländische Aktien.

Regionalbörse München

An der Börse München gibt es mit m:access ein spezielles Nebenwerte-Segment, das sowohl auf dem Regulierten Markt als auch auf dem Freiverkehr aufbaut und jeweils zusätzliche Transparenzanforderungen stellt.

Regionalbörse Düsseldorf

Die Börse Düsseldorf stellt mit dem sogenannten Primärmarkt ein Segment für Aktien, Anleihen und Genussscheine bereit, in dem ebenfalls besondere Transparenzvorschriften gelten.

Aspekte	Regulierter Markt	Open Market (Freiverkehr)
Allgemeine Kennzeichnung	Er entstand durch die Zusammenlegung des amtlichen und des geregelten Marktes. Er ist ein organisierter Kapitalmarkt mit strengen Publizitäts- und Transparenzpflichten: • Ad-hoc-Publizität • Haftung bei Unterlassung unverzüglicher Veröffentlichung • Pflicht zur Veröffentlichung von Director´s Dealings und zur Führung von Insiderverzeichnissen • Pflicht zur Veröffentlichung bestimmter Beteiligungsverhältnisse • Pflicht einer AG zur Abgabe einer Entsprechenserklärung zum Corporate Governance Kodex, d. h. Regelwerk für eine verantwortungsvolle Unternehmensführung • Pflicht zur Beachtung der Regelungen zum Mindestpreis bei Übernahmeangeboten • Pflicht zur Konzernrechnungslegung nach IFRS	Kein organisierter Kapitalmarkt. Die Publizitäts- und Transparenzpflichten wie im regulierten Markt finden keine Anwendung. Vorteile für das Unternehmen: • geringere Kosten für die Börsennotierung • Reduktion der Haftungsrisiken für Emittenten
Zulassungsvoraussetzungen	• Antrag durch Emittenten und Finanzdienstleistungsunternehmen • Emissionsprospekt mit Unternehmens- und Emissionsbeschreibung • Zulassung zum Handel durch die Geschäftsführung der Börse • Prospekthaftung des Emittenten und des Finanzdienstleistungsunternehmens für die Richtigkeit der Angaben	• Antrag auf Zulassung von Finanzdienstleistungsunternehmen • Jedes Unternehmen muss über einen Wertpapierprospekt verfügen oder • über ein Grundkapital von mindestens 500.000,00 EUR, das in Aktien mit einem Mindestnominalwert von 0,10 EUR eingeteilt ist. • Eine direkte Rechtsbeziehung zwischen der AG und der Börse besteht nicht. • Ein Unternehmen, das eine Notierung anstrebt, muss einen Handelsteilnehmer (i. d. R. eine Wertpapierhandelsbank) beauftragen, einen Antrag auf Einbeziehung seiner Aktien in den

Aspekte	Regulierter Markt	Open Market (Freiverkehr)
		Open Market zu stellen. Dieser unterliegt den AGB und hat aufgrund seiner Zulassung als Händler eine Rechtsbeziehung zur Deutsche Börse AG. • Bestätigung des Grundkapitals durch Wirtschaftsprüfer
Handel	Reglementierung des Handels durch die Bestimmungen des Börsengesetzes Die Geschäftsführung kann die Zulassung zum Handel widerrufen, wenn ein ordnungsgemäßer Börsenhandel auf Dauer nicht mehr gewährleistet ist.	Geschäftsführung der Börse erlässt Handelsrichtlinien.
Publizitäts-vorschriften	Die Geschäftsführung kann verlangen, dass der Emittent Auskünfte veröffentlicht, wenn dies zum Schutz des Publikums oder für einen ordnungsgemäßen Börsenhandel erforderlich ist.	Es sind keine gesetzlichen Publizitätsvorschriften vorgesehen.
Teilbereiche des Marktsegments	**Prime Standard:** Die in diesem Segment gelisteten Unternehmen verpflichten sich zu hoher Transparenz, die internationalen Anforderungen entspricht (Quartalsberichte, Jahresabschluss nach IFRS oder US-GAAP, Analystenkonferenzen mindestens einmal im Jahr, Unternehmenskalender, Ad-hoc-Mitteilungen). Die Zulassung im Prime Standard ist Voraussetzung für die Aufnahme eines Unternehmens in die Aktienindizes, z. B. DAX oder MDAX und TecDAX. **General Standard:** Marktsegment des regulierten Marktes an der Frankfurter Wertpapierbörse. Es gelten die gesetzlichen Mindestanforderungen (Jahres-/Halbjahresbericht; Ad-hoc-Mitteilungen in deutscher Sprache usw.). Relativ niedrige Kosten in diesem Marktsegment.	**Entry Standard** ist die Bezeichnung des sog. qualifizierten Freiverkehrs an der Frankfurter Wertpapierbörse, in dem die Aktien und Anleihen insbesondere kleiner und mittlerer Unternehmen einbezogen sind. Im Entry Standard gelten etwas strengere Vorschriften als im Open Market. Die testierten Jahresabschlüsse müssen veröffentlicht werden und kursbewegende Nachrichten müssen unverzüglich im Internet veröffentlicht werden. Der Entry Standard soll kleineren Unternehmen eine kostengünstige Börsennotierung ermöglichen.

8.3 DAX-Indizes

Der deutsche Aktienindex Dax wird seit September 2021 um zehn Unternehmen auf insgesamt 40 Unternehmen aufgestockt. Der MDax wird hingegen auf 50 Unternehmen verkleinert. Bislang hatte das Segment der mittelgroßen Unternehmen 60 Mitglieder. Damit wollte die Deutsche Börse AG den Dax erweitern und seinen Leitindex wieder attraktiver machen. Die meisten potenziellen Unternehmen, die den bisherigen Dax 30 um zehn Unternehmen auf Dax 40 erweitern, kommen aus dem MDax.

Anforderungen an die Indexwerte
Seit Dezember 2020 müssen alle Dax-Aufsteiger vor der Aufnahme mindestens zwei Jahre hintereinander ein positives Ebitda aufweisen. Das Ebitda (Earnings before interest, taxes, depreciation and amortization) ist der operative Gewinn eines Unternehmens vor Zinsen, Steuern, Abschreibungen und sonstigen Finanzierungsaufwendungen. Zudem werden alle Index-Mitglieder seit März 2021 dazu verpflichtet, sowohl testierte Geschäftsberichte als auch Quartalsmitteilungen zu veröffentlichen. Unternehmen, die die entsprechende Frist nicht einhalten, werden automatisch aus dem Index herausgenommen.

Wer DAX-Mitglied werden will, muss also mindestens auf Basis des Gewinns vor Zinsen, Steuern und Abschreibungen (Ebitda) die letzten beiden Geschäftsjahre profitabel gewesen sein. Für die anderen Indizes der DAX-Familie gilt die Gewinnbedingung nicht.

Überprüfung der Index-Zusammenstellung
Bisher wurde vom Arbeitskreis Aktienindizes die Zusammenstellung im Dax nur einmal jährlich überprüft, und zwar im September. Seit 2021 wird die Zusammenstellung des **Dax** nunmehr zwei Mal pro Jahr überprüft, jeweils im März und September. Dabei dient nur noch die Marktkapitalisierung der frei handelbaren Aktien (Free-float) als Messlatte. In der Vergangenheit hatte der Arbeitskreis bei seiner Entscheidung Marktkapitalisierung und Börsenumsatz als Entscheidungsgrundlage herangezogen. Danach wurde ein Unternehmen zum regulären Prüfungstermin in den Dax aufgenommen, wenn es beim Börsenwert und dem Handelsumsatz zum Stichtag mindestens zu den 30 größten Unternehmen zählte und ein amtierendes Dax-Mitglied gleichzeitig nicht mehr zu den 35 größten Unternehmen gehörte (Regular Entry). Dazu kamen weitere Fast Exit und Fast Entry-Regeln. Der MDax, SDax und TecDax stehen jetzt vier Mal jährlich auf dem Prüfstand.

Kurs- und Performance-Index?
Beim Performanceindex werden die Ausschüttungen in den Index mit einbezogen. Der Performanceindex spiegelt somit die Performance aus Kurs und Ausschüttung wieder. Im Kursindex wird ausschließlich die Kursbewegung berücksichtigt. Ausschüttungen werden nicht einbezogen. Der Kursindex wird auch als Preisindex bezeichnet.

MDAX
Der MDAX (abgeleitet von *Mid-Cap-DAX – Mid Cap* steht für mittelgroße Unternehmen oder entsprechende Börsenwerte. Der MDAX spiegelt die Entwicklung der 60 (ab 2021 50) größten Unternehmen wider, die hinsichtlich Marktkapitalisierung und Orderbuchumsatz auf die 30 Unternehmen des DAX folgen.
Seit September 2018 besteht der MDAX aus 60 Werten, um einige bisher ausschließlich im TecDAX geführte Unternehmen zusätzlich aufnehmen zu können. Der MDAX wird als Performanceindex und als Kursindex berechnet. Bedeutsam ist nur der Performanceindex.

Berechnung
Der Index basiert auf den Kursen des elektronischen Handelssystems Xetra. Seine Berechnung beginnt börsentäglich um 9:00 Uhr und endet mit den Kursen aus der Xetra-Schlussauktion, die um 17:30 Uhr startet. Börsentäglich wird im Anschluss an die Xetra-

Schlussauktion – zwischen 17:45 Uhr und 20:00 Uhr– der sogenannte „Late-Index" L-MDAX berechnet. Dieser Indikator für die Entwicklung der MDAX-Werte nach Xetra-Handelsschluss basiert auf den Kursen des Parketthandels an der Frankfurter Wertpapierbörse. Der L-MDAX wird von der Deutschen Börse AG, dem Betreiber der Frankfurter Wertpapierbörse, berechnet.

Zusammensetzung
Die 50 Werte des MDAX stammen aus allen Branchen. Es sind Aktien mittelgroßer deutscher oder überwiegend in Deutschland tätiger Unternehmen (Mid Caps), die nach Marktkapitalisierung des Streubesitzes und nach Börsenumsatz auf die Werte des DAX folgen; eine Voraussetzung für die Aufnahme ist die Zugehörigkeit zum Börsensegment Prime Standard. Gut ein Drittel des MDAX bilden mittelgroße Industrieunternehmen, womit der MDAX die von mittelständischen Industrieunternehmen geprägte deutsche Wirtschaft besser abbildet als der DAX.

Seine Zusammensetzung wird viermal im Jahr (März, Juni, September und Dezember) sowie in besonderen Fällen, beispielsweise bei Fusionen und größeren Neuemissionen aktualisiert. Die Deutsche Börse unterscheidet hierbei zwischen zwei Regelwerken „Regular" und „Fast". Die Regular Exit und Regular Entry Regeln werden bei den Überprüfungen im März und September angewandt. Für die Aufnahme gilt dabei die 90/90-Regel, zählt ein Wert also hinsichtlich Marktkapitalisierung und Börsenumsatz zu den 50 größten hinter dem DAX, wird er in den MDAX aufgenommen. Umgekehrt gilt für das Ausscheiden die 100/100-Regel, ein Wert scheidet aus dem MDAX aus, wenn er hinsichtlich Marktkapitalisierung und Börsenumsatz nicht mehr zu den 60 größten Unternehmen hinter dem DAX-Werten zählt.

Neuregelung
2021 wurde die Zahl der MDAX-Werte von 60 auf 50 reduziert. Zudem wurden die Indizes seit 2021 auch vier- statt nur zweimal jährlich regulär überprüft.

Es gelten seitdem auch strengere Anforderungen an die im MDAX gelisteten Unternehmen. Dabei wird der Börsenwert, also die Marktkapitalisierung, zum wichtigsten Kriterium. Das bisher zweite Kriterium für eine Aufnahme in einen Index, der Börsenumsatz, fällt weg. Er wurde durch eine so genannte Mindestliquiditäts-Anforderung ersetzt.

SDAX
Der SDAX (abgeleitet von Small-Cap-DAX) ist ein deutscher Aktienindex, der im Juni 1999 von der Deutschen Börse AG eingeführt wurde. Er ist der Auswahlindex für 70 kleinere Unternehmen, sogenannte Small Caps, die den im MDAX enthaltenen Werten hinsichtlich Handelsvolumen und Marktkapitalisierung folgen.

Der Index wird als Kurs- und Performance-Index von der Deutschen Börse berechnet.

Voraussetzung für die Aufnahme eines Unternehmens in den SDAX ist, dass es zu den insgesamt 165 im Prime Standard gelisteten Firmen zählt. Der Prime Standard wiederum ist Teil des regulierten Aktienmarktes mit höchsten Anforderungen an die Transparenzstandards der Firmen.

- Der SDAX kennt keine Beschränkung auf bestimmte Branchen.
- Aktien aus dem SDAX zeichnen sich für Anleger in vielerlei Hinsicht aus.

Die im SDAX geführten Unternehmen verpflichten sich der Deutsche Börse AG gegenüber folgende Auflagen zu erfüllen:
- Mindestquote des Freefloat 20 Prozent, für den Amtlichen Markt 25 Prozent.
- Es muss mindestens ein "Designated Sponsor" vorhanden sein.
- Die Unternehmen müssen die Grundsätze für die Zuteilung von Aktienemissionen der Börsensachverständigenkommission anerkennen.

Neben der jährlichen Bilanz müssen die Firmen einen Drei-, Sechs- und Neun-Monatsberichts erstellen und diesen spätestens 2 Monate nach Ablauf der Berichtsperiode veröffentlichen.

Erstellung des Jahresabschlussberichtes und Veröffentlichung spätestens 4 Monate nach Ende des Berichtszeitraums

Die Rechnungslegung muss international gemäß den International Accounting Standards (IAS) oder US-GAAP (Generally Accepted Accounting Principles) sowohl in Deutsch als auch in Englisch erfolgen.

Mindestens einmal im Jahr muss eine Analystenveranstaltung stattfinden.

Der Unternehmenskalender muss öffentlich zugänglich und aktuell sein.

Erläuterungen

Bei dem Freefloat handelt es sich um den Anteil von Aktien einer Gesellschaft, die sich nicht in festem Besitz befinden, sondern von allen Anlegern an der Börse erworben werden können.

Bei dem regulierten Markt handelt es sich um einen Teilbereich des Aktienhandels. Der Aktienhandel ist in den Freiverkehr und den regulierten Markt unterteilt. Im regulierten Markt müssen Unternehmen zusätzliche strenge Auflagen erfüllen, die es im Freiverkehr nicht gibt. Dazu zählt unter anderem die Pflicht zur ad-hoc Publizität. Diese besagt, dass Veränderungen im Unternehmen, welche den Börsenkurs beeinflussen könnten, unverzüglich öffentlich gemacht werden müssen. Ein schönes Beispiel dafür war das Bekanntwerden des Abgasskandal bei VW.

Als Designated Sponsor wird ein im XETRA-Handel aktiver Börsenmakler bezeichnet. Er stellt als Market Maker im fortlaufenden Handel im Auftrag des Emittenten die notwendige Liquidität der Aktien sicher. Ein Market Maker wiederum ist ein Makler, der selbst die Kurse stellt.

Verteilung im SDAX

Im März, Juni, September und Dezember erfolgt eine Überprüfung, ob ein Unternehmen noch die Größenkriterien erfüllt, um im SDAX gelistet zu werden. Im Gegensatz zum TecDax, dem Technologieindex, gibt es beim SDAX keine Auflagen hinsichtlich der Branche.

Kursermittlung

Die Kurse des SDAX werden im Rahmen des XETRA-Handels ermittelt. An jedem Handelstag startet die Berechnung des SDAX um neun Uhr vormittags und endet um 17:30, dem offiziellen Handelsschluss im XETRA-Handel. Zwischen 17:45 Uhr und 20:00 Uhr beginnt eine zweite Handelsrunde, der L-SDAX, "late SDAX". Dieser Late Index gilt als Indikator für die weitere Wertentwicklung des SDAX.

Die Kursermittlung des SDAX erfolgt auf zwei Wegen. Zum einen gibt es den Performanceindex, zum anderen den Kursindex. Für die Anleger ist der Performanceindex die interessantere Größe, da hier auch die bereits gezahlten Dividenden mit einfließen. Der Performanceindex simuliert, dass alle Erträge, also auch die Dividenden, in die Aktie reinvestiert würden. Der Kursindex stellt den um die Dividende bereinigten Kurs dar, was wiederum einen geringeren Indexwert bedeutet als bei einem Performanceindex.

Vorteile bei einem Investment in Unternehmen aus dem SDAX

Der Vorteil von Aktien aus dem SDAX für Anleger ist leicht umrissen. Es handelt sich dabei um kleine Unternehmen. Diese weisen in der Regel kürzere Entscheidungswege auf als große Konzerne. Aufgrund der höheren Flexibilität können sie sich schneller an sich verändernde Marktgegebenheiten anpassen. Häufig sind diese Firmen, die zu den exponierten Mitgliedern des deutschen Mittelstandes gehören, auf lukrative Nischenmärkte spezialisiert, und tragen den Beinamen "hidden champions". SDAX-Werte bieten häufig eine lukrativere Dividendenrendite als Unternehmen aus dem MDAX oder dem DAX 40. Dazu kommt, dass kleinere Unternehmen stärker als große Firmen noch auf Expansion aus sind, um Marktanteile zu sichern und auszubauen. Anleger profitieren von dem überdurchschnittlichem Wachstumspotenzial gegenüber einem DAX-40 Wert.

TecDAX

Der TecDAX ist ein deutscher Aktienindex und wurde im März 2003 eingeführt. Es gibt ihn als Kursindex und als Performanceindex. Neben dem DAX, dem MDAX und dem SDAX gehört der TecDAX zum Prime Standard und zur DAX-Indexfamilie der Deutschen Börse AG.

Anforderungen

Im TecDAX sind 30 der größten sogenannten „Technologiewerte" in Bezug auf die Marktkapitalisierung des Streubesitzes und die Börsenumsätze gelistet. Dabei wurden zunächst alle Technologiewerte quartalsweise bewertet und nach einem abgestuften System in eine Rangliste mit den 35 größten Aktienwerten aufgenommen.[3] Anhand dieser Rangliste wird dann entschieden, welche neuen Werte eventuell in den TecDAX aufgenommen werden und welche herausfallen. Seit einigen Jahren wird diese Rangliste monatlich erstellt. Es gelten grundsätzlich die gleichen Kriterien wie beim DAX, MDAX und SDAX.

Die Anforderungen sind:

- Zulassung zum Prime Standard,
- Fortlaufender Handel auf Xetra,
- Streubesitz von wenigstens 10 %,
- Juristischer Sitz oder operatives Hauptquartier in Deutschland

Die bisher im TecDAX geführten Werte wurden auch in SDAX und MDAX aufgenommen, die entsprechend vergrößert wurden. Der TecDAX wird als Parallelindex für Technologiewerte weitergeführt.

Berechnung

Die Deutsche Börse berechnet den Index aus den Kursen des elektronischen Handelssystems Xetra. Seine Berechnung beginnt um 9:00 Uhr MEZ und endet mit den Kursen aus der Xetra-Schlussauktion, die um 17:30 Uhr MEZ startet. Der letzte Indexstand wird um 17:35 Uhr nach der Xetra-Schlussauktion berechnet. Von 8:00 Uhr bis 9:00 Uhr und zwischen 17:45 Uhr und 20:00 Uhr MEZ wird der L-TecDAX (ISIN DE0001717072, auch L/E-TecDAX genannt) berechnet. Dieser aus historischen Gründen zu den sogenannten „Late-Indizes" gezählte Indikator gibt die Entwicklung der TecDAX-Werte außerhalb der Xetra-Handelszeiten wieder. Er basiert auf den Kursen des manuell betreuten Handels der Frankfurter Wertpapierbörse.

8.4 Xetra

Allgemeine Kennzeichnung	Xetra ist ein von der Deutsche Börse AG entwickeltes elektronisches Handelssystem (Exchange Electronic Trading) für den Kassamarkt, in dem Aktien, Optionsscheine und Rentenwerte gehandelt werden. Mit den Zentralrechnern des Xetra-Systems können sich Client-Rechner weltweit über das Internet oder Standleitungen verbinden. Xetra bietet marktgerechte Ausführungspreise, geringe Transaktionskosten, Gleichberechtigung, Standortunabhängigkeit und Anonymität der Handelspartner. Herausforderungen für ein elektronisches Handelssystem wie Xetra betreffen vor allem Stabilität, Verfügbarkeit, Skalierbarkeit und Latenz sowie eine langfristig steigende Marktaktivität.
Organisation	Über 94 Prozent des gesamten Aktienhandels an deutschen Börsen werden über das Xetra-Handelssystem abgewickelt. Xetra ist an Handelstagen der Frankfurter Wertpapierbörse von 9:00 bis 17:30 Uhr geöffnet. An der Präsenzbörse in Frankfurt am Main wird hingegen bis 20:00 Uhr bzw. 22:00 Uhr gehandelt. Die Preise auf Xetra sind Basis zur Berechnung des bekanntesten deutschen Aktienindex DAX. Durch hohes Angebot und Nachfrage (Liquidität) wird eine Wertpapierorder, besonders in den DAX-Werten, am Handelsplatz Xetra schneller und zu marktgerechteren Preisen ausgeführt als an anderen Handelsplätzen. Dieses Prinzip wird zusätzlich durch Liquiditätsversorger (sogenannte Designated Sponsors) unterstützt; diese haben zu ausgewählten auf Xetra gehandelten Wertpapieren laufend verbindliche An- und Verkaufspreise (Quotes) in den Markt einzustellen. Da der gesamte Handel elektronisch vollzogen wird, kann es in Xetra zu Teilausführungen der Aufträge kommen. Durch die Vernetzung im Internet kann die Kursentwicklung weltweit verfolgt werden. Der Zugang ist nicht nur den Börsenmaklern (Spezialisten) möglich, sondern praktisch jedem Nutzer mit einem Brokerkonto. Um unerwünschte starke Preisschwankungen zu vermeiden, kann für den Handel in einem Wertpapier automatisiert eine Volatilitätsunterbrechung (Volatility Interruption) vorgenommen, bzw. kann das Wertpapier von der Handelsüberwachungsstelle (HÜSt) der Deutschen Börse AG manuell vom Handel ausgesetzt werden. Die Teilnahme am Handel über Xetra sowie am Parketthandel benötigt keine separate Zulassung, sondern neu gelistete Wertpapiere werden automatisch für den Handel auf beiden Handelsystemen freigeschaltet. Die Deutsche Börse betreibt heute am Standort Frankfurt mehrere Instanzen des Xetra-Systems: • Xetra Frankfurt 1 ist die Plattform für den deutschen Aktienmarkt. • Xetra Frankfurt 2 ist die Plattform der auf Xetra migrierten Derivatebörse Scoach.

Handels-beschreibung	• Börsenhändler der Kreditinstitute geben Kauf- und Verkaufsaufträge am Bildschirm in das System ein. • Zusammenführung passender Orders durch den Zentralrechner (Matching) und damit Schließung der Börsengeschäfts • Durch die zentrale Zusammenführung von Kauf- und Verkaufsaufträgen ist der Umsatz in den einzelnen Wertpapieren und damit die Liquidität sehr hoch. • Durch die Spezialisten soll die Liquidität in den Nebenwerten weiter erhöht werden, indem sie Geld- und Briefkurse (Quotes) in das Orderbuch einstellen.

8.5 Abwicklung von Börsengeschäften

Abschluss eines Wertpapierkaufvertrages	Kaufvertrag zwischen Käufer und Bank Einigung über Gattung, Menge und Preis An der Börse wird das Verpflichtungsgeschäft zwischen Kunde und Bank erfüllt (Erfüllungsgeschäft). Es erfolgt am zweiten Börsentag nach Abschluss des Geschäftes über die Wertpapiersammelbank (Clearstream Banking AG).
Ermittlung von Börsenpreisen	Börsenpreise entsprechen der wirklichen Marktlage des Börsenhandels. Grundlage der Preisermittlung: limitierte oder nicht limitierte Börsenaufträge (Kauf- oder Verkaufsaufträge) • Handelbar sind bei Aktien und Optionsscheinen ein Stück oder ein Vielfaches, • Anleihen 0,01 EUR oder ein Vielfaches. Stücknotierung: Der Kurs notiert in EUR je Stück, z. B. Aktien, Bezugsrechte. Prozentnotierung: Der Kurs notiert in Prozent des Nennwertes, z. B. Anleihen, Genussscheine. Die Ermittlung von Börsenpreisen erfolgt • im elektronischen Handel (Xetra-Handel) in Auktionen und im fortlaufenden Handel oder • durch Skontroführer an der Präsenzbörse. Im fortlaufenden Handel werden die nicht limitierten Kauforder mit den am niedrigsten limitierten Verkaufsorder zusammengeführt. Eine nicht limitierte Verkaufsorder wird mit der am höchsten limitierten Kauforder zusammengeführt. Die Ausführung einer Order kann in einem oder mehreren Schritten teilweise oder gar nicht erfolgen. Orderarten im Xetra-Handel: Gültigkeit der Order: • Good-for-day: nur für einen Tag • Good-till-date: bis zu einem bestimmten Daten • Good-till-cancelled: bis zur Rücknahme der Order Stop Order Stop-Loss-Order: Der Verkaufsauftrag wird erst dann wirksam, wenn ein bestimmter unterhalb des aktuellen Börsenpreises liegende Kurs erreicht oder unterschritten wird. Die Stop-Loss-Order dient dazu, Verluste zu begrenzen bzw. Kursgewinne zu sichern. Der Anleger schützt sich vor weiter fallenden Kursen. Stop-Buy-Order: Der Kaufauftrag wird erst dann wirksam, wenn ein be-

	stimmter oberhalb des aktuellen Börsenpreis liegende Kurs erreicht oder überschritten wird. Die Order wird dann erteilt, wenn der Anleger die Aktie erst beim Erreichen eines höheren Kurses kaufen möchte, da hier z. B. ein technischer Widerstand durchbrochen wurde und der Anleger weitere Kurssteigerungen erwartet. Eine Stop-Order kann als Market-Order oder als Limit-Order erteilt werden. Bei einer Stop-Market-Order wird der Auftrag nach Erreichen der Kursschwelle als nicht limitierte Order zum nächsten Kurs ausgeführt. Bei einer Stop-Limit-Order wird der Auftrag nach Erreichen der Kursschwelle als limitierter Auftrag wirksam.
Kurszusätze und Kurshinweise im Präsenzhandel	Kurszusätze und Kurshinweise beschreiben die jeweilige Marktsituation an der Börse. Beispiele: b oder Kurs ohne Zusatz - bezahlt • Ausführung aller nicht limitierten Aufträge • Ausführung aller zum oder über dem Kurs limitierten Kaufaufträge • Ausführung aller zum oder unter dem Kurs limitierten Verkaufsaufträge bG - bezahlt Geld: Die zum Kurs limitierten Kaufaufträge wurden nicht vollständig ausgeführt; es bestand weitere Nachfrage. bB – bezahlt Brief: Die zum Kurs limitierten Verkaufsaufträge wurden nicht vollständig ausgeführt; es bestand weiteres Angebot. ex D – ohne Dividende: Kurs nach Dividendenzahlung ex BR – Kurs ohne Bezugsrecht: Kurs zu Beginn der Bezugsfrist einer Kapitalerhöhung gegen Einlagen ex BA – ohne Berichtigungsabschlag: Kurs nach Ausgabe von Berichtigungsaktien bei einer Kapitalerhöhung aus Gesellschaftsmitteln.
Kursbeeinflussende Faktioren	Angebot und Nachfrage an der Börse werden durch eine Vielzahl von Einflüssen bestimmt: • Außenwirtschaftliche Einflüsse, z. B. Importe und Exporte, Rohstoffpreise, Devisenkurse • Gesamtwirtschaftliche Einflüsse, z. B. konjunkturelle Entwicklung (Wirtschaftswachstum, Beschäftigungsgrad, Investitionsneigung, Preisniveau) strukturelle Veränderungen • Unternehmensbezogene Einflüsse, z. B. Ertragslage, Dividendenpolitik, Zukunftsaussichten, Steuergesetzgebungsveränderungen • Marktechnische Einflüsse, z. B. Kurspflege der Emissionshäuser, Auslandsaufträge, technischer Kurssteigerungen nach starken Kursrückgängen, Optionstermine • Geldmarktpolitische Einflüsse, z. B. Zinsniveau am Geldmarkt bzw. Kapitalmarkt, erwartete Zinsentwicklung, geldpolitische Maßnahmen der EZB • Innenpolitische Einflüsse, z. B. Wahlausgang, Regierungserklärungen, Besteuerung der Einkommen, Haushaltssituation und Finanzierungsverhalten der öffentlichen Hand, sozialpolitische Maßnahmen, Umweltschutzmaßnahmen • Kapitalmarktpolitische Einflüsse, z. B. Liquidität der Kapitalanleger, Zinsentwicklung, Rendite der Effekten im Vergleich anderer Anlagemöglichkeiten • Marktpsychologische Einflüsse, z. B. Grundstimmung der Kapitalanleger, Börsengerüchte

9. Besteuerung von Wertpapiererträgen

9.1 Besteuerung von Zinsen und Dividenden

Kapitalerträge unterliegen einer pauschalen 25 %-igen Abgeltungsteuer. Kreditinstitute halten von den Kapitalerträgen die 25 %-ige Abgeltungsteuer zuzüglich 5,5 % Solidaritätszuschlag (SolZ) auf die Abgeltungsteuer und ggf. Kirchensteuer (KiSt) auf die Abgeltungsteuer ein und führen die Steuern an das Finanzamt ab. Damit ist die Steuerpflicht des Anlegers abgegolten.

Sparer-Pauschbetrag und Werbungskosten

Es gilt ein Sparer-Pauschbetrag von 801 Euro (Ehegatten 1.602 Euro). Mit dem Sparer-Pauschbetrag sind alle tatsächlich angefallenen Werbungskosten (z. B. Depotgebühren, Vermögensverwaltungsgebühren, Reisekosten für Fahrten zur Hauptversammlung) abgegolten und werden damit nicht gesondert berücksichtigt.

Freistellungsaufträge sind nur wirksam, wenn bei Erteilung des Freistellungsauftrags die Steueridentifikationsnummer angegeben wurde. Bei gemeinsamen Freistellungsaufträgen sind die Steueridentifikationsnummern beider Ehegatten anzugeben.

Beispiel für Zinserträge ohne Freistellungsauftrag

5,75 % von 22.500,00 EUR	1.293,75 EUR
./. 25,00 % Abgeltungsteuer	323,43 EUR
./. 5,5 % SolZ	17,78 EUR
Nettozinsertrag	**952,54 EUR**

Beispiel für Zinserträge mit Freistellungsauftrag (FSA) von 225,50 EUR

5,75 % von 22.500,00 EUR	1.293,75 EUR
./. FSA	225,50 EUR
= Zwischensumme	1.068,25 EUR
./. 25 % Abgeltungsteuer	267,06 EUR
./. 5,5 % SolZ	14,68 EUR
= Zwischensumme	786,51 EUR
+ FSA	225,50 EUR
= Nettozinsertrag	**1.012,01 EUR**

Beispiel für Dividendenerträge ohne Freistellungsauftrag, 400 Aktien, Dividende 0,80 EUR je Aktie

Bardividende 0,80 EUR je Aktie x 400	320,00 EUR
./. 25 % Abgeltungsteuer	80,00 EUR
./. 5,5 % SolZ	4,40 EUR
= Gutschriftsbetrag	**235,60 EUR**

Beispiel für Dividendenerträge mit Freistellungsauftrag über 100,00 EUR, 400 Aktien, Dividende 0,80 EUR je Aktie

Bardividende 0,80 EUR je Aktie x 400	320,00 EUR
./. FSA	100,00 EUR
= Zwischensumme	220,00 EUR
./. 25 % Abgeltungsteuer	55,00 EUR
./. 5,5 % SolZ	3,02 EUR
= Zwischensumme	161,98 EUR
+ FSA	100,00 EUR
= Nettozinsertrag	**261,98 EUR**

Besteuerung von Veräußerungsgewinnen

Veräußerungsgewinne bei Wertpapierverkäufen zählen zu den Einkünften aus Kapitalvermögen und unterliegen der Abgeltungsteuer. Ein Veräußerungsgewinn ist die Differenz zwischen dem bei dem Erwerb gezahlten Kaufpreis und dem bei der Veräußerung erzielten Verkaufserlös unter Berücksichtigung der An- und Verkaufskosten.

Beispiel für die Besteuerung eines Veräußerungsgewinns mit einem Freistellungsauftrag von 100,00 EUR

Kaufpreis	4.267,33 EUR
Verkaufspreis	6.378,69 EUR
Veräußerungsgewinn	2.111,36 EUR
./. FSA	100,00 EUR
= Zwischensumme	**2.011,36 EUR**
./. 25 % Abgeltungsteuer	502,84 EUR
./. 5,5 % SolZ	27,65 EUR
= Zwischensumme	**1.480,87 EUR**
+ FSA	100,00 EUR
= Nettoveräußerungsgewinn	**1.580,87 EUR**

Das automatische Kirchensteuerabzugsverfahren

Es ist nicht mehr erforderlich, einen Antrag auf Einbehalt von Kirchensteuer auf abgeltend besteuerte Kapitalerträge zu stellen. Der Einbehalt für und die Weiterleitung an die steuererhebende Religionsgemeinschaft erfolgt jetzt automatisch. Das bedeutet, dass die Mitglieder einer steuererhebenden Religionsgemeinschaft nichts weiter veranlassen müssen, um ihren kirchensteuerrechtlichen Pflichten im Zusammenhang mit der Abgeltungsteuer nachzukommen.

Alle zum Steuerabzug vom Kapitalertrag verpflichteten Stellen, z. B. Kreditinstitute und Versicherungen, fragen zur Vorbereitung des automatischen Abzugs der Kirchensteuer auf Abgeltungsteuer einmal jährlich beim Bundeszentralamt für Steuern (BZSt) die Religionszugehörigkeit aller Kunden ab. Um den Kirchensteuerabzug vornehmen zu können, ist die Bank gesetzlich verpflichtet, die Religionszugehörigkeit ihrer Kunden in Form eines verschlüsselten Kennzeichens beim BZSt abzufragen. Das sog. Kirchensteuerabzugsmerkmal gibt Auskunft über die Zugehörigkeit eines Kunden zu einer steuererhebenden Religionsgemeinschaft und den geltenden Kirchensteuersatz. Die Abfrage erfolgt einmal jährlich zwischen dem 1. September und dem 31. Oktober. Damit ist die Kirchensteuerpflicht des Kunden für Kapitaleinkünfte vollständig abgegolten. Weitere Angaben in der Steuererklärung entfallen.

Wenn der Kunde nicht möchte, dass das BZSt seine Kirchensteuerdaten verschlüsselt übermittelt, kann der Kunde der Datenweitergabe bis zum 30. Juni eines Jahres widersprechen. Der Widerspruch muss direkt an das BZSt gerichtet werden. Das BZSt sperrt dann die Übermittlung des Kirchensteuerabzugsmerkmals und meldet den Widerspruch dem Finanzamt des Kunden. Kirchenmitglieder werden vom Finanzamt zur Abgabe einer Steuererklärung für die Erhebung der Kirchensteuer auf Abgeltungsteuer aufgefordert.

Kirchensteuer auf Abgeltungsteuer

Wenn man einer Religionsgemeinschaft angehört, die Kirchensteuer verlangt, ist die Kirchensteuer eine Pflichtsteuer, die zusätzlich zur Abgeltungsteuer gezahlt werden muss. Die Kirchensteuer beträgt 8 % in Bayern und Baden-Württemberg. In allen anderen Bundesländern 9 %, prozentual berechnet von der Höhe der Abgeltungsteuer. Da man allerdings die Kirchensteuer als Sonderausgabe absetzen kann, ist die genaue Berechnungsgrundlage der Kirchensteuer nicht 9 % von 25 %, sondern die 25 % Abgeltungsteuer abzüglich des möglichen Sonderaus gabenabzuges. Da die Kirchensteuer bei der Einkommensteuer als Sonderausgabe abzugs fähig ist, errechnet sich die Abgeltungsteuer nach folgender Formel:

Abgeltungsteuer = Kapitalerträge : (4 + (Kirchensteuersatz : 100))

Bei 9 % Kirchensteuer ergibt dies die Berechnungsgrundlage von 24,45 %.

Bei 8 % Kirchensteuer ist die Berechnungsgrundlage 24,51 %.

Falls man zu den Steuerpflichtigen gehört, die 9 % Kirchensteuer zu zahlen haben, ergibt sic dann folgende zu zahlende Gesamtsumme bei schon abgezogenen Sonderausgaben: Fü 100,00 EUR Zinsen, Dividenden oder Kursgewinne 24,45 EUR Abgeltungsteuer, 1,34 EU Solidaritätszuschlag und 2,20 EUR Kirchensteuer, also insgesamt 27,98 EUR.

Falls man zu den Steuerpflichtigen gehört, die 8 % Kirchensteuer zu zahlen haben, ergibt sic dann folgende zu zahlende Gesamtsumme (bei schon abgezogenen Sonderausgaben): Fü 100,00 EUR Zinsen, Dividenden oder Kursgewinne 24,51 EUR Abgeltungsteuer, 1,34 EU Solidaritätszuschlag (berechnet von 24,51 EUR) und 1,960 EUR Kirchensteuer, also insge samt 27,81 EUR.

Beispiel eines Zinsertrags unter Berücksichtigung von 9 % Kirchensteuer

4 % Zinsen auf 10.000 EUR für 1 Jahr	400,00 EUF
./. 24,45 % Abgeltungsteuer	97,80 EUF
./. 5,5 % Solidaritätszuschlag auf die Abgeltungsteuer von 97,80 EUR	5,37 EUF
./. 9 % Kirchensteuer auf die Abgeltungsteuer von 97,80 EUR	8,80 EUF
= Gutschriftsbetrag	**288,03 EUF**

Verlustverrechnungstöpfe

Veräußerungsverluste können als negative Kapitalerträge mit positiven Kapitalerträgen ver rechnet werden. Negative Kapitalerträge begründen einen Steuererstattungsanspruch an da Finanzamt, der auf drei Wegen geltend gemacht werden kann:

- rückwirkende Steuererstattung durch die Bank innerhalb eines Kalenderjahres
- Ausstellung einer Verlustbescheinigung durch die Bank und Geltendmachung des Verlus tes in der Einkommensteuererklärung
- Einstellung des Verlustes in ein Verlustverrechnungskonto, wenn keine sofortige Steuerver rechnung möglich ist.

Veräußerungsverluste aus Aktiengeschäften dürfen nur mit Gewinnen aus Aktiengeschäfte verrechnet werden. Veräußerungsgewinne aus Aktiengeschäften können hingegen mit alle anderen negativen Kapitalerträgen verrechnet werden. Andere negative Kapitalerträge (z. E Veräußerungsverluste bei Zertifikaten oder Investmentanteilen, gezahlte Stückzinsen beir Erwerb von Anleihen können mit allen positiven Kapitalerträgen (z. B. Zinserträgen, Dividender Veräußerungsgewinnen bei Aktien oder Zertifikaten) verrechnet werden. Die Bank muss dahe aufgrund der unterschiedlichen Verrechnungsregelungen zwei unterschiedliche Verlustver rechnungstöpfe führen:

- Aktienverlustverrechnungstopf: Erfassung der Veräußerungsverluste aus Aktiengeschäfter Verrechnung nur mit späteren Gewinnen aus Aktiengeschäften
- Allgemeiner Verlustverrechnungstopf: Erfassung aller anderen negativen Kapitalerträge Verrechnung mit allen späteren positiven Kapitalerträgen einschl. der Gewinne aus Aktien geschäften

Veräußerungsgewinne und Verlustverrechnungstöpfe

Veräußerungsgewinne bei Aktien sind als positive Kapitalerträge steuerpflichtig. Ein Veräußerungsgewinn ist die positive Differenz zwischen dem beim Erwerb gezahlten Kaufpreis und dem bei der Veräußerung erzielten Verkaufserlös unter Berücksichtigung der An- und Verkaufskosten. Veräußerungsverluste können als negative Kapitalerträge mit positiven Kapitalerträgen verrechnet werden. Negative Kapitalerträge begründen einen Steuererstattungsanspruch an das Finanzamt. Veräußerungsverluste aus Aktiengeschäften dürfen nur mit Gewinnen aus Aktiengeschäften verrechnet werden. Veräußerungsgewinne aus Aktiengeschäften können mit allen anderen negativen Kapitalerträgen verrechnet werden. Aufgrund dieser Regelung muss die Bank einen Aktienverlustverrechnungstopf und einen allgemeinen Verlustverrechnungstopf führen. Die Verlustverrechnung hat Vorrang vor der Belastung des Freistellungsauftrags (FSA).

Beispiel: Ein Kunde hat noch einen FSA von 801,00 EUR

Veräußerungsgewinn	1.600,00 EUR
./. Veräußerungsverlust	1.100,00 EUR
./. Bestand im Verlustverrechnungstopf des Kunden	0,00 EUR
= verbleibender Veräußerungsgewinn	500,00 EUR
Noch verbleibender FSA	**301,00 EUR**

Beispiel: Wiederaufleben eines FSA

Ein Depotkunde hat einen FSA in Höhe von 801,00 EUR erteilt.
Folgende Kapitalerträge bzw. -verluste werden erzielt:

	Allgemeiner Verlustverrechnungstopf	Verbleibender FSA
14.03. Veräußerungsgewinn bei Bundesanleihen 400,00 EUR		401,00 EUR
15.06. Zinsen auf Anleihen 150,00 EUR		251,00 EUR
12.10. Verlust bei Optionen 850,00 EUR	In den allgemeinen Verlustverrechnungstopf wird der Betrag von 300,00 EUR eingestellt (850,00 - 400,00 - 150,00)	Die am 14.3. und 15.6. erfolgten Belastungen des Freistellungsvolumens werden rückgängig gemacht. Neuer FSA 801,00 EUR
Jahresende	Der Bestand des Verlustverrechnungstopfes von 300,00 EUR wird auf das nächste Jahr übertragen.	Das Freistellungsvolumen von 801,00 EUR verfällt am Jahresende.

Nichtveranlagungs-Bescheinigung (NV-Bescheinigung)

Bei Vorlage einer NV-Bescheinigung zahlt das Kreditinstitut die Kapitalerträge ohne Steuerabzug aus. Eine NV-Bescheinigung stellt das Finanzamt auf Antrag des Steuerpflichtigen aus, wenn seine Kapitalerträge voraussichtlich nicht einkommensteuerpflichtig sind. Die betraglich nicht begrenzte NV-Bescheinigung gilt für maximal drei Jahre und muss nach Fristablauf neu beim Finanzamt beantragt werden. Eine NV-Bescheinigung ist für Personen interessant, die nicht zur Einkommensteuer veranlagt werden und Kapitalerträge über den Sparer-Pauschbetrag hinaus erzielen.

Stückzinsen und allgemeiner Verlustverrechnungstopf

Beispiel 1

Die *Nordbank AG* führt am 23.11. (Dienstag) für den Depotkunden Rainer Bittermann den folgenden Kaufauftrag aus:

- 50.000,00 EUR Nennwert 4,0 % Internet AG-Inhaberschuldverschreibungen
- Zinstermin: 13. September, ganzjährig

Der Auftrag wird zum Kurs von 100,75 % ausgeführt. Weder der von der *Nordbank AG* für Herrn Bittermann geführte allgemeine Verlustverrechnungstopf noch das Steuerverrechnungskonto (Steuerverrechnungstopf) weisen einen Bestand auf. Zurzeit liegt weder ein Freistellungsauftrag noch eine Kirchensteuerpflicht vor.

Herr Bittermann muss für diesen Kaufauftrag für 73 Zinstage 400,00 EUR Stückzinsen an der Veräußerer zahlen. Da es sich bei den zu zahlenden Stückzinsen für Herrn Bittermann um einen Aufwand handelt, erhöhen diese Stückzinsen den Saldo seines allgemeinen Verlustverrechnungstopfs.

Beispiel 2

Herr Jens Müller ist Depotkunde der *Nordbank AG*. Ein Freistellungsauftrag von 500,00 EUR liegt der *Nordbank AG* für dieses Depot für 2021 vor. Herr Müller hatte im März 2021 bereits eine Zinsgutschrift in Höhe von 200,00 EUR erhalten, die auf den Freistellungsbetrag angerechnet wurde.

Am 4. Mai 2021 hatte Herr Müller eine Unternehmensanleihe im Nennwert von 30.000,00 EUR erworben. Für diesen Kauf waren Herrn Müller Stückzinsen in Höhe von 1.052,88 EUR berechnet worden, die in seinem Allgemeinen Verlustverrechnungstopf eingestellt wurden.

Die laufende Zinsgutschrift in Höhe von brutto 2.100,00 EUR aus dieser Unternehmensanleihe hatte Herr Müller am 5. November 2021 erhalten.

Die Zinsgutschrift für diese Unternehmensanleihe wird unter der Annahme ermittelt, dass Herr Müller keine weiteren Zinsgutschriften im laufenden Jahr erhalten hatte.

Ermittlung der Zinsgutschrift:

Bruttozinsen	2.100,00 EUR
Bestand im Allgemeinen Verlustverrechnungstopf	1.052,88 EUR
./. freigestellte Zinsgutschrift vom März 2021	200,00 EUR
verbleibende Stückzinsen aus dem Allgemeinen Verlustverrechnungstopf	852,88 EUR
+ Freistellungsauftrag	500,00 EUR
aktuelles Freistellungsvolumen	1.352,88 EUR
= steuerpflichtiger Zinsertrag (2.100,00 − 1.352,88)	747,12 EUR
./. 25 % Abgeltungsteuer	186,78 EUR
./. 5,5 % SolZ auf Abgeltungsteuer	10,27 EUR
Gutschrift:	
Bruttozinsen	2.100,00 EUR
./. Abgeltungsteuer	186,78 EUR
./. SolZ auf Abgeltungsteuer	10,27 EUR
Zinsgutschrift	**1.902,95 EUR**

9.2 Besteuerung von Investmentfonds und Investmenterträgen

Die Investmentsteuerreform ist seit 2018 in Kraft getreten. Dadurch ergaben sich zahlreiche Neuerungen bei der Besteuerung von Erträgen aus Investmentfonds. Diese Reform bezieht sich unter anderem auf Aktienfonds, Mischfonds sowie Immobilienfonds.

Die Erträge der Investmentfonds stellen nach deutschem Recht „Einkünfte aus Kapitalvermögen" dar, die separat von anderen Einkünften besteuert werden (sog. Abgeltungsteuer). Sie unterliegen grundsätzlich einer 25%igen Kapitalertragsteuer, die sich um den Solidaritätszuschlag und ggf. um die Kirchensteuer erhöht.

Dabei gilt derjenige als unbeschränkt steuerpflichtig, der in Deutschland seinen Wohnsitz oder gewöhnlichen Aufenthalt hat und mit seinen Einkünften der deutschen Einkommensteuerpflicht unterliegt.. Ausländische Privatanleger, die weder ihren Wohnsitz noch ihren gewöhnlichen Aufenthalt in Deutschland haben, unterliegen nicht dem Kapitalertragsteuerabzug in Deutschland.

Zahlung von Körperschaftsteuer aus dem Fondvermögen
Seit der Investmentsteuerreform müssen deutsche Fonds Körperschaftsteuer auf bestimmte inländische Erträge in Höhe von 15 % aus dem Fondsvermögen zahlen. Inländische Dividenden und Immobilienerträge werden also bereits auf Fondsebene mit einer Körperschaftsteuer von 15 % (bei Immobilienerträgen. zzgl. SolZ) belastet. Damit behandelt der Gesetzgeber deutsche und ausländische Fonds im Hinblick auf deren Einkünfte aus Deutschland steuerlich gleich. Die Fonds zahlen Anlegern somit geringere Kapitalbeträge aus. Als Ausgleich bekommen Anleger je nach Fondsart eine Teilfreistellung für Dividenden und Verkaufsgewinne.

Teilfreistellung von der Abgeltungssteuer
Um die Vorbelastung mit Körperschaftsteuer und die mangelnde Anrechnungsfähigkeit ausländischer Quellensteuer zu kompensieren, gewährt der Gesetzgeber je nach Fondsart eine sogenannte Teilfreistellung von der Abgeltungsteuer.

Die Anleger von Publikumsfonds unterliegen jetzt einer pauschalen Besteuerung von Investmenterträgen. Dazu zählen Ausschüttungen, die sogenannte Vorabpauschale sowie Gewinne aus der Rückgabe bzw. Veräußerung von Fondsanteilen.

Teilfreistellung von Investmentfonds	Freistellungsquote
Aktienfonds (mind. 51 % Aktien)	30 %
Mischfonds (mind. 25 % Aktien)	15 %
Immobilienfonds (mind. 51 % Immobilien/ Immobiliengesellschaften)	60 %
Immobilienfonds mit Schwerpunkt im Ausland (mind. 51 % ausländische Immobilien / Immobiliengesellschaften)	80 %

Die Fondsanleger müssen selbst die Mittel zur Zahlung der Steuer bereitstellen. Daher darf die depotführende Stelle die erforderlichen Beträge zur Abführung der Steuer auf die Vorabpauschale direkt vom Girokonto oder von einem anderen Referenzkonto des Anlegers einziehen — auch ohne dessen Einwilligung.

Vorabpauschale
Mit der Vorabpauschale soll sichergestellt werden, dass ein bestimmter Mindestbetrag versteuert wird, auch dann, wenn ein Fonds keine oder eine zu geringe Ausschüttung vornimmt. Diese sogenannte Vorabpauschale wird jährlich ermittelt und bezieht sich immer auf das Vorjahr. Die Vorabpauschale ist eine vorweggenommene Besteuerung zukünftiger Wertsteigerungen. Daher wird die Vorabpauschale beim Verkauf der Fondsanteile auch vom tatsächlichen Veräußerungsgewinn abgezogen. Basis für die Berechnung bildet die langfristig erziel-

bare Rendite öffentlicher Anleihen. Der Basiszins orientiert sich am Zinssatz, den die Deutsche Bundesbank jeweils auf den ersten Börsentag des Jahres errechnet.

Auf die Vorabpauschale wird am Anfang des folgenden Kalenderjahres von der depotführenden Stelle Abgeltungsteuer einbehalten. Um eine Doppelbesteuerung zu vermeiden, kann auf die Vorabpauschale die einbehaltene Steuer später von den tatsächlichen Veräußerungsgewinnen beim Verkauf der Fondsanteile wieder abgezogen werden.

Die Vorabpauschale ist die Differenz zwischen dem sogenannten Basisertrag des Fonds und der Ausschüttung. Hierzu wird zunächst zu Beginn eines Kalenderjahres für das vorangegangene Kalenderjahr der Basisertrag nach der Formel berechnet: Basisertrag = 70 % des jährl. Basiszinses x Rücknahmepreis der Fondsanteile zum Jahresbeginn des vorangegangenen Kalenderjahres (z. B. 1.1.2020). Dann wird vom Basisertrag die Ausschüttung des letzten Kalenderjahres (z. B. in 2020) abgezogen: Vorabpauschale = Basisertrag - Ausschüttung des letzten Kalenderjahres.

Die Vorabpauschale kann niemals negativ werden. Der Basisertrag kann nicht höher sein als der Mehrbetrag, der sich aus dem zwischen dem ersten und dem letzten im Kalenderjahr festgesetzten Rücknahmepreis zuzüglich der Ausschüttungen innerhalb des Kalenderjahres ergibt.

Beispiel für die Vorabpauschale:
Gegeben sind folgende Daten:

- Fondspreis zum 2. Januar 2020: 100 EUR
- Fondspreis zum 30. Dezember 2020: 120 EUR
- Basiszins (angenommen): 1 %
- Ausschüttung für das Geschäftsjahr: 0,50 EUR je Anteil

Der Anleger besitzt 500 Fondsanteile eines Aktienfonds.

Der Basisertrag beträgt (70 % von 1 %) 0,7 % x 100 EUR = 0,70 EUR. Die Vorabpauschale beträgt somit 0,70 EUR - 0,50 EUR = 0,20 EUR je Anteil.

Die Erträge aus dem Fonds für das Geschäftsjahr 2020 umfassen die Ausschüttung in Höhe von 0,50 EUR je Anteil und die Vorabpauschale in Höhe von 0,20 EUR je Anteil, insgesamt also 0,70 EUR je Anteil. Davon sind nur 70 % steuerpflichtig (Teilfreistellung 30 %) = 0,49 EUR je Anteil bzw. bei 500 Anteilen insgesamt 245 EUR. Diese werden auf den Freistellungsauftrag angerechnet.

Für thesaurierende Fonds und Fonds mit Teilausschüttungen ergeben sich unterschiedliche Ergebnisse, die sich auf den Zeitpunkt der Steuerpflicht auswirken:

Einbehalt der Steuer
Die Abgeltungsteuer ist ein Abzug der Steuer direkt an der Quelle. In den meisten Fällen wird daher die Abgeltungsteuer durch deutsche Kreditinstitute einbehalten.

Das gilt auch für die Kirchensteuer, die seit 2015 automatisch einbehalten wird und über das Betriebsstätten-Finanzamt der Kreditinstitute an die Religionsgemeinschaften weitergeleitet wird. Zu diesem Zweck fragen die Banken einmal jährlich im Zeitraum vom 1. September bis 31. Oktober beim Bundeszentralamt für Steuern die Religionszugehörigkeit ihrer Kunden zum Stichtag 31. August des Jahres ab.

Anleger können dem automatischen Datenabruf beim Bundeszentralamt für Steuern schriftlich widersprechen, indem sie einen Sperrvermerk einlegen. Der Sperrvermerk entbindet nicht von der Kirchensteuerpflicht. Sie müssen dann die Kirchensteuer auf die Abgeltungsteuer über die Steuererklärung ans Finanzamt abführen. Das Bundeszentralamt für Steuern ist ge setzlich verpflichtet, das zuständige Finanzamt über die Sperre zu informieren.

Verlustverrechnung
Für in einem Depot verwahrte Fondsanteile führt das inländische Kreditinstitut u. a. einen allgemeinen Verlustverrechnungstopf' um fortlaufend eine Verrechnung von Erträgen und Veräußerungsgewinnen mit Veräußerungsverlusten und anderen negativen Kapitalerträgen vorzunehmen.
Auch die Teilfreistellung ist auf Verluste aus der Veräußerung der Fondsanteile anwendbar.

10. Verwahrung und Verwaltung von Wertpapieren

10.1 Girosammelverwahrung

Allgemeine Kennzeichnung	Unter der Girosammelverwahrung bezeichnet man die Verwahrung von Wertpapieren bei einer Bank in einem sogenannten Girosammeldepot. Dabei werden alle Effekten derselben Gattung gemeinsam verwahrt. Der so verwahrte Bestand steht im Eigentum nach Bruchteilen aller Einlieferer. Jeder hat einen Herausgabeanspruch an Stücken der beschriebenen Wertpapiergattung, die als Gattungssache untereinander austauschbar sind.
Eigentumserwerb	Das Eigentum wird durch Buchung auf dem Depotkonto erworben, wenn der Verwahrer zugleich den Kauf vermittelt. Bei der Einlieferung effektiver Stücke geht das Einzeleigentum an den Papieren unter. Regelmäßig wird ein Sammelbestand nur von einer Wertpapiersammelbank gebildet. Diese kann innerhalb des Sammelbestands problemlos den Effektengiroverkehr durchführen. Gemeinsame Aufbewahrung der von verschiedenen Kunden hinterlegten Effekten derselben Gattung, wobei die einlegenden Kunden Eigentumsrecht nicht an eingelieferten Effekten, sondern bruchteiliges Miteigentum am Sammeldepotbestand erhalten.
Verwaltungs- arbeiten	Folgende Verwaltungsarbeiten werden von der Wertpapiersammelbank übernommen: • Zins- und Dividendenscheineinlösung • buchtechnische Abwicklung von Kapitalerhöhungen und -herabsetzungen • Durchführung der Verwaltungsaufgaben bei Auslosungen • Kündigungen Die Wertpapiersammelbank ist nicht berechtigt, Depotstimmrechte auszuüben.

10.2 Sonderverwahrung

Allgemeine Kennzeichnung	Eine Streifbandverwahrung oder auch Sonderverwahrung genannt ist eine Form des offenen Depots, das dazu dient, Wertpapiere zu verwahren und zu verwalten. Es ist ein Bankgeschäft und obliegt einer Depotbank. Der Anleger hat bei einer Sonderverwahrung Eigentum an den verwahrten Wertpapierurkunden. Die Aufbewahrung dieser Stücke wird gesondert vorgenommen. Die Wertpapiere erhalten eine Kennzeichnung, die über den Hinterleger Auskunft gibt.
Gründe für die Sonderverwahrung	Eine Sonderverwahrung kommt nur in Frage, wenn Wertpapiere nicht sammelverwahrfähig sind oder wenn der Anleger ausdrücklich wünscht, dass die Wertpapiere gesondert verwahrt werden sollen.
Trennung von eigenen Wertpapierbeständen	Bei einer Streifbandverwahrung muss die Bank darauf achten, dass die Wertpapiere der Kunden auch getrennt von bankeigenen Wertpapierbeständen und den Wertpapieren dritter Personen aufbewahrt werden. Eine Streifbandverwahrung liegt dann vor, wenn Wertpapiere in sogenannten Streifbändern oder Mappen aufbewahrt werden. Die Kennzeichnung der Streifbänder beinhaltet Angaben zur Person, welche die Wertpapiere hinterlegt hat, und beispielsweise die Wertpapierkennnummer ISIN und die Art des Wertpapiers. Außerdem dürfen Mäntel und Bögen nicht zusammen verwahrt werden.
Kosten	Die Wertpapiere werden bei einer Streifbandverwahrung zum Beispiel im Safe der Bank verwahrt. Der Anleger muss damit rechnen, dass er die Kosten für die Verwaltung seiner Wertpapiere zu tragen hat.
Eigentumserwerb	Werden vom Bankkunden Wertpapiere käuflich erworben, erhält dieser ein sogenanntes Stückeverzeichnis. Dieses Stückeverzeichnis dient dem Anleger als Beweis dafür, dass er Eigentum an den Stücken besitzt. In einem Stückeverzeichnis werden alle erworbenen Stücke mit der jeweiligen Stücknummer für den Käufer aufgelistet.

11. Anlageberatung

Grundlagen	• Provisionsbasierte Anlageberatung: Bei einem Geschäftsabschluss fällt eine Provision an. • Honorar-Anlageberatung: Das Kreditinstitut erhält eine Vergütung vom Kunden, deren Höhe von der Dauer und Komplexität der Anlageberatung abhängig ist. Vor Beginn der Beratung und vor Abschluss des Beratungsvertrages ist der Kunde in verständlicher Form darüber zu informieren, ob die Anlageberatung als unabhängige Honorar-Anlageberatung erbracht wird oder nicht. Direktbanken: Sie erbringen ihre Leistungen ohne jede Beratungsleistung an. Die Bankgeschäfte können demnach zu sehr günstigen Konditionen abgeschlossen werden. Die Anlageentscheidung wird vom Kunden in Eigenverantwortung ohne Beratungsleistung der Bank getroffen.
Sachkundenachweis für Anlageberater/-innen	Anlageberater/-innen müssen die für eine qualifizierte Beratung erforderliche Sachkunde besitzen. Dazu gehören Kenntnisse in den Bereichen Kundenberatung, Rechtsgrundlagen, Fachkenntnisse.
Kundengruppen	• Privatkunden: Zu einem Vermögensaufbau werden dem Kunden in erster Linie standardisierte Produkte in den Geschäftsstellen der Bank angeboten. Die Produkte sind auf die Bedürfnisse der unterschiedlichen Kundengruppen zugeschnitten und so gestaltet, dass sie dem Kunden ohne aufwendigen Beratungsbedarf erläutert werden können. • Vermögende Privatkunden: Kriterien für die Zuordnung zu dieser Kundengruppe sind das Jahreseinkommen und das Vermögen der Kunden. Die Kunden werden aktiv von besonderen Beratern in speziellen Beratungszentren betreut und beraten. • Firmenkunden: Bei dieser Kundengruppe werden komplexe Finanzierungsfragen, z. B. Zahlungsverkehrsleistungen, Unternehmensbeteiligungen und –übernahmen, Kreditgewährungen, Devisengeschäfte und –absicherungen, Anlagemöglichkeiten gelöst.
Verhaltensregeln nach dem Wertpapier-handelsgesetz (WpHG)	Das WpHG unterscheidet professionelle Kunden und Privatkunden. • Professionelle Kunden sind Kunden, die über ausreichende Erfahrungen, Kenntnisse und Sachverstand verfügen, um ihre Anlageentscheidungen zu treffen und die damit verbundenen Risiken angemessen beurteilen zu können. Die Informations- und Aufklärungspflichten gegenüber diesen Kunden sind gering. • Privatkunden sind vor dem Abschluss von Finanzdienstleistungsgeschäften umfangreich über die Art des Geschäftes und die damit verbundenen Risiken aufzuklären. Allgemeine Regel: Ein Wertpapierdienstleistungsunternehmen muss alle Leistungen ehrlich, redlich und professionell im bestmöglichen Interesse seiner Kunden erbringen. Außerdem muss das Unternehmen angemessene organisatorische Maßnahmen treffen, um Interes-

	senskonflikte zu vermeiden. Über trotzdem bestehende Interessenskonflikte ist der Kunde vor einem Geschäftsabschluss zu informieren. Das Unternehmen darf keine Anreize für Mitarbeiter schaffen, nicht im bestmöglichen Interesse ihrer Kunden zu handeln. Insbesondere dürfen Mitarbeiter nicht durch Vergütungsvereinbarungen oder Verkaufsziele Anreize erhalten, einem Privatkunden bestimmte Produkte zu empfehlen, obwohl ein anderes Finanzinstrument eigentlich geeigneter für ihn ist. Das Unternehmen muss Finanzinstrumente so ausgestalten, dass sie den Bedürfnissen eines bestimmten Zielmarktes entsprechen. Das WpHG verbietet, anderen unter Ausnutzung ihrer Unerfahrenheit zu Börsenspekulationsgeschäften zu verleiten. Das sind insbesondere Termin- und Optionsgeschäfte, die darauf gerichtet sind, aus dem Unterschied zwischen dem für die Lieferzeit festgelegten Preis und dem zur Lieferzeit vorhandenen Börsen- oder Marktpreis einen Gewinn zu erzielen.
Bearbeitung von Kundenaufträgen	Ein Wertpapierdienstleister muss geeignete Vorkehrungen treffen, um • Kundenaufträge unverzüglich auszuführen, • Vergleichbare Kundenaufträge nach der Reihenfolge ihres Eingangs auszuführen.
Aufzeichnungs- und Aufbewahrungspflicht	Ein Wertpapierdienstleister muss Aufzeichnungen erstellen über die von ihm erbrachten Wertpapierdienstleistungen sowie die von ihm getätigten Geschäften und über Vereinbarungen mit Kunden, die die Rechte und Pflichten der Vertragsparteien festlegen. Die Aufzeichnungen sind mindestens fünf Jahre ab dem Zeitpunkt der Erteilung aufzubewahren.
Anlageberatung	Anlageberatung ist die Abgabe von persönlichen Empfehlungen an Kunden, die sich auf Geschäfte mit bestimmten Finanzinstrumenten beziehen, sofern die Empfehlung auf eine Prüfung der persönlichen Umstände des Anlegers gestützt oder als für ihn geeignet dargestellt wird. Vor einer Anlageberatung ist der Kunde darüber zu informieren, ob • die Anlageberatung als unabhängige Honorar-Anlageberatung erbracht wird oder nicht. Kreditinstitute erbringen die Anlageberatung i. d. R. nicht als unabhängige Honorar-Anlageberatung. Sie stellen dem Kunden kein zeitabhängiges Honorar für die Anlageberatung ir Rechnung, sondern berechnen Provisionen und erhalten oft Zuwendungen von Vertriebspartnern. • Sich die Anlageberatung auf eine umfangreiche Analyse verschiedener Finanzinstrumente von mehreren Emittenten stützt oder auf eine eher beschränkte Auswahl bezieht. • Der Wertpapierdienstleister dem Kunden regelmäßig eine Beurteilung der Geeignetheit der empfohlenen Finanzinstrumente zur Verfügung stellt.

Ablauf einer Anlageberatung	Eine Anlageberatung vollzieht sich in folgenden Stufen: • Einholung der erforderlichen Kundeninformationen • Analyse der Kundendaten und Ermittlung geeigneter Finanzinstrumente • Information des Kunden über alle wesentlichen Aspekte der Geldanlage • Vertragsabschluss Die geführten Beratungsgespräche müssen aufgezeichnet und für mindestens fünf Jahre gespeichert werden. Der Kunde ist vorab über die Aufzeichnung des Gesprächs zu informieren. Wenn der Kunde der Aufzeichnung widerspricht, darf die Bank keine Wertpapierdienstleistungen erbringen.
Schadensersatz bei Falschberatung	Bei einer fehlerhaften Beratung hat der Kunde einen Anspruch auf Schadensersatz. Im Streitfall ist die Geeignetheitserklärung ein wichtiges Beweismittel und sollte deshalb sorgfältig ausgefüllt werden. Es ist üblich, dass der Berater am Schluss der Beratung noch einmal mit dem Kunden die Geeignetheitserklärung durchgeht und sich die Richtigkeit der Dokumentation vom Kunden unterzeichnen lässt. Schadensersatzansprüche verjähren nach drei Jahren.
Regeln für Verhaltensweisen bei Anlegern	Bei der Informationsflut, die über die Anleger tagtäglich hereinbricht, bereitet es vielen Anlegern Schwierigkeiten, neue Nachrichten rational zu analysieren und zu bewerten. Soll man abwarten oder handeln lautet für viele Privatanleger oft die entscheidende Frage. Aus praktischen Gründen wird oftmals zunächst abgewartet und erst dann reagiert, wenn sich eine Neuigkeit bereits stark ausgewirkt hat und Anleger wie z.B. im Fall eines Aktienkursabsturzes zum Handeln zwingt. Oder der Anleger reagiert nur deshalb, weil die Nachricht durch die Medien besonders stark verbreitet wird. In beiden Fällen kommt die Reaktion des Anlegers erst, wenn viele andere Marktteilnehmer bereits gehandelt haben. Dies ist für den Anleger nachteilig. Denn man kauft oder verkauft immer zu einem Kurs, der die neuen Informationen bereits verarbeitet hat oder vielleicht sogar bereits überreagiert hat. Selektive Wahrnehmung führt deshalb zu einer unbewussten Verzerrung der Wirklichkeit. Zudem nimmt der Anleger häufig nur Nachrichten wahr, die mit seiner Grundeinstellung zu einer Aktie vereinbar sind. Ist der Anleger einem Unternehmen gegenüber positiv gestimmt, so wird er mit Freude und Genugtuung auf gute Nachrichten reagieren und sich selbst bestätigt fühlen, getreu dem Motto: „Ich hab's ja gewusst!" Informationen, die auf negative Entwicklungen hindeuten, werden dagegen einfach überlesen oder relativiert. Mit diesem Verhalten der selektiven Wahrnehmung rechtfertigt der Anleger unbewusst seine Entscheidung z.B. eine bestimmte Aktie gekauft zu haben. Ein Börsenexperte bringt es auf den Punkt: „Viele Anleger verdienen an der Börse kein Geld, weil sie Gefangene ihrer selektiven Wahrnehmung sind." Selbst wenn schlechte Nachrichten den Kurs einer Aktie einbrechen

lassen, klammern sich viele Anleger z.B. an die optimistischen Aussagen des Vorstands. Dabei ist es sein Job, sich und sein Unternehmen gut zu verkaufen und schlechte Entwicklungen herunterzuspielen um sich „nichts zu verbauen" und nicht zu Letzt auch um seinen Job zu behalten. Unabhängig davon ob sich z.B. Vorwürfe aus den Medien als wahr oder falsch erweisen: Man wird kaum einen Vorstand finden, der die Zukunft seines Unternehmens als düster bezeichnet oder Betrugsvorwürfe nicht abwehrt. Das ist nur dann nicht mehr möglich, wenn Polizeiermittlungen das Gegenteil beweisen oder ein Unternehmen gerade Insolvenz angemeldet hat. Auch in Diskussionsforen und Blogs im Internet wird jede Meinung vertreten sein. Sucht man eine bestätigende positive Einschätzung, so wird sich diese im Internet sehr leicht finden lassen. Genau wie Pessimisten natürlich auch ihre Bestätigung finden. Es gilt wie immer: Nur die Börse hat recht – und die kann ihre Meinung auch ändern.

Um sich eine Meinung zu bilden, sollte der Anleger daher bewusst auf charttechnische Entwicklungen, Signale und Bestätigungen achten. Das ist auch für Neuanleger machbar.

Ist der Anleger durch einen Bericht oder eine Unternehmensmeldung skeptisch geworden, so ist es zweckmäßig, auf eine mögliche charttechnische Schwäche zu achten. Das könnte z.B. das Unterschreiten einer Unterstützungslinie sein, d.h. wenn ein Kursbereich unterschritten wird, welcher der Aktie zuvor mehrmals Rückhalt geboten hatte. Gibt es hingegen bei einer vermeintlich negativen Meldung nur einen kurzen Rücksetzer von dem sich die Aktie rasch erholt, so war die Meldung offensichtlich falscher Alarm. Gleiches gilt dann, wenn eine Aktie z.B. nach positiven Quartalszahlen kurz stark anspringt und dann deutlich ins Minus dreht. Auch dann sollte man hinterfragen ob die weiteren Aussichten für die Aktie wirklich so gut sind wie dargestellt.

Informationen können auch „Ruination" bedeuten insbesondere dann, wenn der Anleger auf jede Kleinigkeit reagiert. Eine alte Börsenwahrheit lautet: „Viel Hin und Her macht die Taschen leer".

12. Rating

Allgemeine Kennzeichnung	Es handelt sich um eine standardisierte Bonitätsbeurteilung von handelbaren Finanzpapieren (z. B. Anleihen oder Geldmarktpapiere, die Forderungsrechte verbriefen) und ihren Emittenten durch Kreditbewertungsagenturen (Ratingagenturen). Dabei geht es um eine bonitätsmäßige Einstufung von Kreditnehmern und Anleiheschuldnern (Credit Rating, Unternehmensrating) nach einheitlichen, konsistenten Verfahren. Das Rating gibt internationalen Investoren gültige Maßstäbe als Grundlagen für Investitionsentscheidungen an die Hand. Damit werden Transparenz und Effizienz des Kapitalmarktes gesteigert.
Funktionen	Das Rating soll einem Käufer langfristiger Anleihen (Bonds) oder kurzfristiger Geldmarktpapiere (Commercial Papers, Certificates of Deposit) den Grad des Risikos eines Investments verdeutlichen. Die Rating-Agenturen verwenden für die Einstufung von Anleihen andere Symbole als für die Einstufung von Geldmarktpapieren und ähnlichen kurzfristigen Verbindlichkeiten, z. B. Banker's Acceptances, Interbankguthaben und Verpflichtungen aus Devisenhandelsgeschäften. Das Rating ist vor allem für Emittenten und Finanzinstitute wichtig, die an den internationalen Finanzmärkten operieren.
Kurzfristiges und langfristiges Rating	Kurzfristige Ratings werden für Forderungstitel vergeben, die zum Begebungszeitpunkt eine Laufzeit von weniger als einem Jahr haben, langfristige Ratings für Forderungstitel mit einer Laufzeit von mindestens einem Jahr. Kurzfristiges Rating ist also das Rating kurzfristiger Titel und soll Aussagen ermöglichen über die Fähigkeit der Schuldner, ihre umlaufenden kurzfristigen Schuldverschreibungen einzulösen. Dabei kann sich das Rating auch vornehmlich auf die Bonität des Schuldners konzentrieren. Voraussetzung ist, dass der Emittent einen genügenden Kreditspielraum zur Einlösung fälliger Papiere nachweisen kann. Sowohl bei kurzfristigen als auch bei langfristigen Ratings werden „Investment Grade" und „Speculative Grade" unterschieden. Unter die Kategorie „Investment Grade" fallen Forderungstitel und Emittenten, bei denen das Bonitätsrisiko als relativ gering anzusehen ist. Spekulative Ratings sind Ausdruck eines besonders hohen Maßes der Gefährdung des Kapitaldienstes und der Tilgung. In den USA ist ein „Investment Grade"-Rating im kurzfristigen Anlagebereich faktisch Voraussetzung für den Eintritt in den Geldmarkt. Das Herabsetzen eines Ratings in den spekulativen Bereich führt in der Regel zum Ausscheiden des Emittenten aus dem Markt. Die Unterscheidung von kurz- und langfristigen Ratings ergibt sich neben Unterschieden in den Bonitätsrisiken aus den unterschiedlichen Informationsbedürfnissen von kurz- und langfristigen Investoren. Der analytische Ansatz für die Beurteilung von kurz- und langfristigen Forderungstiteln ist sehr ähnlich. Beim kurzfristigen Rating werden jedoch zusätzlich Liquiditätsaspekte und die finanzielle Flexibilität des Emittenten im betrachteten Zeitraum betont. Das langfristige Rating kann entscheidend von gewährten Sicherheiten und Schutzbestimmungen in Anleiheverträgen bestimmt sein. Das kurzfristige Rating bezieht sich dagegen meist auf eine unbesicherte, nicht nachrangige Verbindlichkeit des Emittenten. Während das langfristige Rating mehr der Beurteilung des relativen Bonitätsrisikos und der Angemessenheit des im Zins

	gewährten Risikoentgelts dient, zielt das kurzfristige Rating auf die Einstufung des absoluten Bonitätsrisikos. Damit liefern kurzfristige Ratings die informatorische Basis für eine risikoaverse Anlagepolitik. Zwischen kurz- und langfristigem Rating eines Emittenten besteht in der Regel eine enge Korrelation.
Rating-Symbole	Auch Schuldner sind bestrebt, ein gutes Rating zu erhalten, da es von Einfluss auf die Konditionen des Geld- bzw. Kapitalmarktes ist. Interne Faktoren (Umbesetzung des Managements usw.) und externe Faktoren (Reaktion der Märkte usw.) können zur Höherbewertung bzw. zur Abstufung führen.

CP-Ratings		Bond-Ratings	
CP´s	**Moody´s**	**S&P´s**	**Moody´s**
A-1	P-1	AAA	Aaa
A-2	P-2	AA	Aa
A-3	P-3	A	A
B		BBB	Baa
		BB	Ba
C	P=Prime	B	B
D		CCC	Caa
		CC	Ca
		C	C
		D	

Bei Standard & Poor´s können einige Symbole noch mit Plus- oder Minus-Zeichen, bei Moody´s mit Ziffern versehen sein. Die Zusätze sollen die relative Bedeutung des Schuldners innerhalb einer Bewertungsstufe hervorheben. Im Folgenden werden die Bond-Rating-Symbole erläutert.

Gruppe I:
AAA, AA (S&P) / Aaa, Aa (Moody´s)
Zu dieser Gruppe zählen allererste Industrie-, Bank- und Staatsadressen bzw. Schuldtitel, die dem Anleger eine risikolose Anlage bieten.

Gruppe II:
A, BBB (S&P) / A, Baa (Moody´s)
Hierunter fallen Unternehmen mit einem guten bis durchschnittlichen Marktstanding. Deren Schuldtitel sind bei stabilen wirtschaftlichen Verhältnissen in der Regel als sichere Wertpapieranlage anzusehen.

Gruppe III:
BB, B, CCC, CC (S&P) / Ba, B, Caa, Ca (Moody´s)
Hier handelt es sich um Papiere mit spekulativem Charakter. Die Emittenten befinden sich in wirtschaftlichen bzw. finanziellen Schwierigkeiten. Zins- und Tilgungszahlungen sind nicht immer gewährleistet.

Gruppe IV:
C, D (S&P) / C (Moody´s)
Hierunter fallen notleidende Titel.

Kreditgeschäft Teil 2: Firmenkredit und Baufinanzierung

1. Firmenkredite

1.1 Betriebsmittelkredite und Investitionskredite

Kennzeichnung	Bei Firmenkrediten handelt es sich um Kredite an Unternehmen und Selbstständige.
Arten	• Betriebsmittelkredit • Investitions- und Vorratsinvestitionskredit • Avalkredit
Betriebsmittelkredit	Der Betriebsmittelkredit ist in der Regel ein Kontokorrentkredit, der zur Finanzierung betrieblicher Umsatzprozesse wie Vorratsbeschaffungen dient. Der Betriebsmittelkredit wird aus den Umsatzerlösen zurückgezahlt. Dadurch wird ebenfalls die Liquiditätslage der Unternehmung verbessert und somit ihre Dispositionsfreiheit erweitert.
Investitionskredit	Mit dem Investitionskredit werden Gegenstände des Anlagevermögens finanziert. Vorstellbar sind auch langfristig geplante Finanzierungen von Vorratsinvestitionen. Die Laufzeit richtet sich bei der Anlagenfinanzierung i. d. R. nach der Abschreibungsdauer, bei den Vorratsinvestitionen nach der Umschlagsgeschwindigkeit.

Beispiel für Konditionen für Investitionskredite	**Kreditkonditionen der *Nordbank AG***			
	Kreditart	Zinssatz	Tilgung	Laufzeit
	Investitionskredit (Tilgungsdarlehen)	6,0 % p. a.	25 % jährlich, eine Kreditrate pro Jahr	4 Jahre
	Investitionskredit (Festdarlehen)	6,5 % p. a.	100 % am Ende der Laufzeit in einer Summe	10 Jahre
	Kontokorrentkredit	9,0 % p.a.	unregelmäßig	bis auf Weiteres

Avalkredit	Der Avalkredit ist ein Bürgschaftskredit, bei dem ein Kreditinstitut eine selbstschuldnerische Bürgschaft übernimmt. Bankbürgschaften werden hauptsächlich von Behörden, aber auch von privaten Unternehmungen gefordert: • für Zahlungsverpflichtungen der Bankkunden aus Frachten, Steuern und Zöllen, z. B. beim Frachtstundungsverfahren der Bundesbahn. • für vereinbarte Vertragsstrafen bei nicht rechtzeitiger Fertigstellung einer Leistung, z. B. Straßen-, Brücken-, Hausbau. Als Gegenleistung für die Bürgschaft zahlt der Schuldner an das Kreditinstitut die so genannte Avalprovision, die im Allgemeinen zwischen 1 % und 2,5 % pro Jahr liegt. Der Avalkredit hat bei der Sicherheitsleistung für den Schuldner den Vorteil, dass er keine die Liquidität belastenden Beträge hinterlegen muss.

Springer Fachmedien Wiesbaden GmbH, ein Teil von Springer Nature 2023
. Grundmann, R. Rathner, *Bankwirtschaft*, Prüfungstraining für Bankkaufleute,
tps://doi.org/10.1007/978-3-658-39340-3_8

Arten von Avalkrediten	**Mietaval** Die Bank verpflichtet sich, dem Vermieter wegen Ansprüche aus dem Mietvertrag einen bestimmten Geldbetrag (Kaution) zu zahlen. **Bietungsaval** Die Bank verpflichtet sich, eine Vertrags- bzw. Konventionalstrafe zu zahlen für den Fall, dass der Bieter die mit der Abgabe des Angebotes übernommenen Pflichten nicht erfüllt. **Anzahlungsgarantie** Die Bank verpflichtet sich, dass der Käufer seine An- bzw. Vorauszahlungen zurückerhält, falls der Verkäufer den Vertrag nicht erfüllt. **Gewährleistungsgarantie** (auch: Lieferungs- und Leistungsgarantie) Die Bank verpflichtet sich, dem Käufer einen bestimmten Geldbetrag zu zahlen (Vertragsstrafe als Schadensersatz), falls der Verkäufer die Leistung nicht in der im Vertrag genau festgelegten Qualität und Quantität erbringt. **Zahlungsgarantie** Die Bank verpflichtet sich, dem Verkäufer den Kaufpreis oder die Kaufpreisraten zu zahlen, falls der Käufer seinen Zahlungsverpflichtungen nicht nachkommt. **Prozessaval** Die Bank verpflichtet sich, dem Prozessgegner eine bestimmte Geldsumme zu zahlen, wenn das Urteil in der nächsten Instanz zu dessen Gunsten ausfallen sollte.
Vermeidung von Kreditrisiken	• **Kreditüberwachung:** Sie dient zur Früherkennung von Kreditrisiken. Damit soll das Kreditinstitut in die Lage versetzt werden, möglichst früh Gegenmaßnahmen einzuleiten. • **Kreditsicherheiten:** Es sind Vermögensgegenstände in Form von Sachen oder Rechten, durch deren Verwertung sich der Gläubiger gegen das Ausfallrisiko eines Kredites absichern will. • **Bilanzanalyse:** Bei der Bilanzanalyse handelt es sich um die Auswertung und Untersuchung einzelner Positionen des Vermögens und des Kapitals. Diesem Zweck dient die Ermittlung von Kennzahlen. Die Analyse der Gewinn- und Verlustrechnung wird ebenfalls unter diesem Begriff verstanden. **Ausgewählte Bilanzkennzahlen** Eigenkapitalquote=(Eigenkapital : Gesamtkapital) x 100 Anlagequote = (Anlagevermögen : Gesamtvermögen) x 100 Anlagendeckung I = (Eigenkapital : Anlagevermögen) x 100 Anlagendeckung II = ((Eigenkapital + langfristiges Fremdkapital) : Anlagevermögen) x 100 Barliquidität = ((Kasse + Bankguthaben + Schecks) : kurzfristige Verbindlichkeiten) x 100 Eigenkapitalrentabilität = (Betriebsergebnis : Eigenkapital) x 100 Gesamtkapitalrentabilität = ((Betriebsergebnis + Fremdkapitalzinsen) : Gesamtkapital) x 100 Cash-Flow-Ratio = Cash-Flow x 100 : Gesamtleistung

	Cash-Flow = Betriebsergebnis + Abschreibungen + Zuführung zu den langfristigen Rückstellungen
	• **Rating:** Das Rating ist ein wesentliches Element zur Beurteilung der Bonität einer Unternehmung. Daneben spielen die nachhaltige Kapitaldienstfähigkeit, Sicherheiten, Kreditvolumen, Laufzeit, Verwendungszweck und die bisher mit der Unternehmung gemachten Erfahrungen eine wesentliche Rolle. Das Rating kann allerdings nicht alle in der Realität möglichen bonitätsrelevanten Risiken berücksichtigen.
	• **Kapitaldienst:** Der Kapitaldienst besteht in der Zahlung der Tilgungsraten und der Zinsen. Ist das Unternehmen in der Lage, den Kapitaldienst auf Dauer zu leisten, spricht man von der Kapitaldienstfähigkeit eines Unternehmens.

1.2 Bilanzanalyse

Kennzeichnung der Bilanzanalyse

Nach § 18 Kreditwesengesetz sind Kreditinstitute verpflichtet, sich bei einer Kreditaufnahme von mehr als 750.000 EUR die wirtschaftlichen Verhältnisse, insbesondere durch Vorlage der Jahresabschlüsse, offen legen zu lassen. Daneben hat die Bank ein elementares Eigeninteresse an dem Zahlenmaterial, um die finanzielle Situation des Unternehmens beurteilen zu können. Zur Auswertung der Bilanzen und der Gewinn- und Verlustrechnungen der letzten drei Jahre werden die Zahlen in einer sogenannten Bilanzgliederung aufbereitet. In der Bilanzgliederung werden aussagekräftige Kennzahlen und deren Veränderungen im Zeitablauf dargestellt.

Kennzeichnung der Jahresabschlussanalyse

Finanzielle Kennzahlen dienen bei der Unternehmensbeurteilung durch den Kapitalmarkt als Maßstab für den innerbetrieblichen und zwischenbetrieblichen Vergleich. Kennzahlen sind Maßgrößen, die über quantitativ erfassbare Sachverhalte berichten. Ziel der Kennzahlen ist es, komplizierte betriebliche Informationen möglichst einfach und nachvollziehbar abzubilden.

Die Auswertung des Jahresabschlusses ergibt Informationen über die derzeitige Vermögens-, Finanz- und Ertragslage einer Unternehmung. Aus den Zahlen des Jahresabschlusses werden die einzelnen Kennzahlen gebildet. Eine interne Abschlussanalyse führt zu aussagefähigen Ergebnissen, da betriebsinterne Unterlagen aus der Finanzplanung zur Verfügung stehen. Eine externe Bilanzanalyse kann sich nur auf den veröffentlichten Jahresabschluss stützen.

Beispiel für eine Bilanzanalyse

Die *HAMA GmbH* ist ein Hamburger Unternehmen, das Metallbearbeitungsmaschinen herstellt. Wegen der großen Nachfrage aus Südostasien beabsichtigt das Unternehmensmanagement, die Fertigungskapazitäten zu erweitern. Zu diesem Zweck soll die bisherige Kreditlinie bei der *Nordbank AG* von 1 Million Euro auf 6 Millionen Euro aufgestockt werden. Im Rahmen der Kreditprüfung analysiert die *Nordbank AG* die Jahresabschlüsse der letzten drei Jahre.

Bilanz der *HAMA GmbH* für die Jahre (alle Angaben in TEUR)

Aktiva	2017	2018	2019	Passiva	2017	2018	2019
A. Anlagevermögen				A. Eigenkapital			
I. Grundstücke und Gebäude	5800	6300	6300	I. Gezeichnetes Kapital	2500	2500	3000
II. Inventar, Maschinen	5950	6120	7570	II. Rücklagen	4950	4950	5250
				Gewinn/Verlustvortrag	-950	-370	450
B. Umlaufvermögen				B. Rückstellungen	850	820	880
I. Roh-, Hilfs-, Betriebsstoffe	3400	4100	4840	davon Pensionsrückstellungen	300	320	340
II. Unfertige Erzeugnisse	4100	4300	3450				
III. Fertige Erzeugnisse	4490	5200	5700	C. Verbindlichkeiten			
IV. Forderungen aus Lieferungen und Leistungen	4730	4080	4560	I. Langfristige Verbindlichkeiten	13500	14200	14200
V. Kassenbestand, Bankguthaben	710	650	1360	II. Kurzfristige Bankverbindlichkeiten	5450	4900	5750
				III. Lieferantenverbindlichkeiten	2880	3750	4250
Summen	28180	30750	33780		28180	30750	33780

Gewinn- und Verlustrechnung der *HAMA GmbH* in TEUR

	2017	2018	2019
1. Umsatzerlöse	32120	33230	39850
2. Erhöhung/Verminderung des Bestandes an fertigen und unfertigen Erzeugnissen	- 1100	+ 32040	+ 1840
3. Andere aktivierte Eigenleistungen	120	200	130
4. Gesamtleistung	31.140	36.670	41820
5. Sonstige betriebliche Erträge	10	20	30
6. Materialaufwand	- 12450	- 14100	- 16430
7. Personalaufwand	- 13150	- 16550	- 17800
8. Abschreibungen	- 1920	- 1410	- 1850
9. Sonstige betriebliche Aufwendungen	- 3610	- 3000	- 2850
10. Zinsaufwendungen	- 1520	- 1350	- 1240
11. Ergebnis der gewöhnlichen Geschäftstätigkeit	- 1590	280	1680
12. Außerordentliche Erträge	1800	80	20
13. Außerordentliche Aufwendungen	- 950	- 500	- 120
14. Steuern	- 210	- 230	- 890
15. Jahresüberschuss/Jahresfehlbetrag	- 950	- 370	750
16. Einstellung in die Rücklagen	0	0	- 200
17. Bilanzgewinn/Verlustvortrag	- 950	- 370	450

Bilanzkennziffern

Eigenkapitalquote

Bei der Ermittlung der Eigenkapitalquote werden alle in der Bilanz ausgewiesenen Eigenkapitalpositionen berücksichtigt, nicht aber eventuelle stille Reserven. Die Eigenkapitalquote gibt an, wie groß der Anteil des Eigenkapitals an der Bilanzsumme ist.

$$Eigenkapitalquote = \frac{Eigenkapital \times 100}{Bilanzsumme}$$

Ein hoher Eigenkapitalanteil gewährleistet der Unternehmensleitung Dispositionsfreiheit, schützt vor Unternehmenszusammenbrüchen infolge von Überschuldung, vermindert das Risiko für die Gläubiger und stellt eine gute Grundlage für neue Kreditaufnahmen dar. Je höher die Eigenkapitalquote ist, desto günstigere Konditionen lassen sich bei Kreditgesprächen aushandeln. Um ein abschließendes Urteil fällen zu können, kann ein Branchenvergleich sinnvoll sein, da bestimmte Branchen nur eine geringe Eigenkapitalausstattung haben. Die Eigenkapitalausstattung bei Industrieunternehmen liegt zwischen 15 % und 40 %.

Beispiel:

Eigenkapital 2019: TEUR 8.700   Bilanzsumme: TEUR 33.780

Eigenkapitalquote: 25,75 %

Anlagendeckungsgrad

Das Anlagevermögen sollte möglichst mit Eigenkapital finanziert sein.

$$Anlagendeckungsgrad \ I = \frac{Eigenkapital \times 100}{Anlagevermögen}$$

$$Anlagendeckungsgrad \ II = \frac{(Eigenkapital + langfristigesFremdkapital) \times 100}{Anlagevermögen}$$

Ein **Anlagendeckungsgrad II** unter 100 % bedeutet eine Anlagenunterdeckung. Es wurde mittel- und/oder kurzfristiges Fremdkapital zur Finanzierung des Anlagevermögens eingesetzt.

Beispiel:

Eigenkapital 2019: TEUR 8.700 Langfristiges Fremdkapital: TEUR 14.200

Anlagevermögen: TEUR 13.870

Anlagendeckungsgrad I: 8.700 x 100 : 13.870 = 62,73 %

Anlagendeckungsgrad II: (8.700 + 14.200) x 100 : 13.870 = 165,10 %

Liquidität

Liquidität ist die Fähigkeit des Unternehmens, jederzeit fällige Zahlungsverpflichtungen erfüllen zu können. Je mehr die flüssigen Mittel die kurzfristigen Verbindlichkeiten decken, umso liquider ist das Unternehmen.

$$Liquiditätsgrad \ I = \frac{liquideMittel \ 1.Grades \times 100}{kurzfristiges \ Fremdkapital}$$

Die Kennzahl „Liquidität I. Grades" zeigt, wie weit das kurzfristige Fremdkapital mit vorhandenen liquiden Mitteln (Kasse, Kontoguthaben, Scheck) zurückgezahlt werden kann. Üblicherweise sollten mindestens 20 % der Rechnungen sofort beglichen werden können, um auch eine Skontoausnutzung zu ermöglichen.

$$Liquiditätsgrad \ II = \frac{liquideMittel \ 2.Grades \times 100}{kurzfristiges \ Fremdkapital}$$

Die Liquidität 2. Grades gibt an, wie weit kurzfristig realisierbare Vermögenswerte das kurzfristige Fremdkapital decken. Sie sollte mindestens 100 % betragen. Die liquiden Mittel 2.

Grades setzen sich zusammen aus den liquiden Mitteln 1. Grades und den Forderungen aus Lieferungen und Leistungen sowie den Wertpapieren und gängigen Waren.

$$Liquidit\ddot{a}tsgrad\ III = \frac{liquideMit\,tel\ 3.Grades \times 100}{kurzfristiges\ Fremdkapital}$$

Die liquiden Mittel 3. Grades setzen sich zusammen aus den liquiden Mitteln 2. Grades und den Vorräten.

Die liquiden Vermögensteile 1., 2. und 3. Grades (Umlaufvermögen) zusammengenommen müssen merklich größer sein als die kurzfristigen Verbindlichkeiten, wenn ein Bankkredit vertretbar sein soll. Bei der umsatzbedingten Liquidität 3. Grades liegt der kritische Wert bei 100 %, denn dann könnten durch Umsetzung des Umlaufvermögen genau alle Verbindlichkeiten ausgeglichen werden. Liegt die Kennzahl unter 100 %, hat das Unternehmen ernste Zahlungsschwierigkeiten (Insolvenzgefahr). Die Zielvorgabe liegt bei 120 %. Liegt der Wert über 150 %, so deutet dies möglicherweise auch ein zu großes Warenlager mit überhöhter Kapitalbindung hin.

Nachteil dieser Kennzahlen ist, dass die Kennzahlen zum Zeitpunkt der Berechnung längst überholt sind. Sie beziehen sich auf den Bilanzstichtag. Für die Einordnung in die Bilanz ist jeweils die Fristigkeit, d. h. die Gesamtlaufzeit, maßgeblich. Für die Liquidität ist dagegen die Fälligkeit, d. h. die Restlaufzeit, entscheidend.

Beispiele:

Liquiditätsgrad I:

Liquide Mittel I: TEUR 1.360   Kurzfristige Fremdkapital: TEUR 10.000

Liquiditätsgrad I: 1.360 x 100 : 10.000 = 13,6 %

Liquiditätsgrad II:

Liquide Mittel I: TEUR 1.360   Forderungen aus L. u. L.: TEUR 4.560

Kurzfristiges Fremdkapital: TEUR 10.000

Liquiditätsgrad II: (1.360 + 4.560) x 100 : 10.000 = 59,2 %

Liquiditätsgrad III:

Liquide Mittel I: TEUR 1.360

Liquide Mittel II: TEUR 4.560

Liquide Mittel III: TEUR 13.990

Liquiditätsgrad III: (1.360 + 4.560 + 13.990) x 100 : 10.000 = 199,1 %

Eigenkapitalrentabilität

Sie zeigt die Effizienz der Kapitalverwendung und ist Maßstab für den Erfolg des Betriebes.

Eigenkapitalrentabilität = Jahresüberschuss vor Steuern x 100 : Eigenkapital

Beispiel:

Jahresüberschuss vor Steuern: TEUR 750   Eigenkapital: TEUR 8.700

Eigenkapitalrentabilität: 750 x 100 : 8.700 = 8,62 %

Gesamtkapitalrentabilität

Sie gibt die Verzinsung des gesamten eingesetzten Kapitals an.

Gesamtkapitalrentabilität = (Jahresüberschuss vor Steuern + Fremdkapitalzinsen) x 100
Gesamtkapital

Beispiel:
Jahresüberschuss vor Steuern: TEUR 750
Fremdkapitalzinsen: TEUR 1.240
Gesamtkapital: TEUR 32.900
Gesamtkapitalrentabilität: (750 + 1.240) x 100 : 32.900 = 6,05 %

Umsatzrentabilität
Sie gibt Auskunft über die ordentlichen Betriebserfolge.
Umsatzrentabilität = Gewinn einer Periode x 100 : Jahresumsatz
Beispiel:
Gewinn einer Periode : TEUR 1.680
Jahresumsatz: TEUR 39.850
Umsatzrentabilität: 1.680 x 100 : 39.850 = 4,22 %

Cash-Flow
Der Cash-Flow ist der Überschuss der zahlungswirksamen Erträge über die zahlungswirksamen Aufwendungen.
Cash-Flow = Jahresüberschuss + Abschreibungen +/- Veränderungen der langfristigen Rückstellungen
Beispiel:
Jahresüberschuss: TEUR 750
Abschreibungen: TEUR 1.850
Veränderungen der langfristigen Rückstellungen: TEUR 20
Cash-Flow: 750 + 1.850 + 20 = 2.620

Debitorenziel
Das Ergebnis gibt an, wie lange das Unternehmen durchschnittlich auf die Begleichung seiner Rechnungen warten muss.
Debitorenziel = (Forderungen aus Lieferungen und Leistungen zum Jahresende x 365) : Umsatzerlöse
Beispiel:
Forderungen: TEUR 4.560
Umsatzerlöse: TEUR 39.850
Debitorenziel: 4.560 x 365 : 39.850 = 41,77 = 42 Tage

Kreditorenziel
Das Kreditorenziel gibt an, in welchem Umfang das Unternehmen Zahlungsziele bei seinen Lieferanten in Anspruch nimmt.
Kreditorenziel = (Verbindlichkeiten aus Lieferungen und Leistungen zum Jahresende x 365) : Materialaufwand bzw. Wareneinsatz
Beispiel:
Verbindlichkeiten aus Lieferungen und Leistungen TEUR 4.250
Materialaufwand bzw. Wareneinsatz: TEUR 16.430
Kreditorenziel: 4.250 x 365 : 16.430 = 94,42 = 95 Tage

1.3 Leasing

1.3.1 Allgemeine Kennzeichnung

Allgemeine Kennzeichnung	Finanzierungs-Leasing ist die mittel- bis langfristige Gebrauchsüberlassung eines Wirtschaftsgutes an den Leasingnehmer. Dabei ist die Vertragslaufzeit regelmäßig kürzer als die betriebsgewöhnliche Nutzungsdauer. Im Gegensatz zu einem darlehensfinanzierten Kauf wird der Leasingnehmer nicht Eigentümer des Wirtschaftsgutes, sondern er erwirbt lediglich ein zeitlich begrenztes Nutzungsrecht. Diese Vertragsform weist darauf hin, dass sie eine dem Kreditvertrag vergleichbare Funktion erfüllen soll, d. h. der Leasingnehmer trägt das Investitionsrisiko für das Leasingobjekt. Entsprechend sehen die Zahlungsverpflichtungen während der Vertragsdauer vor, dass mit den monatlichen Leasingraten die gesamten Anschaffungskosten oder Herstellungskosten einschließlich aller Nebenkosten des Leasinggebers für die Bereitstellung des Leasingobjektes aufgebracht werden müssen.
Vertragsarten	• Vollamortisations-Vertrag • Teilamortisations-Vertrag
Vollamortisations-Vertrag	Bei einem Vollamortisations-Vertrag wird dies durch die Zahlung der monatlich fälligen Leasingraten erreicht. Bei Vertragsende ist der Leasinggegenstand an den Leasinggeber zurückzugeben. Da der Leasingnehmer nach der Vertragsdauer meist an einer weiteren Nutzung des Leasingobjektes interessiert ist, sehen die Vollamortisations-Verträge häufig eine Kaufoption oder einen Anschlussleasingvertrag vor. Einigen sich die Vertragsparteien nicht über die Konditionen einer Folgevereinbarung, dann verwertet der Leasinggeber das Leasingobjekt selbst über den Markt.
Teilamortisations-Vertrag	Im Gegensatz zum Vollamortisations-Vertrag führt die Summe der Leasingraten beim Teilamortisations-Vertrag nicht zur Deckung aller Kosten. Erst durch den Verkauf des Leasingobjektes amortisiert die Leasinggesellschaft ihre Investitionskosten in voller Höhe. Gegen das Risiko eines Mindererlöses sichert sie sich durch eine Verkaufsoption gegenüber dem Leasingnehmer ab (Andienungsrecht des Leasinggegenstands). Damit wird der Leasingnehmer zum Kauf für den Fall verpflichtet, dass eine anderweitige Verwertung des Leasinggegenstandes den Restwert nicht abdeckt. Der Kaufpreis entspricht dem kalkulierten Restwert. Liegt der Marktpreis über dem kalkulierten Restwert, nutzt die Leasinggesellschaft die Mehrerlöschance. Für den Leasingnehmer sehen Teilamortisations-Verträge oftmals eine Beteiligung an dem Mehrerlös vor. Er erhält in diesem Fall bis zu 75 % der Differenz aus dem Verkaufserlös und dem kalkulierten Restwert. Umgekehrt ist er verpflichtet, die Differenz zum kalkulierten Restwert auszugleichen, sobald sich ein Mindererlös ergibt. Voll- und Teilamortisations-Verträge sind die gebräuchlichen Formen des Finanzierungsleasings.

Mietkauf	Der Mietkauf ist eine spezielle Form der Investitionsfinanzierung. Der Mietkauf gleicht dem Leasing beim Ratenverlauf und Konditionengestaltung. Besonderes Charakteristikum ist aber, dass das Eigentum am Mietgegenstand/Investitionsgut während der gesamten Mietdauer beim Vermieter liegt, mit Zahlung der letzten Mietrate jedoch automatisch auf den Mieter übergeht (aufschiebend bedingter Eigentumsübergang). Dies hat u. a. zur Folge, dass der Mieter den Mietgegenstand wie beim Barkauf von Anfang an bilanzieren muss. Während bei einer Leasingfinanzierung die Umsatzsteuer jeweils auf die einzelnen Leasingraten erhoben und damit z. B. in monatlichen Raten liquiditätswirksam wird, ist sie beim Mietkauf mit der ersten Rate für den gesamten Mietkaufpreis (= Gesamtsumme aller zu zahlenden Raten) fällig. Das bedeutet beim Mieter einen beträchtlichen Abfluss liquider Mittel, die er sich aber über den Vorsteuerabzug wieder zurückholen kann. Der Mieterkauf hat besondere Bedeutung dort, wo Leasing aus speziellen Gründen nicht eingesetzt werden kann, z. B. bei Investitionsförderungsprogrammen, die zur Bedingung haben, dass der Antragsteller selbst bilanziert.

Beispiel zum Leasing

Die *Kora GmbH* beabsichtigt die Anschaffung eines Firmenfahrzeugs für die Geschäftsführung. Der Pkw soll 46.000,00 EUR kosten und über die *NordLeasing* oder die *HansaLeasing* bzw. *AutoLeasing GmbH* finanziert werden. Die Geschäftsführung will den Pkw 36 Monate lang nutzen. Nutzungsdauer beträgt laut AfA-Tabelle 6 Jahre.

Konditionen der *NordLeasing GmbH*	
Vertragsart	Leasingvertrag mit Mietverlängerungsoption
Grundmietzeit	40 – 90 % der betriebsgewöhnlichen Nutzungsdauer
Leasingfaktor	3,25 % pro Monat
Kilometerleistung	20.000 km pro Jahr

Der Pkw ist am Ende der Grundmietzeit der *Nordleasing GmbH* zu übergeben oder aufgrund eines Mietvertrages anzumieten.

Konditionen der *HansaLeasing GmbH*	
Vertragsart	Leasingvertrag mit Mehrerlösbeteiligung
Grundmietzeit	40 - 90 % der betriebsgewöhnlichen Nutzungsdauer
Verzinsung	7 % p.a.
Restwert	25 %
Kilometerleistung	20.000 km pro Jahr

Konditionen der *AutoLeasing GmbH*	
Vertragsart	Leasingvertrag mit fester Abschlussrate
Vertragslaufzeit	36 Monate
Anzahlung	15.000,00 EUR
Abschlussrate	60 % der Anschaffungskosten
Kilometerleistung	20.000 km pro Jahr
Leasingrate	159,00 EUR pro Monat

Erstellung der drei Angebote auf der Grundlage des Leasingfaktors der *NordLeasing GmbH* und der Konditionen der *HansaLeasing* bzw. der *AutoLeasing GmbH* unter Ermittlung der Leasingrate, des Restwerts und der Gesamtkosten der Investition:

Angebot 1:
Leasingrate: 1.495,00 EUR
Leasingrate insgesamt: 53.820,00 EUR

Angebot 2:
Anschaffungskosten − Restwert = 46.000 - 11.500 = 34.500
Abschreibungen für 36 Monate: 34.500 : 36 = 958,33 EUR
Durchschnittskapital für 36 Monate: 34.500 + 958,33 = 35.458,33 : 2 = 17.729,17 EUR
7 % Zinsen p.a.: 1.241,04 EUR; 7 % Zinsen für 3 Jahre: 3.723,12 EUR
Zinsen pro Monat: 3.723,12: 36 = 103,42 EUR
7 % Zinsen auf Restwert 11.500 für 3 Jahre: 805 x 3 = 2.415 EUR
Zinsen pro Monat für Restwert: 2.415: 36 = 67,08 EUR
Leasingrate: 958,33 + 103,42 + 67,08 = 1.128,83 EUR
Leasingraten insgesamt 36 x 1.128,83 EUR: 40.637,88 EUR
Leasingfaktor: 2,45 %
10 % Zinsen p.a.: 1.772,92 EUR; 10 % Zinsen für 3 Jahre: 5.318,76 EUR
Zinsen pro Monat: 5.318,76 : 36 = 147,74 EUR
10 % Zinsen auf Restwert 11.500 für 3 Jahre: 1.150 x 3 = 3.450 EUR
Zinsen pro Monat für Restwert: 3.450 : 36 = 95,83 EUR
Leasingrate: 958,33 + 147,74 + 95,83 = 1.201,90 EUR
Leasingraten insgesamt 36 x 1.201,90 EUR: 43.268,40 EUR
Leasingfaktor: 2,61 %

Angebot 3:
Anzahlung 15.000,00 EUR
Leasingraten für 36 Monate je 199 EUR: 7.164,00 EUR
Restwert: 27.600,00 EUR

Amortisationsverträge der Angebote

	NordLeasing	HansaLeasing	AutoLeasing
Summe der Leasingraten	53.820,00 EUR	40.637,88 EUR	7.164,00 EUR
+ Restwert + Anzahlung	0,00 EUR	11.500,00 EUR	27.600,00 EUR 15.000,00 EUR
Summe	53.820,00 EUR	52.137,88 EUR	49.764,00 EUR
Vertragsform	VA-Vertrag	TA-Vertrag mit Mehrerlösbeteiligung	Mietkauf

Das Angebot der *AutoLeasing* ist nicht erlasskonform. Der Kunde sollte sich für den Teilamortisations-Vertrag der *HansaLeasing GmbH* entscheiden.

Begründung: Gleichbleibende Leasingraten, die geringer sind als in Angebot 1. Angebot 3 kann wegen Anzahlung und Zielrate am Ende der Laufzeit aus Liquiditätsgründen negativ sein. Außerdem können Anzahlung, Zielrate und ein großer Teil der Mietraten nicht als Aufwendungen abgesetzt werden.

Ein Vollamortisations-Vertrag ist unwirtschaftlich, da die Leasingraten steigen. Der Restwert müsste miterlöst werden. Außerdem könnte der Wagen nur 54 Monate statt 60 Monate genutzt werden. Auch würde der Restwert dem Leasinggeber zustehen.

1.3.2 Fragen und Antworten zum Leasing

Was bedeutet „Leasing"?	Leasing bedeutet Nutzung von Gütern, ohne Eigentümer zu sein. Eine Finanzierung des Eigentumserwerbs entfällt hierbei. Je nach Zweck und Vertragsgestaltung gibt es unterschiedliche Formen des Leasings.
Wie funktioniert Leasing?	Der Begriff Leasing kommt aus dem Englischen und bedeutet „Mieten" oder „Pachten" von Investitionsgütern oder langlebigen Wirtschaftsgütern. Der Leasinggeber, der ein Objekt vermietet, bleibt juristischer und wirtschaftlicher Eigentümer. Allerdings überträgt er dem Mieter bzw. Nutzer des Objekts (Leasingnehmer) alle Rechte, Risiken und Pflichten, die bei „traditioneller" Miete üblicherweise der Vermieter trägt. So haftet der Leasingnehmer für Schäden, er muss Reparaturen ausführen und das Objekt instand halten. Wer zum Beispiel eine EDV-Anlage über eine Bank oder Leasinggesellschaft pachten will, geht zuerst zum PC-Händler und kauft ein Gerät seiner Wahl. Leasing schränkt weder bei der Auswahl des Händlers noch des Herstellers ein. Der Händler betrachtet den Kunden als Barzahler. Und wer „cash" zahlt, hat einen gewissen Spielraum, wenn es um den Preis geht. Nach Abschluss des Kaufvertrages ist der Kunde Besitzer und Eigentümer der Anlage. Danach schließt er einen Leasingvertrag ab, bekommt den gezahlten Kaufpreis von der Leasinggesellschaft zurück und überweist dafür monatlich oder quartalsweise seine Raten. Wenn der Vertrag ausläuft, entscheidet der „Mieter", ob er das Gerät an die Leasinggesellschaft zurückgeben oder kaufen will. Als „Vermieter" fungieren entweder die Hersteller direkt oder reine Leasinggesellschaften, die die Produkte vom Hersteller kaufen und verpachten.
Wie kann Leasing nach dem Gegenstand, dem Nutzungsberechtigten und den Zusatzleistungen unterschieden werden?	• Nach dem Leasinggegenstand unterscheidet man **Immobilienleasing** an Gebäuden und **Mobilienleasing** an Investitions- und Konsumgütern. Hauptunterschied: Laufzeit des Leasingvertrags. • Nach dem Nutzungsberechtigten gibt es **Privatleasing** und **gewerbliches Leasing**, die sich vor allem durch die steuerlichen Auswirkungen beim Nutzungsberechtigten unterscheiden. • Je nachdem, welche Serviceleistungen vereinbart werden, spricht man vom **Full-Service-Leasing** z. B. bei Fahrzeugen, wenn alle Wartungen, Steuern, Reifen usw. von dem Eigentümer übernommen werden. Ein Vertrag ohne solche Leistungen beschränkt sich auf die Finanzierungsfunktion.

Wie unterscheidet sich das direkte vom indirekten Leasing?	• Bleibt der Hersteller auch Eigentümer und gibt nur die Nutzung ab, z. B. bei EDV-Anlagen oder Kopierern, handelt es sich um direktes Leasing oder Herstellerleasing. Beim **direkten Leasing** wird meistens wie bei einem normalen Mietvertrag dem Nutzungsberechtigten ein jederzeitiges Kündigungsrecht eingeräumt. Damit hat er die Möglichkeit, nach Bedarf immer neuere oder größere Geräte gegen Rückgabe der alten Geräte zu tauschen. Möglich ist auch ein zeitlich befristeter Vertrag mit Austauschrecht des Objektes. In diesen Fällen spricht man vom **Operate-Leasing**. • Das direkte Leasing muss vertraglich und vom wirtschaftlichen Zweck her streng vom **Finanzierungsleasing** getrennt gesehen werden, bei dem immer eine nicht kündbare feste Mietdauer, die Grundmietzeit vereinbart wird. • Wird eine besondere, rechtlich unabhängige Leasinggesellschaft eingeschaltet, bezeichnet man dies als **indirektes Leasing**.
Welche Vertragspartner sind beim Finanzierungs-Leasing beteiligt?	• Der **Leasinggeber** ist eine besondere Finanzierungsgesellschaft, die den Kaufvertrag mit dem Hersteller abschließt und den Kaufpreis an diesen entrichtet. • Der **Leasingnehmer** schließt einen Vertrag mit dem Leasinggeber über die Nutzung des Gegenstandes und die Entrichtung der Leasingraten. • Der Hersteller vereinbart mit dem Leasingnehmer die Art der Lieferung und die weiteren Lieferungsbedingungen.
Welche Vertragsformen sind beim Leasing zu unterscheiden?	Generell können verschiedene Vertragsformen unterschieden werden: **Vollamortisations-Vertrag** Bei Vollamortisations-Verträgen decken die Leasingraten die Anschaffungs-, Herstellungs-, Neben- und Finanzierungskosten, Gewinnspanne ab und der Vertrag wird über eine feste, unkündbare Grundvertragsdauer abgeschlossen **Vollamortisations-Vertrag mit Kauf- und Verlängerungsoption sowie Recht auf Rückgabe** Finanzierungseffekt ist am günstigsten bei einer Laufzeit nahe 90 % der Afa-Zeit Nach Ablauf der Grundvertragsdauer hat der Leasingnehmer die Wahl: 1) Kauf des Wirtschaftsgutes 2) Vertragsverlängerung 3) Rückgabe des Wirtschaftsgutes Basis für 1) und 2): Restbuchwert bei linearer Abschreibung oder niedriger Zeitwert Vorteile: • volle Amortisation während der Grundvertragsdauer • genaue Preiskalkulation durch feste Leasingraten • Kauf des Wirtschaftsgutes ist nach Vertragsablauf vorgesehen **Vollamortisations-Vertrag ohne Kauf- und Verlängerungsoption** Vertragstyp für Absatzleasing mit Händlern und Herstellern, Leasingnehmer wird weder Kauf- noch Verlängerungsoption eingeräumt. Individuelle Vereinbarungen über Weiterverwendung des Wirtschaftsgutes können mit Herstellern und Händlern getroffen werden.

	Teilamortisations-Vertrag
	Bei Teilamortisations-Verträgen werden die Anschaffungskosten während der Grundvertragsdauer nur zum Teil gedeckt. Nicht amortisierte Anschaffungskosten werden durch Vertragsverlängerung oder durch den Verkauf des Wirtschaftsgutes an Mieter bzw. Dritte realisiert. Der Leasinggeber hat ein Andienungsrecht, d. h. der Leasingnehmer ist auf Verlangen verpflichtet, sofern ein Verlängerungsvertrag nicht zustande kommt, das Objekt zu dem bei Vertragsabschluss vereinbarten Preis zu kaufen. Der Leasingnehmer hat kein Recht, das Objekt zu erwerben. Der Leasinggeber kann vom Andienungsrecht Gebrauch machen.
	Vorteile:
	• Teilamortisation des Objektes während der Grundvertragsdauer
	• Kosten- und Ertragsverläufe lassen bei hohen Restwertvereinbarungen den Abschluss eines Vollamortisations-Vertrages nicht zweckmäßig erscheinen.
	• Vertragsverlängerung erscheint nach Ablauf der Grundvertragsdauer sinnvoll.
	Kündbarer Vertrag
	Der Leasingvertrag läuft auf unbestimmte Zeit. Der Leasingnehmer kann den Leasingvertrag erstmals nach Grundvertragsdauer (mindestens 40 % der AfA-Zeit, mit 6-monatiger Kündigungsfrist) jeweils halbjährlich kündigen. Bei Kündigung ist eine Abschlusszahlung in Höhe der nicht gedeckten Gesamtkosten des Leasinggebers zu entrichten. Verkaufserlöse werden zu 100 % angerechnet.
	Konditionen ermitteln sich unter Berücksichtigung der kalkulatorischen Laufzeit auf Basis eines Vollamortisations-Vertrages.
	Vorteile:
	• Bei Wirtschaftsgütern, die einer schnellen Weiterentwicklung unterliegen.
	• Wenn Flexibilität bei Veränderungen der Marktsituation notwendig ist.
Was bedeutet Voll-amortisation?	Beim Vollamortisations-Vertrag decken die Leasingzahlungen, die der Nutzungsberechtigte während der unkündbaren Grundmietzeit zu entrichten hat, die Anschaffungskosten des Leasinggegenstandes und die sonstigen Kosten des Eigentümers. Er wird meistens für Objekte abgeschlossen, die einem starken Preisverfall unterliegen können oder speziell nur für den Nutzungsberechtigten brauchbar sind. Sie sind typisch im Investitionsgüterleasing mit hohem Wertverlust oder Verschleiß oder bei Gütern, die an Dritte nur schwer veräußerbar sind.
Wie ist das Leasinggut bei Vollamortisation steuerlich und bilanziell zu behandeln?	Das Leasinggut ist beim Leasinggeber, dem Eigentümer, zu bilanzieren, wenn der sog. Vollamortisation-Erlass der Finanzverwaltung beachtet wird. Die unkündbare Grundmietzeit muss danach mindestens 40 % und darf höchstens 90 % der betriebsgewöhnlichen Nutzungsdauer des betreffenden Wirtschaftsgutes betragen. In dieser Zeit hat der Leasingnehmer als Nutzungsberechtigter alle Anschaffungskosten und die sonstigen vom Eigentümer in die Rate einberechneten Bestandteile zu tragen. Diese Aufwendungen gelten dann bei ihm als steuerlich anerkannter Aufwand.

Welche Bedeutung hat ein Optionsrecht?	Bei der Kaufoption hat der Leasingnehmer das Recht zum Kauf nach Ablauf der Grundmietzeit. Der Kaufpreis muss dem Zeitwert oder dem Restbuchwert entsprechen, um Steuernachteile zu vermeiden. Hat der Leasingnehmer das Recht auf eine weitere Mietzeit, die Mietverlängerungsoption, muss die Mietverlängerungsgebühr dem Restbuchwert und der Restnutzungsdauer entsprechen.
Wann wird ein Teilamortisations-Vertrag abgeschlossen?	Teilamortisations-Verträge decken durch die Zahlungen während der Grundmietzeit nur einen Teil der Anschaffungs- und Nebenkosten ab. Nach Ablauf der Grundmietzeit kann das Objekt durch einen neuen Vertrag weitergenutzt oder vom Leasinggeber gebraucht weiterveräußert werden. Solche Verträge werden nur abgeschlossen, wenn ein sinnvoll kalkulierter Restwert nach einem bestimmten Zeitraum noch gegeben ist, z. B. bei Fahrzeugen oder Druckmaschinen.
Welche Bedeutung hat ein Andienungsrecht des Leasinggebers?	Der Leasingnehmer ist verpflichtet, auf Verlangen des Leasinggebers (Eigentümers) das Leasinggut zu einem von vornherein festgesetzten Restwert käuflich zu erwerben. Dieses Andienungsrecht wird der Leasinggeber immer dann ausüben, wenn er feststellt, dass nach Ablauf der unkündbaren Grundmietzeit das Leasinggut einen niedrigeren Zeitwert hat, als im Restbetrag vertraglich festgelegt ist. Das Risiko der Wertminderung liegt also beim Leasingnehmer.
Welche Risiken übernimmt der gewerbliche Leasingnehmer?	• Das Investitionsrisiko liegt beim Leasingnehmer. Sucht er sich das falsche oder für seine Zwecke nicht passende Objekt aus, kann er es der Leasinggesellschaft als Eigentümerin nicht zur Verfügung stellen. Gewährleistungsansprüche muss der Leasingnehmer beim Hersteller geltend machen. • Der Leasingnehmer übernimmt die technischen Risiken und verpflichtet sich zu der vom Hersteller vorgeschriebenen Wartung. Ein Fahrzeug muss regelmäßig in der Vertragswerkstatt „scheckheftgepflegt" werden. Beim Fahrzeugleasing wird regelmäßig eine Vollkaskoversicherung verlangt.
Kann der Leasingvertrag aufgehoben werden?	Während der Grundmietzeit ist der Leasingnehmer an den Vertrag gebunden. Eine vorzeitige Vertragsaufhebung kommt nur in Frage, wenn der Leasinggegenstand untergegangen oder so stark reparaturbedürftig ist, dass er nicht mehr benutzt werden kann. In diesem Fall kann der Vertrag beiderseitig aufgehoben werden. Der Leasingnehmer muss einen Schadensersatz leisten, der sich aus den noch ausstehenden Leasingraten, die abgezinst werden, ergibt. Mit dem etwaigen Restwert wird dann verrechnet, nachdem Abwicklungskosten abgezogen worden sind. Der Leasinggeber kann fristlos kündigen, wenn die Raten nicht ordnungsgemäß gezahlt werden oder der Leasingnehmer sonst den Vertrag nicht erfüllt. Durch einseitige Kündigung von Seiten des Leasingnehmers kann der Vertrag also nicht aufgehoben werden.

Nach welchen Faktoren werden die Leasingraten kalkuliert?	• Wertminderung: Der Hauptkostenfaktor des Leasingentgelts liegt in dem Ausgleich der Anschaffungskosten für den Leasinggeber. Bei einem Vollamortisations-Vertrag müssen während der Grundmietzeit die gesamten Anschaffungskosten gedeckt werden. Beim Teilamortisations-Vertrag wird die Differenz aus Anschaffungskosten und geschätztem Restwert gedeckt. Die Wertminderung wird durch die Monate der Grundmietzeit geteilt. • Zinsen für das überdurchschnittlich genutzte Kapital in banküblicher Höhe. • Sonstige Kosten wie eine Risikoprämie für den Leasinggeber, kalkulierte Steuern, Entgelt für die erbrachten Dienstleistungen und eine Gewinnquote für den Leasinggeber.
Welche Vorteile hat das gewerbliche Leasing?	• Das Leasing ersetzt die Fremdfinanzierung in voller Höhe, wenn es das gesamte Objekt erfasst. • Während der gesamten Vertragsdauer hat der Leasingnehmer eine klare Kalkulations- und Planungsgrundlage. • Liquidität: Bestehende Kreditspielräume bleiben erhalten. • Leasingentgelt wird aus laufend erwirtschafteten Erträgen bezahlt. • Bilanzneutralität der Leasingraten: Die Bilanz wird "entlastet", da die Leasingobjekte und die entsprechenden Verpflichtungen nicht ausgewiesen werden. Die Verwaltung kann einfacher sein, insbesondere wenn Serviceverträge bestehen. • Für den Leasingnehmer lösen die Leasingraten keine zusätzliche Gewerbesteuerbelastung aus, es fallen somit keine investitionsbezogenen Steuern an. • Gesamtkosten sind im Vergleich zu anderen Finanzierungsalternativen niedriger. • Kosten und Erträge der Investition verlaufen parallel. • Entschluss zur Erneuerung der Anlage nach Ende der Mietzeit fällt leichter. • Full-Service-Leasing: Einige Leasinggesellschaften bieten ihren Kunden zusätzlichen Service an, zum Beispiel Wartungs- und Versicherungsverträge oder Softwareservice. Das erstreckt sich beispielsweise bis hin zum kompletten Maschinen- und Fuhrparkmanagement oder zur Übernahme der Baubetreuung von Immobilien (so genannte Fullservice-Verträge). Diese Leistungen lassen sich die Gesellschaften über höhere Raten bezahlen. Der unmittelbare Kontakt zwischen Kunde und Hersteller kann sich dennoch lohnen: Der Hersteller ist mit dem Objekt bestens vertraut. Für ihn ergeben sich Synergieeffekte, da er den Kunden während der gesamten Leasingzeit betreut und auf spontane Kundenwünsche wie Kapazitätszuwachs, Produktverbesserungen reagieren kann. Für den Kunden kann dies ebenfalls vorteilhaft sein, da er alles aus einer Hand erhält – unter Umständen sogar preisgünstiger. • Entsorgung: Gibt der Leasingnehmer das Objekt am Ende der Laufzeit zurück, fallen für ihn keine Entsorgungskosten an.

| Welchen Inhalt hat ein Kilometer-Abrechnungsvertrag beim Kraftfahrzeug-Leasing? | Bei den oben erwähnten Fragen hat immer der Leasingnehmer das Restwertrisiko. Bei Fahrzeugleasingverträgen übernimmt der Eigentümer dieses Risiko, wenn dem Leasingnehmer eine bestimmte Kilometerleistung des Fahrzeugs innerhalb der Mietdauer zugebilligt wird. Mehrkilometer sind zusätzlich zu ersetzen, für Minderkilometer erhält der Leasingnehmer eine - gegenüber Mehrkilometer geringere - Vergütung. Das Fahrzeug muss selbstverständlich bei Rückgabe einen normalen Erhaltungszustand aufweisen. Bei Übernahme ist regelmäßig eine Einmalzahlung zu leisten. Dieser Vertragstyp hat mehr Ähnlichkeit mit einem echten Mietvertrag als mit dem typischen Leasingvertrag. Er ist für Betriebe den anderen Verträgen steuerlich gleichgestellt, wenn die Mindestvertragsdauer 40 % der betriebsgewöhnlichen Nutzungsdauer beträgt. Im Unterschied zum Teilamortisations-Vertrag ist hier häufig dem Leasinggeber das Andienungsrecht im Zusammenhang mit dem Kilometerausgleich eingeräumt. |

1.3.3 Vergleich Leasing und Bankkredit bei einer Pkw-Finanzierung

Merkmale	Leasingfinanzierung	Kreditfinanzierung
Wesen	Nutzungsüberlassung gegen Entgelt	Kauf durch Fremdfinanzierung
Kosten	Mietzahlungen bzw. Leasingraten	Zins- und Tilgungszahlungen
Rechtsstellung	Leasinggesellschaft ist Eigentümerin des Fahrzeugs	Kreditnehmer ist Eigentümer des Fahrzeugs
Abschluss einer Vollkaskoversicherung	obligatorisch	nicht obligatorisch
Kündigung des Vertrags	keine vorzeitige Kündigung des Leasingvertrags möglich	vorzeitige Kündigung des Kreditvertrags möglich

1.2.4 Allgemeine Leasingbedingungen

| Vertragsabschluss, Halter des Fahrzeuges, Beginn der Leasingzeit | Der Kunde ist an seinen Antrag vier Wochen ab Eingang der zur Prüfung der Annahme erforderlichen Unterlagen gebunden. Mit Unterschrift der Gesellschaft wird der Antrag angenommen und der Leasingvertrag wirksam. Die Gesellschaft kann von dem Vertrag zurücktreten, falls der Kunde nicht ordnungsgemäß übernimmt. In diesem Fall kann der Kunde Ansprüche gegen die Gesellschaft nicht geltend machen. Die Gesellschaft hat gegen den Kunden Anspruch auf Ersatz ihrer Aufwendungen. Die Gesellschaft ist Eigentümer, der Kunde Halter des Fahrzeugs. Die Nutzungsdauer eines zulassungspflichtigen Neufahrzeugs beginnt am Tage seiner Erstzulassung, eines Gebrauchtfahrzeugs am Tage der im Kfz-Brief zuletzt eingetragenen Zulassung und eines nichtzulassungspflichtigen Fahrzeugs am Tage der Übernahme durch den Kunden. Sofern der Kunde Verbraucher ist, verzichtet er ausdrücklich auf den Zugang der Annahmeerklärung der Gesellschaft. Die Gesellschaft wird dem Kunden innerhalb der 4-wöchigen Bindungsfrist von ihrer Vertragsunterzeichnung unterrichten. |

Haftung der Gesellschaft	Hat die Gesellschaft für einen Schaden des Kunden aufgrund eigenen Verschuldens oder Verschuldens ihrer gesetzlichen Vertreter oder ihrer Erfüllungsgehilfen einzustehen, ist die Haftung der Gesellschaft auf Fälle von Vorsatz und grober Fahrlässigkeit beschränkt. In Fällen der Verletzung des Lebens, des Körpers oder der Gesundheit wird auch für einfache Fahrlässigkeit gehaftet.
Auswahl des Fahrzeuges	Der Kunde hat die Gesellschaft beauftragt, das Fahrzeug nach seinen Wünschen und Vorstellungen zu kaufen. Der Kunde versichert ausdrücklich, dass er das Leasingobjekt ohne Mitwirkung der Gesellschaft unter besonderer Berücksichtigung seiner speziellen betrieblichen Belange ausgewählt hat. Für die Art der Konstruktion und die Tauglichkeit des Fahrzeuges zu dem vom Kunden vorgesehenen Zweck übernimmt die Gesellschaft keine Haftung. Sie sind nicht Grundlage dieses Vertrages. Die Gesellschaft wird nicht durch Vereinbarungen des Kunden mit dem Lieferanten und Dritten verpflichtet.
Lieferung	Die Anlieferung des Fahrzeuges an die vom Kunden bestimmte Adresse erfolgt auf Gefahr und Kosten des Kunden. Die Anlieferung eines zulassungspflichtigen Fahrzeuges dauert bis zum Tag seiner Zulassung. Die Gesellschaft kann von diesem Vertrag zurücktreten, wenn die Lieferung aus von ihr nicht zu vertretenden Gründen unterbleibt. Die Gesellschaft tritt ihre Ansprüche gegen den Lieferanten und Dritte im Zusammenhang mit der Lieferung hiermit an den Kunden ab, der die Abtretung annimmt. Entsprechende Ansprüche des Kunden gegen die Gesellschaft sind ausgeschlossen. Der Kunde ist verpflichtet, das Fahrzeug bei Anlieferung für die Gesellschaft in Besitz zu nehmen, es unverzüglich mit aller Sorgfalt auf Mängelfreiheit und Funktionstüchtigkeit zu untersuchen, der Gesellschaft die Übernahme schriftlich zu bestätigen und ggf. Mängel gegenüber dem Lieferanten fristgemäß zu rügen. Die Untersuchungs- und Rügepflicht gilt auch nach einer Nachbesserung des Fahrzeuges und nach Lieferung eines Ersatzfahrzeuges im Rahmen des Nacherfüllungsanspruches des Kunden. Sollte die Gefahrtragung bezüglich des Fahrzeugs bereits vor dessen Übergabe an den Kunden nicht mehr beim Lieferanten liegen, trägt der Kunde die damit verbundenen Gefahren. Der Kunde verzichtet zugunsten der Gesellschaft auf ein evtl. bereits entstandenes Anwartschaftsrecht am Fahrzeug. Der Kunde verpflichtet sich, auf Verlangen der Gesellschaft das Fahrzeug mit einem auf deren Eigentum hinweisenden Kennzeichen an gut sichtbarer Stelle zu versehen. Der Kunde bevollmächtigt die Gesellschaft, die örtliche Zulassungsstelle davon zu unterrichten, dass der Kfz-Brief nur an die Gesellschaft herauszugeben ist. Der Gesellschaft als Eigentümerin des Fahrzeugs sind nach Ablauf des Leasingvertrages alle Unterlagen für das Fahrzeug auszuhändigen, und der Kunde stimmt schon heute unwiderruflich zu, dass die Gesellschaft bei den behördlichen Stellen beantragt, dass Kfz-Brief und Kfz-Schein auf den Namen eines von der Gesellschaft zu benennenden

	Dritten umgeschrieben werden. Der Kfz-Brief ist der Gesellschaft auszu-händigen und bleibt in ihrem Besitz. Für die Vorführung des Fahrzeugs bei der technischen Überwachungsstelle kann der Kunde die Gesellschaft veranlassen, den Kfz-Brief an dem TÜV mit der Maßgabe zu versenden, dass der Brief nach Abnahme durch den TÜV unverzüglich an die Gesellschaft zurückzusenden ist. Nach Eingang des Kfz-Briefes bei der Gesellschaft trägt diese das amtliche Kennzeichen und die Fahrgestellnummer auf ihrem Vertragsexemplar nach. Der Kunde kann in gleicher Weise verfahren.
Rechte des Kunden bei Mängeln des Leasingobjektes	Alle gesetzlichen und vertraglichen Ansprüche des Kunden gegen die Gesellschaft wegen Sach- und Rechtsmängeln, einer vom Lieferanten oder einem Dritten übernommenen Garantie, wegen Pflichtverletzung bei der Entstehung oder nach Abschluss dieses Vertrages oder wegen unerlaubter Handlung sind ausgeschlossen. Zum Ausgleich hierfür tritt die Gesellschaft ihre diesbezüglichen Ansprüche und Rechte gegen den Lieferanten und Dritte an den Kunden ab, der die Abtretung annimmt. Der Kunde verpflichtet sich, die Ansprüche und Rechte einschließlich des Anspruchs auf Verzugszinsen zur Leistung an die Gesellschaft, sofern er nicht einen eigenen Schaden geltend macht, Innerhalb der Verjährungsfrist der jeweiligen Ansprüche und Rechte geltend zu machen. Die Kosten der Rechtsverfolgung trägt der Kunde.
	Sofern sich der Lieferant oder der Dritte und der Kunde über die Wirksamkeit eines vom Kunden erklärten Rechtes oder über die Berechtigung eines Anspruches nicht einigen, kann der Kunde die Zahlung der Leasingraten, im Falle der Minderung anteilig, wegen etwaiger Mängel erst dann vorläufig bis zu einer rechtskräftigen Entscheidung verweigern, wenn er wegen des erklärten Rechtes oder Anspruches Klage gegen den Lieferanten oder den Dritten erhoben hat.
	Verlangt der Kunde im Wege der Nacherfüllung die Lieferung eines mangelfreien Fahrzeuges, hat er die Gesellschaft hiervon unverzüglich zu unterrichten und mit dem Lieferanten zu vereinbaren, dass dieser das Eigentum an dem neuen Fahrzeug unmittelbar auf die Gesellschaft überträgt. Der Kunde teilt der Gesellschaft die Fahrgestellnummer und sonstige Unterscheidungskennzeichen des neuen Fahrzeuges mit. Der Leasingvertrag wird mit dem neuen Fahrzeug unverändert fortgesetzt.
	Der Kunde hat der Gesellschaft eine von ihr an den Lieferanten oder Dritten zu zahlende Nutzungsentschädigung für das zurückgegebene, mangelhafte Fahrzeug zu erstatten. Unter Berücksichtigung seiner Vollamortisationspflicht kann der Kunde nach Erstattung der Nutzungsentschädigung von der Gesellschaft einen bei der späteren Verwertung des neuen Fahrzeuges durch den Umstand der Neulieferung etwa erzielten Nettomehrerlös verlangen.
	Statt der Auskehrung eines durch die Verwertung des Fahrzeuges etwa erzielten Nettomehrerlöses kann der Kunde von der Gesellschaft verlangen, dass die vereinbarte Vertragsdauer um den Zeitraum verlängert wird, der demjenigen entspricht, für den der Kunde bis zur Lieferung eines mangelfreien Fahrzeuges die vereinbarten Leasingraten in voller Höhe gezahlt hat. Während des Verlängerungszeitraums sind Leasingraten nicht zu zah-

	len. Die Bestimmungen des Leasingvertrages gelten unverändert fort. Ein diesbezügliches Verlangen hat der Kunde der Gesellschaft spätestens 3 Monate vor Ablauf der ursprünglichen Vertragsdauer und bis dahin ordnungsgemäßer Vertragserfüllung schriftlich mitzuteilen.
Gebrauch und Instandhaltung	Der Kunde wird das Fahrzeug in einem ordnungsgemäßen und funktions fähigen Zustand erhalten, dieses vor Überbeanspruchung schützen und alle Rechtsvorschriften, die mit dem Besitz, dem Gebrauch und der Erhaltung des Fahrzeuges verbunden sind, beachten und Wartungs-, Pflege- und Gebrauchsempfehlungen des Lieferanten/Hersteller befolgen. Reparaturen und Pflegedienstarbeiten dürfen nur durch autorisierte Werksvertretungen bzw. Werkshändler des Herstellers vorgenommen werden. Der Kunde verpflichtet sich, das Fahrzeug nur zu dem umseitig angegebenen Verwendungszweck zu benutzen. Ein Standortwechsel ist von einer schriftlichen Einwilligung der Gesellschaft abhängig. Die Gesellschaft und ihre Beauftragten haben das Recht, das Fahrzeug zu besichtigen. Änderungen, Beschriftungen und zusätzliche Einbauten darf der Kunde nur nach schriftlicher Einwilligung der Gesellschaft vornehmen. Alle zusätzlich – auch ohne Einwilligung der Gesellschaft – eingebauten Teile gehen mit dem Einbau entschädigungslos in das Eigentum der Gesellschaft über. Die Gesellschaft ist berechtigt, bei Beendigung des Vertrages vom Kunden die sachgemäße Wiederherstellung de ursprünglichen Zustandes auf Kosten des Kunden zu verlangen. Die Betriebs- und sonstigen Kosten für das Fahrzeug trägt der Kunde.
Leasing- zahlungen	Die Leasingrate wird berechnet auf Grundlage des umstehend angegebenen Gesamtanschaffungspreises. Ändert sich dieser, so ändert sich die Rate im gleichen Verhältnis. Bei einer Änderung der Refinanzierungs bedingungen bis zum Tage der Bezahlung des Fahrzeuges an den Liefe ranten behält sich die Gesellschaft eine Anpassung der Leasingrate vor, die über die gesamte Laufzeit des Leasingvertrages unverändert bleibt. Der Kunde erhält eine Vertragsabrechnung. Bei einer Abweichung der Abrechnungsdaten von den umseitigen Angaben sind für die Leasingver bindlichkeiten ausschl. die Abrechnungsdaten maßgebend. Die Leasingrate ist auf Grundlage der zur Zeit des Vertragsabschlusses gültigen Steuern und öffentlichen Abgaben berechnet. Bei Änderung des Steuer- und Abgabenrechtes oder der betreffenden Verwaltungspraxis nach Abschluss des Leasingvertrages ist die Gesellschaft zu einer entsprechenden Anpassung der Leasingraten berechtigt. Bei Übernahme der Bezahlung von Versicherungsprämien für den Kunden ist die Gesellschaft berechtigt, bei deren Änderung nach Abschluss des Leasingvertrages, gleich aus welchen Gründen, die Gesamtrate entsprechend anzupassen.
Gefahrtragung und Schadens- abwicklung	Der Kunde trägt die Gefahr des – auch zufälligen – Unterganges, Verlustes vorzeitigen Verschleißes und der Beschädigung des Fahrzeuges. Solche Ereignisse entbinden den Kunden nicht von der Verpflichtung, die vereinbarten Leasingraten zu zahlen oder von irgendeiner anderen Verpflichtung aus dem Leasingvertrag.

	In solchen Fällen hat der Kunde die Gesellschaft unverzüglich schriftlich zu verständigen und ihr zu erklären, ob er den Leasingvertrag fortsetzen oder vorzeitig beenden will – im Falle der Beschädigung nur, sofern die Wiederherstellungskosten 50 % des Zeitwertes des Fahrzeuges überschreiten. Bei Fortsetzung des Leasingvertrages ist der Kunde verpflichtet, • das Fahrzeug auf seine Kosten reparieren zu lassen, sodass es den vertragsgemäßen Zustand wiedererlangt, oder • das Fahrzeug nach schriftlicher Zustimmung der Gesellschaft durch ein gleichwertiges zu ersetzen. Bei vorzeitiger Beendigung des Leasingvertrages hat der Kunde an die Gesellschaft eine Ausgleichszahlung zu leisten, die zu einer Vollamortisation des Gesamtaufwandes der Gesellschaft für diesen Vertrag unter Einbeziehung aller vertraglich geschuldeten Zahlung des Kunden einschl. eines ggf. vereinbarten Restwertes führt. Entschädigungsleistungen, die die Gesellschaft von Versicherungsgesellschaften und Dritten erhält, sowie ein evtl. von der Gesellschaft für das Fahrzeug erzielter Verwertungserlös abzüglich Verwertungskosten werden dem Kunden zugunsten der von ihm in diesen Fällen zu erbringenden Leistungen angerechnet. Der Kunde verpflichtet sich, die Gesellschaft von allen Ansprüchen aufgrund einer etwa geltend gemachten Haftung als Eigentümerin oder Mithalterin des Fahrzeugs freizuhalten.
Versicherungen	Der Kunde ist verpflichtet, eine Haftpflichtversicherung mit unbegrenztem Deckungsumfang (Personen-, Sach- und reine Vermögensschäden) und eine Vollkasko-Versicherung mit einer Selbstbeteiligung von höchstens 500,00 EUR für das Fahrzeug abzuschließen, aufrechtzuerhalten und dieses mit einer anerkannten Diebstahlsicherung auszurüsten. Er ermächtigt die Gesellschaft hiermit ggf. zum Abschluss dieser Versicherungen. Der Kunde ermächtigt die Gesellschaft außerdem, bei der Versicherung einen Antrag auf Ausstellung eines Kfz-Sicherungsscheines zu stellen und ihn entgegenzunehmen. Die Bestimmungen der Ziffer 8 bleiben hierdurch unberührt. Die Versicherungsgesellschaft muss ihren Sitz in der BRD haben und die Anforderungen des Bundesaufsichtsamtes für das Versicherungswesen erfüllen. Der Kunde tritt hiermit für die Vertragsdurchführung sämtliche Rechte aus den von ihm abgeschlossenen Fahrzeug-Versicherungen – mit Ausnahme des Schadensfreiheitsrabattes – unwiderruflich an die Gesellschaft ab. Der Kunde hat bis zu einem jederzeitigen Widerruf Ansprüche gegen Unfallgegner und Versicherungsgesellschaften zur Zahlung an die Gesellschaft geltend zu machen. Die Versicherungsleistung für einen merkantilen Minderwert, der vom Kunden in jedem Fall geltend zu machen ist, ist der Gesellschaft zu melden. Die Gesellschaft wird bestimmen, an wen diese Versicherungsleistung zu zahlen ist.

Pflichten des Kunden	Der Kunde hat während der Vertragsdauer alle bestehenden und noch ergehenden Gesetze, Verordnungen und Verwaltungsvorschriften, die sich auf das Fahrzeug beziehen, zu beachten und stellt die Gesellschaft von allen Ansprüchen frei, die sich aus der Nichtbeachtung solcher Vorschriften ergeben. Der Kunde steht der Gesellschaft dafür ein, dass alle privat- und öffentlich-rechtlichen Gebühren und Abgaben für das Fahrzeug rechtzeitig bezahlt werden. Bei Nichtzahlung ist die Gesellschaft berechtigt, ihrerseits Zahlung zu leisten und vom Kunden unverzüglich Erstattung zu verlangen. Der Kunde darf über das Fahrzeug nicht verfügen, es nicht Dritten überlassen und muss es vor Zugriffen Dritter schützen. Von solchen Zugriffen hat der Kunde die Gesellschaft unverzüglich zu unterrichten. Die Gesellschaft macht alsdann ihr Eigentumsrecht auf Kosten des Kunden geltend. Der Kunde stellt die Gesellschaft von Ansprüchen Dritter, die sich aus dem Gebrauch und dem Betrieb des Fahrzeuges ergeben können, frei.
Außerordentliche Kündigung und Schadensersatz	Kommt der Kunde mit zwei Leasingraten oder mit einer anderen vereinbarten Zahlung in Verzug oder erfüllt er sonstige in diesem Vertrag genannte Verpflichtungen nicht, hat die Gesellschaft das Recht, den Leasingvertrag fristlos zu kündigen und vom Kunden Schadensersatz zu fordern. Dieser wird auf Grund der Vollamortisationspflicht des Kunden wie folgt berechnet: Die Gesellschaft belastet den Kunden mit den rückständigen Zahlungen und der Summe der bis zum Ablauf der Vertragsdauer noch fällig werdenden Netto-Leasingraten sowie mit dem ggf. vereinbarten Restwert und den Verwertungskosten. Hiergegen bringt die Gesellschaft dem Kunden den Verwertungserlös des Fahrzeuges bis zur Höhe der Restforderung gut und erteilt ihm eine angemessene Zinsgutschrift. Etwa ersparte Verwaltungskosten sind mit der Zinsgutschrift abgegolten. Im Falle des Verzugs hat der Kunde der Gesellschaft Geldschulden vom Tage der Fälligkeit an bis zum Geldeingang mit 1 % pro angefangenem Monat zu verzinsen sowie eine Mahngebühr von 12,50 EUR pro Zahlungsaufforderung zu tragen. Weitergehende Schadensersatzansprüche bleiben vorbehalten. Dem Kunden steht der Nachweis eines nicht oder niedriger entstandenen Schadens zu. Der Gesellschaft stehen die obigen Rechte sofort und ohne Anmahnung zu, wenn der Kunde seinen Wohn- bzw. Firmensitz ins Ausland verlegt, seinen Betrieb liquidiert oder verkauft, bei unsachgemäßer Behandlung oder vom Kunden verschuldeter Entwertung des Fahrzeuges und bei wesentlicher Verschlechterung der wirtschaftlichen Verhältnisse des Kunden, sodass eine regelmäßige Erfüllung der Verpflichtungen aus diesem Vertrag gefährdet erscheint. Dies gilt z. B. als erfüllt, wenn bei dem Kunden oder einem persönlich haftenden Gesellschafter des Kunden Zahlungseinstellung, Zwangsvollstreckungsmaßnahmen wegen Zahlungsansprüchen, Wechsel- oder Scheckproteste zu besorgen sind oder erfolgen oder über das Vermögen eines persönlich haftenden Gesellschafters des Kunden ein Insolvenzverfahren beantragt wird. Diese Rechte der Gesellschaft bestehen auch, wenn die vorstehenden Voraus-

	setzungen bereits bei Vertragsabschluss vorhanden, der Gesellschaft jedoch nicht bekannt waren. Die Rechte des Kunden zur Kündigung wegen Gebrauchsstörung gemäß § 543 Abs. 2 Nr. 1 BGB und des Erben wegen Rechtsnachfolge gemäß § 580 BGB sind ausgeschlossen.
Beendigung des Leasing-vertrages	Der Kunde hat auf Anweisung der Gesellschaft das Fahrzeug in einem der allgemein üblichen Nutzung entsprechenden Zustand auf seine Kosten und Gefahr unverzüglich an eine von der Gesellschaft zu bestimmende Adresse innerhalb der BRD versichert und zum Straßenverkehr zugelassen zurückzuliefern sowie evtl. anfallende Kosten bis zur Verwertung, die Verwertungskosten und alle Kosten im Zusammenhang mit einer vorschriftsgemäßen Entsorgung zu tragen. Kommt der Kunde der Rücklieferung nicht nach, gilt § 546 a BGB entsprechend; während dieser Zeit gelten die Pflichten des Kunden aus diesem Vertrag fort. Bei Rücklieferung darf der Termin der nächsten Hauptuntersuchung durch den TÜV nicht früher als sechs Monate, gerechnet vom Zeitpunkt der Rücklieferung an, fällig sein. Zur Verwertung oder zur Herstellung der Straßenverkehrssicherheit erforderliche Reparaturen werden von der Gesellschaft zu Lasten des Kunden vorgenommen. Dies gilt auch für Reparaturen, die zur Herstellung des vertragsgemäßen Zustandes des Fahrzeuges erforderlich sind.
	Die Gesellschaft ist bereit, mit dem Kunden über die Verlängerung des Leasingvertrages zu verhandeln. Ein schriftlicher Verlängerungsvertrag muss der Gesellschaft spätestens drei Monate vor Ablauf der Vertragsdauer zugehen. Die Gesellschaft wird innerhalb von drei Monaten über die Annahme des Antrages entscheiden. Kommt ein Verlängerungsvertrag nicht zustande, so ist der Kunde verpflichtet, auf Verlangen der Gesellschaft das Fahrzeug bei Ablauf der Vertragsdauer zum umseitig genannten Restwert zuzüglich Umsatzsteuer unter Ausschluss aller gesetzlichen und vertraglichen Ansprüche und Rechte wegen Mängeln des Fahrzeuges zu kaufen. Die Gesellschaft wird dem Kunden ihr Kaufverlangen rechtzeitig vor Ablauf der Vertragsdauer mitteilen. Mit Zugang dieser Mitteilung ist der Kaufvertrag zustande gekommen.
	Sofern die Gesellschaft von ihrem Recht gegenüber dem Kunden keinen Gebrauch macht und das Fahrzeug statt dessen selbst in beliebiger Weise verwertet, erklärt sie sich bereit, von einem über den umseitig bzw. bei Vertragsverlängerung über den neu vereinbarten Restwert hinausgehenden Mehrerlös dem Kunden 75 % der Differenz abzüglich Verwertungskosten gutzubringen.
Abtretung, Aufrechnung, Zurück-behaltung	Die Gesellschaft ist berechtigt, ihre Rechte aus diesem Vertrag auf Dritte zu übertragen. Der Kunde verzichtet gegenüber der Gesellschaft auf etwaige Pfand-, Zurückbehaltungs- oder Aufrechnungsansprüche, es sei denn, dass diese Ansprüche unbestritten oder rechtskräftig festgestellt sind. Der Kunde räumt der Gesellschaft ein Pfandrecht an seinem Anspruch gegen die Gesellschaft auf Rückzahlung von anteiliger, nicht verbrauchter Mietvorauszahlungen bei vorzeitiger Vertragsbeendigung ein.

Allgemeine Bestimmungen	Die Gesellschaft kann vom Kunden während der Vertragsdauer die Vorlage aktueller Bilanzunterlagen verlangen. Nebenabreden, Vorbehalte, Änderungen und sonstige Vereinbarungen zu diesem Vertrag bedürfen zu ihrer Gültigkeit der Schriftform, sofern Gesellschaft und Kunde nicht deutlich zum Ausdruck bringen, dass auch eine mündliche Vereinbarung gültig sein soll. Sollte eine der Bestimmungen dieses Vertrages nichtig sein oder werden, wird dadurch die Gültigkeit der übrigen Bestimmungen dieses Vertrages nicht berührt.

2. Baufinanzierung

2.1 Hypothekendarlehen

Unterlagen für die Baufinanzierung	**Bauwert:** Ermittelter Verkehrswert eines Objekts. Es ist der Betrag anzusetzen, mit dem ein gleichartiges Gebäude unter Berücksichtigung der örtlichen Verhältnisse errichtet werden kann. Je nach Alter ist ein entsprechender Abschlag zu machen. Ausschlaggebend ist der Zeitwert. Für die Berechnung bedient man sich entweder des Sachwertverfahrens oder des Ertragswertverfahrens. **Bodenwert:** Der Verkehrswert eines jeden Grundstücks wird durch den Preis bestimmt, der in dem Zeitpunkt, auf den sich die Ermittlung bezieht, zu erzielen wäre. Bei der Ermittlung sind alle wertbeeinflussenden Faktoren wie z. B. Abstandszahlungen, Ersatzleistungen, Steuern, Gebühren usw. mit zu berücksichtigen. **Bodenrichtwertkarte:** Aufgrund der Kaufpreissammlungen werden jährlich vom Gutachterausschuss für das Gemeindegebiet durchschnittliche Lagewerte für Boden unter Berücksichtigung des unterschiedlichen Entwicklungsstandes ermittelt. **Bauzeichnung:** Maßgerechte Zeichnung eines Bauwerks, d. h. aller Geschosse und Außenansichten sowie eines Schnitts durchs Treppenhaus. **Erschließungskosten:** Kosten, die durch die Erschließung im öffentlichen und privaten Bereich entstehen, z. B. Versorgung und Entsorgung, Wasser, Strom, Gas usw.
Objektunterlagen zur Beurteilung einer Baufinanzierung	• **Aktueller Grundbuchauszug:** Abschrift des gesamten Grundbuchs, die heute überwiegend als Fotokopie vom Grundbuchamt erstellt wird. Daraus sind auch ältere, bereits gelöschte Eintragungen und Vermerke ersichtlich. Der Grundbuchauszug kann damit wertvolle Hinweise für den Finanzierer enthalten. Der Eigentümer hat immer ein berechtigtes Interesse und somit stets einen Anspruch auf einen Grundbuchauszug. • **Foto des Objekts:** Zu den Objektunterlagen gehören stets auch Lichtbilder des Objekts, um einen Eindruck von der Immobilie zu bekommen (Lage, Ausstattung). • **Flurkarte:** Die Gemarkungskarten der Katasterämter sind nach den natürlichen Zusammenhängen der Liegenschaften angelegt. Sie brauchen sich nicht mit den Grenzen der Gemeinde decken. Da sich das Kartenbild einer ganzen Gemarkung nicht immer auf einem Blatt darstellen lässt, ist oft eine Aufteilung auf mehrere Blätter erforderlich, die als Flurkarte bezeichnet werden.

- **Baupläne oder Bauzeichnungen:** Es ist die maßgerechte Zeichnung eines Bauwerks, d. h. aller Geschosse und Außenansichten sowie eines Schnitts durchs Treppenhaus. Dem Finanzierer ermöglicht die Einsicht einen ersten Überblick über Zuschnitt der Wohnungen, Aufteilung der Zimmer, Grundrissgestaltung usw.
- **Gebäudeversicherungsnachweis:** Bei der Gebäudeversicherung kann der Versicherer die Versicherungssumme mit Wirkung gegen die Grundpfandrechtsgläubiger an den Versicherten erst zahlen, wenn er oder der Versicherte den Eintritt des Schadens den Gläubigem angezeigt hat und seit dem Empfang der Anzeige ein Monat verstrichen ist. Der Gläubiger kann bis zum Ablauf dieser Frist der Zahlung widersprechen. Hat er dem Versicherer seine Grundschuld angemeldet, so kann der Versicherer mit Wirkung gegen den Gläubiger an den Versicherten nur zahlen, wenn der Grundpfandrechtsgläubiger der Zahlung schriftlich zustimmt.

  Bei Neubauten ist der Abschluss einer Bauherrnhaftpflichtversicherung gegen Schäden, die durch das entstehende Gebäude verursacht werden können sowie eine Bauleistungsversicherung, die u. a. gegen Diebstahl während des Neubaus schützt, wichtig.
- **Auszug aus dem Liegenschaftsbuch:** Es wird beim zuständigen Katasteramt als Register geführt. Dort sind alle Grundstücke eines Bezirks erfasst. Die angegebenen Größen sind verbindlich und entsprechen den aktuellen Vermessungsergebnissen. Zu den Beleihungsunterlagen zählt der Auszug aus dem Liegenschaftsbuch.

Sachwert	Der Sachwert ist die Summe aus dem Bodenwert und dem Wert der baulichen Anlagen (Bauwert). Der Bodenwert errechnet sich aus dem Grundstückspreis pro Quadratmeter multipliziert mit der Grundstücksfläche. Der Bauwert setzt sich zusammen aus der Summe der Herstellungskosten einschließlich der Außenanlagen vermindert um einen Sicherheitsabschlag von z. B. 10 % zuzüglich der Baunebenkosten, z. B. Architekten und Statikerleistungen.
Beispiel für die Berechnung des Sachwerts	Das Ehepaar Neumann möchte ein Grundstück kaufen und darauf ein Einfamilienfertighaus mit Garage zur Eigennutzung errichten. Folgende Informationen hat das Ehepaar Ihnen zum Bauvorhaben gegeben:

Grundstücksgröße	640 qm
Preis für das erschlossene Grundstück	120,00 EUR /qm
umbauter Raum Haus: umbauter Raum Garage:	600 m³ 60 m³
Preis pro m³ umbauter Raum laut Berechnungen des Architekten Haus: Garage:	 250,00 EUR 100,00 EUR

Berechnung des Sachwerts des Objekts unter Berücksichtigung eines Sicherheitsabschlags von 10 % auf den Bauwert und Festsetzung des Beleihungswerts unter Abrundung des Ergebnisses auf volle TEUR

Bodenwert	640 qm x 120,00 EUR/qm		= 76.800,00 EUR
Bauwert Haus	600 m3 x 250,00 EUR /m³	= 150.000,00 EUR	
Bauwert Garage	60 m3 x 100,00 EUR/m³	= 6.000,00 EUR	
Zwischensumme		156.000,00 EUR	

	abzgl. 10 % Abschlag		15.600,00 EUR	
	Bauwert			**140.400,00 EUR**
	Sachwert			**217.200,00 EUR**
	Beleihungswert			**217.000,00 EUR**
	Beleihungsgrenze (60 % des Beleihungswerts)			**130.200,00 EUR**

Ermittlung des Ertragswertes für Renditeobjekte

Der Ertragswert ist der ((Jahresreinertrag – Bodenwertverzinsung) x Barwertrentenfaktor) + Bodenwert
Für Renditeobjekte ist der Ertragswert die wertbestimmende Größe. Der Wert des Objekts ist in erster Linie von dem erwarteten Ertrag und dem mit der Anlage verbundenen Risiko abhängig. Die Berechnung des Ertragswertes erfolgt bei Kreditinstituten mit Hilfe von Rentenbarwertfaktoren. Mietobjekte haben i. d. R. nur eine begrenzte Nutzungsdauer. Je niedriger die Restnutzungsdauer des Gebäudes ist, desto niedriger ist auch der Rentenbarwertfaktor.

Beispiel für eine Restnutzungsdauer eines Objektes

Rentenbarwertfaktoren

Restnutzungsdauer der Gebäude	Kapitalisierungszinssatz			
	5 %	6 %	7 %	8 %
15 Jahre	10,379658	9,712249	9,107914	8,559479
19 Jahre	12,085321	11,158116	10,335595	9,603599

Ermittlung des Ertragswertes

Jahresrohertrag - Bewirtschaftungskosten = **Jahresreinertrag**
Jahresreinertrag - Bodenwertverzinsung = **Gebäudereinertrag**
Kapitalisierung des Gebäudereinertrags + Bodenwert = **Ertragswert der Immobilie**
Die Verzinsung des Bodenwerts richtet sich nach dem Kapitalmarktzins. Er wird häufig mit 5 % angesetzt.

Beispiel: Angaben zur Ertragswertberechnung

Alter der Wohnanlage	Baujahr 1990
Restnutzungsdauer	50 Jahre
Kaufpreis des bebauten Grundstücks	750.000,00 EUR
Wohnfläche je Wohnung	85 qm
monatliche Vergleichsmiete pro qm	8,50 EUR
monatliche Miete je Stellplatz	35,00 EUR
Bewirtschaftungskosten pauschal	25 % des Jahresrohertrages
Kapitalisierungszinssatz	5 %
Bodenwertverzinsung	3 %
Bodenwert	350.000,00 EUR

Rentenbarwertfaktoren

Restnutzungsdauer	Kapitalisierungszinsfuß 5 %
40 Jahre	17,159086
45 Jahre	17,774070
50 Jahre	18,255925

Jahresrohertrag

4 x Monatsmiete (85 x 8,50)	2.890,00 EUR
Jahresmiete	34.680,00 EUR
4 x Stellplatzmieten jährlich (35 x 4 x 12)	1.680,00 EUR
Jahresrohertrag	**36.360,00 EUR**

Jahresreinertrag

./. 25 % Bewirtschaftungskosten vom Jahresrohertrag	9.090,00 EUR
= **Jahresreinertrag**	**27.270,00 EUR**

Gebäude-reinertrag	./. 3 % Bodenwertverzinsung von 350.000,00 EUR	10.500,00 EUR
	= Gebäudereinertrag	**16.770,00 EUR**

Rentenbarwert	Der Ertragswert wird auf volle 10.000,00 EUR abgerundet.	
	Rentenbarwert des Objekts (18,255925 x 16.770)	306.151,86 EUR
	+ Bodenwert	350.000,00 EUR
	= Ertragswert	656.151,86 EUR
	Rentenbarwert	**650.000,00 EUR**

Beispiel für das Ertrags-wertverfahren

Die Wohnungsgesellschaft *Schaum GmbH* möchte ein Wohnobjekt mit 16 Wohnungen erwerben, die vermietet werden sollen. Zur Deckung des Finanzierungsbedarfs benötigt sie einen Kredit von 800.000,00 EUR. Für die Ermittlung des Beleihungswerts stehen die folgenden Angaben zur Verfügung:

Baujahr des Wohnhauses	2005
Bodenwert	350.000,00 EUR
Herstellungskosten	1.230.000,00 EUR
Baunebenkosten	110.000,00 EUR
Risikoabschlag vom Herstellungswert	30 %
Wohnfläche je Wohnung	48 qm
Vergleichsmiete pro Quadratmeter monatlich	11,00 EUR
Bewirtschaftungskosten	30 % der Jahresnettomiete
Kapitalisierungszinssatz	5 %
Liegenschaftszinssatz	4 % p.a.
Kapitalisierungsfaktor für eine Restnutzungszeit von 30 Jahren	15,372451

Ermittlung des Sachwertes (abgerundet auf volle 10.000,00 EUR)

Bodenwert	350.000,00 EUR
Herstellungskosten	1.230.000,00 EUR
Baunebenkosten	110.000,00 EUR
Gesamtherstellungskosten	1.340.000,00 EUR
./. 30 % Abschlag	402.000,00 EUR
= Bauwert	938.000,00 EUR
Bodenwert	350.000,00 EUR
+ Bauwert	938.000,00 EUR
= Sachwert	1.288.000,00 EUR
abgerundeter Sachwert	**1.280.000,00 EUR**

Ermittlung des Ertragswertes (abgerundet auf volle 10.000,00 EUR)

Miete für 16 Wohnungen 48 x 11 x 16	8.448,00 EUR
Jahresmiete	101.376,00 EUR
./. 30 % Bewirtschaftungskosten	30.412,80 EUR
= Jahresmietertrag	70.963,20 EUR
./. 4 % des Bodenwertes von 350.000,00 EUR	14.000,00 EUR
= Jahresnettoertrag	56.963,20 EUR
Ertragswert 56.963,20 x 15,372451	875.664,00 EUR

	+ Bodenwert	350.000,00 EUR
	Ertragswert der Immobilie	1.225.664,00 EUR
	abgerundeter Ertragswert	**1.220.000,00 EUR**
	Ermittlung des Beleihungsgrenze (abgerundet auf volle 10.000 EUR)	
	Beleihungsgrenze = 60 % von 1.220.000,00 EUR	732.000,00 EUR
	abgerundete Beleihungsgrenze	**730.000,00 EUR**

Verkehrswert	Der Verkehrswert ist der aktuell erzielbare Verkaufserlös eines Grundstücks, der im Zeitablauf Schwankungen unterliegt.
Zwangsvoll-streckungs-klausel	Die Akzeptierung der Zwangsvollstreckung aus notariellen Urkunden bedeutet, dass sich der Grundstückseigentümer der sofortigen Zwangsvollstreckung unterworfen hat.
Beispiel einer Zwangsvoll-streckungs-klausel	Grundbuch Abteilung III

Laufende Nummer der Eintragungen	Hypotheken, Grundschulden, Rentenschulden
1	Hundertfünfzigtausend Euro Grundschuld, verzinslich mit 15 % jährlich, für die *Nordbank AG*. Der jeweilige Eigentümer ist gemäß § 800 ZPO der sofortigen Zwangsvollstreckung unterworfen. Unter Bezugnahme auf die Bewilligung vom 23.06.2012 eingetragen am 12.07.2012.

Annuitäten-ermittlung	Zur Finanzierung eines Bauvorhabens beantragt ein Kunde bei der *Nordbank AG* einen Zwischenkredit in Höhe von 40.000,00 EUR für 1 Jahr bis zur Zuteilung eines Bauspardarlehens sowie ein Annuitätendarlehen über 100.000,00 EUR mit einer Laufzeit von 10 Jahren. Die aktuellen Darlehenskonditionen der *Nordbank AG* gestalten sich zurzeit wie folgt:

Zwischenkredite, Festschreibung 1 Jahr:	Zinssatz: 2,8 % p. a.
Annuitätendarlehen, Festschreibung 10 Jahre:	Zinssatz: 3,4 % p. a. für erstrangige Darlehen anfängliche Tilgung: 1 % p.a.

Ermittlung der monatlichen Kreditraten

2,8 % von 40.000,00 EUR : 12	93,33 EUR
monatliche Kreditrate für Zwischenfinanzierung	**93,33 EUR**
3,4 % von 100.000,00 EUR : 12	283,33 EUR
+ 1 % Tilgung von 100.000,00 EUR : 12	83,33 EUR
monatliche Annuität	**366,66 EUR**

Baufinanzierung – Beispielrechnung	Bei der *Nordbank AG* gelten zurzeit folgende Konditionen für Baufinanzierungen:

Zwischenkredite, ein Jahr fest:	4,0 % p. a.
Darlehen, 10 Jahre fest:	3,5 % p. a., 1 % anfängliche Tilgung

Dem Kreditsachbearbeiter der *Nordbank AG* liegt aufgrund eines Kreditantrages der nachstehende Finanzierungsvorschlag des Darlehensnehmers vor:

Eigenkapital	40.000,00 EUR
Zwischenkredit für 1 Jahr bis zur Fälligkeit der Lebensversicherung	20.000,00 EUR
Bausparvertrag, monatliche Annuität 6 ‰ von der Bausparsumme	100.000,00 EUR
Darlehen der *Nordbank AG*	97.000,00 EUR
Summe	**257.000,00 EUR**

Berechnung der monatlichen Rate für die drei Darlehen:

20.000,00 EUR Zwischenkredit, 4,0 % p. a.:	66,67 EUR mtl.
100.000,00 EUR Bausparvertrag, 6 ‰ Rate p. m.:	600,00 EUR mtl.
97.000,00 EUR Darlehen *Nordbank*-Kredit, 1 % Tilgung, 3,5 % Zinsen:	363,75 EUR mtl.
Rate im 1. Jahr insgesamt:	**1.030,42 EUR mtl.**

2.2 Bauspardarlehen

Allgemeine Kennzeichnung	Das Bauspardarlehen ist der Anspruch auf ein wohnwirtschaftlich zu verwendendes Tilgungsdarlehen. Die Voraussetzungen für die Inanspruchnahme sind die Erreichung der Mindestansparsumme und der notwendigen Bewertungskennziffer. Die Darlehenshöhe ergibt sich aus der Differenz zwischen der Bausparsumme und dem Bausparguthaben.
Annuitätendarlehen	Es ist ein Kredit, der in gleichbleibenden Raten getilgt wird. Dabei setzt sich die Rate aus dem Zins und der Tilgung zusammen. Im Zeitablauf steigt der Tilgungsanteil zu Lasten des Zinsanteils an. Die monatliche Rückzahlungsrate ergibt sich bei Bausparkassen normalerweise durch einen Promillesatz von der vereinbarten Bausparsumme. Beispiel: 6 Promille von der Bausparsumme von 20.000,00 EUR ergeben eine monatliche Rate in Höhe von 120,00 EUR.
Ansparphase	In der Ansparphase wird notwendiges Mindestguthaben durch regelmäßige Sparbeiträge und eventuelle Sonderzahlungen angesammelt. Die Höhe für die Guthabenzinsen hängt vom jeweiligen Tarif ab.
Darlehensphase	In der Darlehensphase wird das vereinbarte Bauspardarlehen zurückgezahlt. Dabei gelten die bei Vertragsschluss vereinbarten Darlehenszinsen. I. d. R. beläuft sich der Rückzahlungsbetrag (Tilgung + Zinsen) auf monatlich 6 Promille der Bausparsumme.
Laufzeit	Bei Bauspardarlehen werden feste Zins- und Tilgungsleistungen zugrunde gelegt. Deswegen lässt sich schon bei Darlehensauszahlung die Laufzeitdauer genau berechnen.
Sicherheiten	Als Sicherheit werden i. d. R. nachrangige Grundpfandrechte verwendet. Sie belaufen sich auf 80 % des Beleihungswertes.
Tilgungsverrechnung	Bei der taggenauen Tilgungsverrechnung werden die Rückzahlungsbeträge grundsätzlich taggenau analog der Kontokorrentmethode auf die Restschuld verrechnet.
Zuteilung	Mit der Zuteilung erreicht der Bausparer sein Vertragsziel. Er kann ohne Kündigung und nach Stellung ausreichender Sicherheiten über das Bauspardarlehen verfügen.
Zwischenfinanzierung	Bereitstellung von kurz- und mittelfristigen Baugeldern, die durch die Endfinanzierungsmittel, z. B. durch ein Bauspardarlehen abgelöst werden.

2.3 Ablauf eines Immobiliarkredit-Beratungsgesprächs
nach der Wohnimmobilien-Kreditrichtlinie

In Deutschland bestehen verschärfte Regeln bezüglich der Werbung für die neue Art von Immobiliar-Verbraucherdarlehensverträgen, und auch beim Verfahren der Vertragsanbahnung unterliegen Kreditinstitute einer strengen und umfangreichen gesetzlichen Nachweis-, Beratungs- und Prüfungspflicht. Insbesondere ist der Umfang der vorvertraglichen Informationen, der Beratung, der Erläuterung und der Vertragsgestaltung neu geregelt worden, was grundlegende Änderungen im Verkaufs- und Beratungsgespräch mit sich gebracht hat.

Phase 1:

Bereitstellung allgemeiner Produktinformationen durch jeden Mitarbeiter bzw. Primärbetreuer nach § 675 a Abs. 2 BGB

Phase 2

Beratungsgesprächsanbahnung entweder Online oder stationär durch den Primärbetreuer Vgl. § 511 BGB / Art. 247 § 18 EGBGB –

Aushändigung vorvertraglicher Informationen, Beratungsvertrag

Aushändigung des Standardisierten Informationsblatts zur Kreditwürdigkeitsprüfung , vgl. Art. 247 § 1 Abs. 1 Satz 2 EGBGB –

Phase 3

Kundenkontakt und Beratungsgespräch mit dem Baufinanzierungsspezialisten

Darlehensvermittlung nach § 655 a BGB

Beratung und Dokumentation

Phase 4

Produktauswahl und Bonitätsanalyse durch den Baufinanzierungsspezialisten

Kreditwürdigkeitsprüfung nach § 505 a, b, d BGB –§ 511 Abs. 3 BGB –

Schriftliche Produktempfehlung nach Art. 247 § 1 Abs. 2 EGBGB - und Bereitstellung ESIS – Formular (Europäisches Standardinformationsblatt)

Phase 5

Beleihungswertermittlung / Beschlussvorlage / Bewilligung / Verträge

Immobilienbewertung nach § 505 c BGB –

Phase 6

Vertragslaufzeit vereinbaren;

Hinweis auf Vorzeitige Rückzahlung und Vorfälligkeitsentschädigung bei vorzeitiger Rückzahlung nach § 493 Abs. 5 und § 500 Abs. 2 BGB –Art. 247 § 15 Abs. 2 EGBGB – Hinweis auf Änderungszinssatz bei Folgefinanzierung

Hinweis auf Außerordentliche Kündigung § 498 BGB –

Hinweis auf Widerrufsrecht nach § 355 BGB

Kreditsicherheiten

1. Grundpfandrechte

1.1 Grundstückskaufvertrag

Kennzeichnung	Es ist ein Vertrag nach § 311 b BGB, durch den sich ein Teil verpflichtet, das Eigentum an einem Grundstück zu übertragen oder zu erwerben. Er bedarf einer notariellen Beurkundung. Der Vertrag ist Grundlage für die spätere Eigentumsübertragung (Auflassung).
Ein Grund-stückserwerb vollzieht sich in drei Schritten:	• schuldrechtliche Einigung zwischen Käufer und Erwerber nach § 311 b BGB • dingliche Einigung über die Eigentumsübertragung nach § 925 BGB (Auflassung) • Umschreibung im Grundbuch
Voraussetzun-gen für die Ein-tragung im Grundbuch	• Antrag durch den Berechtigten • Bewilligung durch den Verkäufer I. d. R. erfolgen Antrag und Bewilligung in einem Schritt durch die Auflas-sungserklärung beider Vertragspartner vor dem Notar und die Eintragung im Grundbuch nach § 873 BGB.

Grundstückskaufvertrag – Auflassung – Grundbucheintragung

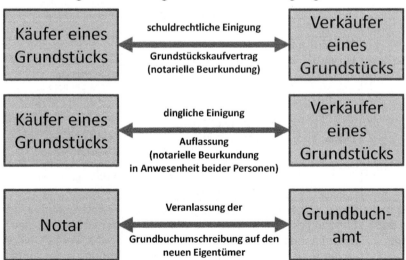

Springer Fachmedien Wiesbaden GmbH, ein Teil von Springer Nature 2023
P. Grundmann, R. Rathner, *Bankwirtschaft*, Prüfungstraining für Bankkaufleute,
https://doi.org/10.1007/978-3-658-39340-3_9

1.2 Grundbuch

Kennzeichnung	Es ist ein öffentliches Register, welches beim zuständigen Amtsgericht über alle Grundstücke des betreffenden Bezirks geführt wird. Es genießt bis auf das Bestandsverzeichnis öffentlichen Glauben. Grundbucheinsicht ist möglich, wenn ein Interesse nachgewiesen wird.
Das Grundbuch gibt Auskunft über:	• **Bestandsverzeichnis** (Gemarkung, Nummer der Flur, des Flurstücks und des Liegenschaftsbuches sowie Wirtschaftsart, Lage, Größe des Grundstücks und Vermerke über Rechte, die dem jeweiligen Eigentümer des Grundstücks zustehen) • **Abteilung I** des Grundbuchs über Eigentümer, Art des Eigentums (Alleineigentum, gemeinschaftliches Eigentum) und Grundlage der Eintragung (Auflassung, Erbschein, Zuschlag bei Versteigerung) • **Abteilung II** des Grundbuchs über die Lasten und Beschränkungen des Eigentums, • **Abteilung III** des Grundbuchs über eingetragene Hypotheken, Grundschulden und Rentenschulden
Beispiel für ein Grundbuchblatt	**Abteilung I** Lfd. Nr. 1 Ernst Meyer, geb. am 18.05.1974 Aufgelassen am 02.05.2005, eingetragen am 23.07.2005 **Abteilung II** Lfd. Nr. 1 Vorkaufsrecht zugunsten von Jürgen Pieper, geb. am 25.06.1961. Eingetragen auf Grund der Bewilligung vom 02.05.2005. Lfd. Nr. 2 Reallast, bestehend aus der Zahlung einer lebenslangen Rente von 500,00 EUR (fünfhundert) monatlich für Jürgen Pieper, geb. 25.06.1961. Löschbar mit Todesnachweis. Eingetragen auf Grund der Bewilligung vom 02.05.2005 am 23.07.2005. **Abteilung III** Lfd. Nr. 1 20.000,00 EUR Grundschuld ohne Brief mit 15 % jährlich zu verzinsen für die Sparkasse Harburg-Buxtehude. Der jeweilige Eigentümer ist der sofortigen Zwangsvollstreckung unterworfen. Unter Bezugnahme auf die Bewilligung vom 28.01.2006, eingetragen am 13.02.2006. Lfd. Nr. 2 50.000,00 EUR Grundschuld zugunsten Ernst Meyer, zu verzinsen mit 18 % jährlich. Der jeweilige Eigentümer ist der sofortigen Zwangsvollstreckung unterworfen. Unter Bezugnahme auf die Bewilligung vom 06.01.2007, eingetragen am 25.01.2007.
Auflassung in Abteilung I des Grundbuchs	Die zur Übertragung des Eigentums an einem Grundstück erforderliche Einigung des Veräußerers und des Erwerbers muss bei gleichzeitiger Anwesenheit beider Teile vor dem Notar erklärt werden. Nach Erfüllung bestimmter Voraussetzungen (i. d. R. Eintragung einer Auflassungsvormerkung, Hinterlegung des Kaufpreises usw.) werden vielfach bereits im Kaufvertrag Angestellte des Notars bevollmächtigt, die Auflassung zu erklären. Dies erspart den Beteiligten einen weiteren Notartermin.

Vorkaufsrecht in Abteilung II des Grundbuchs	Derjenige, zu dessen Gunsten das Vorkaufsrecht im Grundbuch eingetragen ist, kann beanspruchen, dass ihm das Grundstück im Verkaufsfall an einen Dritten zu gleichen Bedingungen übertragen wird. Bei Beleihungen ist ein Vorrang anzustreben. Die Frist zur Ausübung des Vorkaufsrechts beträgt zwei Monate.
Reallast in Abteilung II des Grundbuchs	Es ist die dingliche Belastung eines Grundstücks in der Weise, dass an den Berechtigten wiederkehrende Leistungen aus dem Grundstück zu entrichten sind. Die Leistungen können in Naturalien, Geld oder Handlungen, z. B. Lieferung von elektrischem Strom, bestehen. Sie können zeitlich unbeschränkt oder auf eine gewisse Zeit (z. B. Lebenszeit des Berechtigten) bestellt werden.
Grundschuld in Abteilung III des Grundbuchs	Die Grundschuld kann als Brief- oder Buchgrundschuld bestellt werden. Sie ist eine unbedingte Zahlungsverpflichtung aus dem Grundstück. Sie setzt keine Forderung voraus. I. d. R. dient sie zur Sicherung einer persönlichen Forderung.
Eigentümergrundschuld in Abteilung III des Grundbuchs	Es ist eine Grundschuld, die zugunsten des Eigentümers bestellt wird. Sie dient zur Freihaltung einer Rangstelle. Bei der Eigentümergrundschuld wird die Briefgrundschuld wegen der Übertragungsmöglichkeit ohne Eintragungskosten bevorzugt.

1.3 Belastungen eines Grundstücks

Reallast	Es sind wiederkehrende Leistungen aus dem Grundstück an eine bestimmte Person oder an den jeweiligen Eigentümer eines anderen Grundstücks zu entrichten. Der Eigentümer haftet persönlich für die Erbringung der Leistung.
Grunddienstbarkeit	Dem jeweiligen Eigentümer eines anderen Grundstücks (= herrschendes Grundstück) werden einzelne Rechte am dienenden Grundstück eingeräumt. Auf Antrag erfolgt eine Eintragung als Recht in das Bestandsverzeichnis des herrschenden Grundstücks.
Beschränkt persönliche Dienstbarkeit	Es ist eine Grundstücksbelastung, die dem Begünstigten das Recht gibt, das Grundstück in einzelnen Beziehungen zu nutzen. Im Unterschied zum Nießbrauch werden dem Berechtigten also nicht sämtliche, sondern nur bestimmte, im Einzelfall näher bezeichnete Nutzungen des Grundstücks übertragen. Von den Grunddienstbarkeiten unterscheiden sich die beschränkt persönlichen Dienstbarkeiten dadurch, dass sie nicht dem jeweiligen Eigentümer eines anderen Grundstücks, sondern nur einer bestimmten Person zustehen können. Belastet werden können nur Grundstücke bzw. reale Teile von Grundstücken, nicht jedoch Miteigentumsanteile.
Auflassungsvormerkung	Es ist eine Maßnahme zur Sicherung des schuldrechtlichen Anspruchs auf Übertragung des Eigentums an einem Grundstück. Sie kann z. B. angewendet werden bei Grundstücksverkäufen, wenn der Verkäufer bereits frühzeitig eine Zahlung verlangt, obwohl der Käufer erst nach Erlangung der verschiedenen Formalitäten als Eigentümer in das Grundbuch eingetragen wird.

Nießbrauch	Der Nießbraucher kann alle Nutzungen aus diesem Grundstück ziehen. Der Nießbrauch kann durch den Ausschluss einzelner Nutzungen beschränkt werden. Der Nießbraucher hat für die Erhaltung der Sache zu sorgen. Das Recht ist nicht vererbbar und nicht übertragbar.
Vorkaufsrecht	Der Vorkaufsberechtigte kann bei einem Grundstücksverkauf vom Eigentümer die Überlassung des Grundstücks zu den in dem Kaufvertrag mit einem Dritten vereinbarten Bedingungen fordern. Ein Vorkaufsrecht kann auch kraft Gesetzes bestehen.
Wohnungsrecht	Es ist eine Dienstbarkeit, die das Recht beinhaltet, eine oder mehrere Wohnungen zu nutzen. Das Wohnungsrecht kann entgeltlich oder unentgeltlich vereinbart werden. Um den Umfang des Rechts zu beurteilen, ist zu berücksichtigen, dass dies aus dem Grundbucheintrag allein kaum zu ersehen ist. Daher ist die Einsichtnahme in den zugrunde liegenden Vertrag empfehlenswert. Dieser befindet sich in der Grundakte. Kosten wie Steuern, öffentliche Lasten, Reparaturen usw. trägt der Eigentümer. Das Wohnungsrecht schränkt die Beleihbarkeit des Objekts ein. Bei der Bewertung des Grundstücks spielt die Bewertung des Wohnungsrechts daher eine große Rolle. Der Wert des Wohnungsrechts hängt von folgenden Faktoren ab: • Wohnfläche der Wohnung im Haus, die der Berechtigte nutzen darf. • erzielbare Miete für die Wohnung des Berechtigten im Wohnhaus • Lebensalter des oder der Berechtigten • Lebenserwartung des oder der Berechtigten

1.4 Rangverhältnis im Grundbuch

Bestimmung des Rangverhältnisses	Die zeitliche Reihenfolge des Einganges beim Grundbuchamt ist mitentscheidend für die Reihenfolge im Grundbuch. Innerhalb einer Abteilung bestimmt die Reihenfolge des Eintrags das Rangverhältnis im Grundbuch. Innerhalb der Abteilungen wird die Rangfolge durch den Eintragungstag bestimmt. Rechte mit gleichem Eintragungstag haben den Gleichrang. Eine Abweichung des Rangverhältnisses bedarf einer Eintragung im Grundbuch.
Rangänderung im Grundbuch	Eine bestehende Rangfolge kann nachträglich geändert werden. Dies bedarf einer Einigung zwischen den Berechtigten, der Zustimmung des Grundstückseigentümers und der Eintragung in das Grundbuch.
Rangvorbehalt	Der Eigentümer kann sich bei der Eintragung eines Rechts den Rang für ein später einzutragendes Recht vorbehalten. In der Praxis ist der Rangvorbehalt gebräuchlich. Den Kreditinstituten, die erstrangige Grundschulddarlehen vergeben, wird häufig in Ausnutzung eines vorbehaltenen Ranges ein Grundpfandrecht bestellt. Bei der Bestellung von Grundpfandrechten für Institute, die nachrangige Hypothekendarlehen geben, wird ein Rangvorbehalt für ein später noch einzutragendes erstrangiges Recht eingetragen.

Beispiel für Grundbucheintragungen/ Grundbuchlöschungen	Die Eheleute Nadine und Werner Müller möchten ein bebautes Grundstück von dem Eigentümer Herrn Johannes Krause belastungsfrei erwerben. Das Grundstück ist noch mit einer Grundschuld der *Nordbank AG* belastet, das zurzeit noch mit 15.000,00 EUR valutiert.

Dem Grundbuchauszug von Herrn Krause sind folgende Daten zu entnehmen:

Abteilung I

Lfd. Nr. 1	Johannes Krause, geb. am 18.05.1964
	Aufgelassen am 02.05.1995, eingetragen am 23.07.1995

Abteilung II

Lfd. Nr. 1	Vorkaufsrecht zugunsten von Maria Krause, geb. am 25.06.1941. Eingetragen auf Grund der Bewilligung vom 02.05.2002.
Lfd. Nr. 2	Reallast, bestehend aus der Zahlung einer lebenslangen Rente von 500,00 EUR (fünfhundert) monatlich für Maria Krause, geb. 25.06.1941. Löschbar mit Todesnachweis. Eingetragen auf Grund der Bewilligung vom 02.05.2002 am 23.07.2002.

Abteilung III

Lfd. Nr. 1	20.000,00 EUR Grundschuld ohne Brief mit 15 % jährlich zu verzinsen für die Nordbank AG Hamburg. Der jeweilige Eigentümer ist der sofortigen Zwangsvollstreckung unterworfen. Unter Bezugnahme auf die Bewilligung vom 28.01.2002, eingetragen am 13.02.2002.
Lfd. Nr. 2	50.000,00 EUR Grundschuld zugunsten Johannes Krause, zu verzinsen mit 18 % jährlich. Der jeweilige Eigentümer ist der sofortigen Zwangsvollstreckung unterworfen. Unter Bezugnahme auf die Bewilligung vom 06.01.2008, eingetragen am 25.01.2008.

Festlegung der Rangfolge im Grundbuch:

Rangverhältnis	Belastung/Eintragung	Datum der Eintragung
Rang 1	20.000 EUR Grundschuld	13.02.2002
Rang 2	Vorkaufsrecht	02.05.2002
Rang 3	Reallast/Rente	23.07.2002
Rang 4	50.000 EUR Grundschuld	25.01.2008

Die Grundschuld der *Nordbank AG* kann mit folgenden Schritten gelöscht werden:
- Tilgung der Restschuld durch Herrn Krause oder Verrechnung mit dem Kaufpreis im Rahmen der notariellen Abwicklung
- Löschungsbewilligung/löschungsfähige Quittung der *Nordbank AG*
- Antrag auf Löschung der Grundschuld
- Löschung im Grundbuch

Notwendige Schritte zur Übernahme der Eigentümergrundschuld von Herrn Krause durch das Ehepaar Müller:
1. Möglichkeit:
- schriftliche Abtretung des dinglichen Anspruchs
- Briefübergabe

	2. Möglichkeit: • mündliche Abtretung • Briefübergabe • Bewilligung durch Herrn Krause • Eintragung der Umschreibung **Löschungen der Eintragungen in Abteilung II des Grundbuchs:** • Die Löschung der Eintragungen in Abteilung II (Vorkaufsrecht und Reallast) erfolgt durch Eintragung eines Löschungsvermerks in der betreffenden Abteilung. • Die Eintragung ins Grundbuch erfolgt durch Antrag und Bewilligung. • Der Antrag kann von dem Ehepaar Müller oder von Frau Krause gestellt werden. • Frau Krause muss die Lösungsseintragungen bewilligen. Dies geschieht durch eine notarielle oder öffentlich beglaubigte Urkunde.

2. Zession

2.1 Allgemeine Kennzeichnung

Allgemeine Kennzeichnung	• Die Abtretung (Zession) ist im § 398 BGB geregelt. • Geldforderungen können sicherungsweise zugunsten eines Gläubigers abgetreten werden. • Der Abtretungsvertrag wird zwischen dem Gläubiger der Forderung (Zedent) und dem Sicherungsnehmer (Zessionar) abgeschlossen, ohne dass der Drittschuldner am Vertrag beteiligt ist. • Der Abtretungsvertrag ist formfrei gültig. • Die Rechtswirksamkeit der Abtretung ist nicht an die Zustimmung des Drittschuldners gebunden. • Mit dem Abtretungsvertrag geht die Forderung auf die Bank (Zessionar) über.
Beispiele für Abtretungen in der Praxis	• Abtretung von Forderungen aus Lieferungen und Leistungen im Rahmen einer Globalzession • Abtretung von Gehaltsansprüchen • Abtretung von Bankguthaben, z. B. Sparguthaben • Abtretung von Versicherungsansprüchen

2.2 Globalzession

Kennzeichnung	Eine Forderung kann zur Sicherung eines Darlehens an die Bank abgetreten werden. Der Kreditnehmer (Zedent) tritt alle gegenwärtigen und zukünftigen Forderungen gegen bestimmte Kunden des Darlehensnehmers (Drittschuldner) ab. Die gegenwärtigen Forderungen gehen mit Zessionsvertragsabschluss auf die Bank über. Die zukünftigen Forderungen gehen bereits im Zeitpunkt ihrer Entstehung auf die Bank über.
Gesetzliche Grundlage	§ 398 BGB

Arten	• offene Zession • stille Zession
Offene Zession	• Der Drittschuldner wird von der Abtretung informiert und zahlt mit schuldbefreiender Wirkung nur noch an den neuen Gläubiger.
Stille Zession	• Die Drittschuldner werden von der Abtretung nicht informiert. • Individualisierung: Die Forderungen müssen im Sicherungsvertrag hinreichend individualisiert sein, z. B. Kunden aus Hamburg von A bis M. • Folgende Vereinbarungen müssen im Sicherungsvertrag vereinbart werden: Sicherungszweck, Deckungsgrenze, Freigabeklausel. • Der Kreditnehmer bleibt wirtschaftlicher Gläubiger. Die Bank wird rechtlicher, fiduziarischer Gläubiger und erwirbt ein bedingtes Verwertungsrecht. • Außenverhältnis: Nach außen ist die Bank Dritten gegenüber uneingeschränkte Gläubigerin. • Innenverhältnis: Im Innenverhältnis darf die Bank von ihrem Gläubigerrecht nur im Rahmen des Sicherungszwecks Gebrauch machen. • Bankpraxis: Die Sicherungsabtretung wird als stille Zession vereinbart.
Risiken für die Bank	• Die Forderung wurde bereits im Rahmen eines verlängerten Eigentumsvorbehalts abgetreten. • Die abgetretene Forderung besteht nicht mehr bzw. nicht mehr in der angegebenen Höhe. • Der Kreditnehmer leitet die eingehenden Zahlungen der Drittschuldner nicht an die Bank weiter. • Die Drittschuldner zahlen nicht mehr. • Die Forderung wurde bereits an einen anderen Gläubiger abgetreten. • Die Abtretung der Forderung wurde vertraglich ausgeschlossen. • Der Drittschuldner kann alle Einreden auch gegen die Bank, z. B. Gewährleistungsansprüche, geltend machen.

2.3 Forderungsabtretung in der Bankpraxis

Vertragsarten	Vertragsschluss	Besonderheiten
Globalzession	• Zustandekommen: Einigung zwischen dem Zedenten und z. B. der Bank über die Abtretung der Forderungen • Rechtswirksamkeit bei stiller und offener Zession: Die Abtretung ist mit und ohne Anzeige an die Drittschuldner rechtswirksam. • Zeitpunkt des Forderungsübergangs: Gegenwärtige und zukünftige Forderungen gehen mit Vertragsabschluss auf den neuen Gläubiger über.	Im Falle der stillen Abtretung: • Drittschuldner zahlen mit schuldbefreiender Wirkung an den Zedenten. • Individualisierung: Im Rahmenvertrag werden Forderungen gekennzeichnet, z. B. Forderungen von A bis K. • Kontrolle: Aus Sicherheitsgründen monatliche Bestandslisten (Debitorenlisten, Rechnungskopien) abfordern. • Blankobenachrichtigungsschreiben für eine evtl. Offenlegung

Vertragsarten	Vertragsschluss	Besonderheiten
		der Forderungsabtretung verlangen! • Sicherheitsabschlag: ca. 20 % Sicherheitsabschlag vom Nennwert der Forderung wegen evtl. Forderungsausfälle beim Drittschuldner • Deckungsgrenze: Der realisierbare Wert der Forderungen muss mindestens den Kredit decken. Gefahr der Übersicherung, wenn der Nennbetrag der zedierten Forderungen 150 % der gesicherten Forderungen übersteigt.
Gehaltsabtretung (Einzelzession)	Einigung über die Abtretung der Gehaltsansprüche	• Abtretungsverbot durch den Arbeitgeber beachten! • gesetzliches Abtretungsverbot für unpfändbare Forderungen, z. B. Kindergeld • Pfändungsfreigrenzen bei Gehaltseingängen beachten!
Abtretung von Versicherungsansprüchen (Einzelzession)	Einigung zwischen dem Kreditnehmer und der Bank über die Abtretung der Versicherungsansprüche	• Werthaltigkeit: Werthaltig sind nur Kapitallebensversicherungen, nicht aber eine Risikolebensversicherung • Der Wert der Kapitallebensversicherung wird durch den Rückkaufswert bestimmt. • Die Abtretung von Ansprüchen aus Kapitallebensversicherungen kann steuerschädliche Folgen haben. Dies ist insbesondere der Fall, wenn die Kosten des gesicherten Kredits, insbesondere die Zinsen, Betriebsausgaben oder Werbungskosten sind. • Kreditinstitute müssen die Bezugsberechtigung aus dem Versicherungsvertrag übertragen bekommen. Bei unwiderruflicher Begünstigung muss der Begünstigte der Abtretung zustimmen. • Hereinnahme der Versicherungspolice, da die Kapitallebensversicherung nur gegen

Vertragsarten	Vertragsschluss	Besonderheiten
		Vorlage des Versicherungs-scheins leistet. Die Versicherungsgesellschaft wird i. d. R. bei der Abtretung von Ansprüchen aus Kapitallebensversicherungsverträgen über folgende Sachverhalte von der Bank informiert: • Anerkennung der Abtretung, wenn die Wirksamkeit der Abtretung von der Versicherung abhängig ist. • Mitteilung des aktuellen Rückkaufswertes der Kapitallebensversicherung • Benachrichtigung über Prämienrückstände

3. Pfandrecht

3.1 Allgemeine Kennzeichnung

Kennzeichnung	• Das Pfandrecht ist ein zur Sicherung einer Forderung bestimmtes dingliches Recht an fremden Sachen oder Rechten, das den Gläubiger berechtigt, sich durch Verwertung des verpfändeten Gegenstandes zu befriedigen. • Das Pfandrecht ist akzessorisch, d. h. vom Bestehen einer Forderung abhängig.
Arten	• Pfandrecht an beweglichen Sachen (§§ 1204 ff. BGB) • Pfandrecht an Rechten (§§ 1273 ff. BGB): Pfandrecht an Wertpapieren (§ 1293 BGB) und Geldforderungen (§§ 1280 ff. BGB) • Grundpfandrechte: Hypothek (§§ 1113 ff. BGB) und Grundschuld (§§ 1191 ff. BGB)
Haftungsumfang	Das Pfandrecht haftet für den jeweiligen Forderungsbestand und für Zinsen.
Mehrfach-verpfändung	Wurde eine Sache mehrfach verpfändet, so gilt das Prioritätsprinzip.

3.2 Bestellung und Erwerb von Pfandrechten

Pfandrechte	Bestellung des Pfandrechts	Erwerb des Pfandrechts
Pfandrecht an beweglichen Sachen (Faustpfandprinzip)	Einigung über die Entstehung des Pfandrechts + Übergabe der Sache. Der Verpfänder bleibt Eigentümer, der Pfandgläubiger wird unmittelbarer Besitzer der Sache.	z. B. Auszahlung des Darlehens

Pfandrechte	Bestellung des Pfandrechts	Erwerb des Pfandrechts
Pfandrecht an Wertpapieren (entspricht einer Verpfändung an beweglichen Sachen)	Einigung über die Entstehung des Pfandrechts + Übergabe der Sache. Der Verpfänder bleibt Eigentümer, der Pfandgläubiger wird unmittelbarer Besitzer der Sache.	z. B. Auszahlung des Darlehens
Pfandrecht an Forderungen, z. B. Sparguthaben	Einigung über die Entstehung des Pfandrechts + Anzeige an den Drittschuldner, z. B. Kreditinstitut. Der Verpfänder bleibt Gläubiger, der Pfandgläubiger hat ein Verwertungsrecht, z. B. Einzug des Sparguthabens.	z. B. Auszahlung eines Darlehensbetrages
Hypothek	Einigung über die Entstehung des Pfandrechts + Eintragung im Grundbuch. Der Erwerb der Hypothek erfolgt mit Auszahlung des Darlehensbetrages (Akzessorietät der Hypothek). Der Verpfänder bleibt Eigentümer des Grundstücks, der Pfandgläubiger hat ein dingliches Verwertungsrecht.	mit Auszahlung des Darlehensbetrages
Grundschuld	Einigung über die Entstehung des Pfandrechts + mit der Eintragung im Grundbuch erfolgt auch der Erwerb. (Abstraktionsprinzip der Grundschuld). Der Verpfänder bleibt Eigentümer des Grundstücks, der Pfandgläubiger hat ein dingliches Verwertungsrecht.	mit Eintragung im Grundbuch

3.3 Pfandrecht in der Bankpraxis

Verpfändungsbeispiele	Pfandrechtsbestellung	Besonderheiten bei der Verpfändung
Verpfändung von Aktien, die vom Eigentümer selbst verwahrt werden	Einigung + Übergabe der Aktien	Verpfänder bleibt Eigentümer, Pfandgläubiger wird unmittelbarer Besitzer der Aktien.
Verpfändung von Goldbarren, die im Schließfach der Bank verwahrt werden	Einigung + Einräumung des Mitbesitzes durch Mitverschluss. Die Übergabe entfällt, da Bank bereits unmittelbarer Besitzerin der Sache ist.	Verpfänder bleibt Eigentümer, die Bank wird unmittelbare Besitzerin durch Mitverschluss.

Verpfändungsbeispiele	Pfandrechtsbestellung	Besonderheiten bei der Verpfändung
Verpfändung der Ware im Lager des Eigentümers, die nicht in den Alleinbesitz des Gläubigers übergehen soll	Einigung + Einräumung des Mitbesitzes durch Mitverschluss	Die Einräumung des Mitbesitzes ersetzt die Übergabe. Der Pfandgläubiger wird unmittelbarer Besitzer, d. h. er erlangt gemeinschaftlichen Besitz mit dem Eigentümer.
Ware, die in einem Lagerhaus gelagert ist	Einigung + Übertragung des mittelbaren Besitzes durch Abtretung des Herausgabeanspruchs + Anzeige der Verpfändung an den unmittelbaren Besitzer.	Die Übertragung des mittelbaren Besitzes und die Anzeige an den unmittelbaren Besitzer ersetzen die Übergabe.
Verpfändung von Wertpapieren, die im Depot der Bank verwahrt werden	Einigung über die Entstehung des Pfandrechts reicht aus.	Die Übergabe der Wertpapiere entfällt, da sie bereits im Depot der Bank verwahrt werden. Die Bank wird unmittelbare Besitzerin der Wertpapiere.
Verpfändung eines Sparguthabens, das bei einer fremden Bank unterhalten wird	Einigung + Pfandanzeige an die fremde Bank	Aus Sicherheitsgründen wird das Sparbuch an den Pfandgläubiger übergeben.

4. Sicherungsübereignung

4.1 Allgemeine Kennzeichnung

Kennzeichnung	• Zur Sicherung eines Kredits kann eine bewegliche Sache an das Kreditinstitut sicherungsübereignet werden. • Die Sicherungsübereignung ist eine Eigentumsübertragung mit der Vereinbarung, die zur Sicherung übereignete Sache nur bei Nichterfüllung der gesicherten Forderung, z. B. eines Bankdarlehens, zu verwerten. Die Eigentumsübertragung erfolgt sicherungshalber. • keine Formvorschriften • Bankpraxis: Schriftform aus Beweisgründen • Abstrakte Sicherheit, d. h. die Rechtswirksamkeit der Sicherheit ist nicht an das Bestehen einer Forderung gebunden.
Rechtskonstruktion nach § 930 BGB	• Einigung zwischen dem Sicherungsgeber und dem Sicherungsnehmer + Einräumung eines Besitzmittlungsverhältnisses Besitzkonstitut) • Die Eigentumsübertragung wird ersetzt durch das Besitzkonstitut (Besitzmittlungsverhältnis).
Individualisierung	Die Rechtswirksamkeit der Sicherungsübereignung erfordert eine genaue Kennzeichnung des Sicherungsgutes im Sicherungsvertrag.

Wirkung des Besitzkonstituts	• Die Bank wird fiduziarische (treuhänderisch) Eigentümerin. • Der Kreditnehmer bleibt unmittelbarer Besitzer der Sache (Leihvertrag). • Der Sicherungsgeber (Kreditnehmer) leiht die übereignete Sache vom Sicherungsnehmer (Bank). • Der Sicherungsgeber verwahrt die übereignete Sache für die Bank.
Beispiele für Sicherungs- übereignungen	• Kraftfahrzeuge • Maschinen • Warenlager
Risiken der Sicherungs- übereignung	• Preisrückgang und Verwertungsschwierigkeiten • Sicherungsgut wurde mehrfach sicherungsübereignet. • Lieferung des Sicherungsgutes unter Eigentumsvorbehalt • Sicherungsgut haftet als wesentlicher Bestandteil oder Zubehör im Rahmen eines Grundpfandrechts. • Vermieterpfandrecht • Sicherungsgut geht durch Verarbeitung oder Veräußerung verloren. • Diebstahl oder Beschädigung des Sichergutes • gutgläubiger Erwerb des Sicherungsgutes durch Dritte

4.2 Sicherungsübereignung und Verpfändung von beweglichen Sachen im Vergleich

Vertragspartner	Sicherungsübereignung	Pfandrecht
Rechtsstellung des Kreditnehmers	Kreditnehmer bleibt unmittelbarer Besitzer und wirtschaftlicher Eigentümer.	Kreditnehmer bleibt Eigentümer und mittelbarer Besitzer.
Rechtsstellung des Kreditinstituts	Kreditinstitut wird mittelbarer Besitzer und fiduziarischer Eigentümer und erwirbt ein bedingtes Verwertungsrecht.	Kreditinstitut wird unmittelbarer Besitzer und erwirbt ein bedingtes Verwertungsrecht.

4.3 Sicherungsübereignungsverträge in der Bankpraxis

Arten von Sicherungsübereignungen	Vertragsschluss	Besonderheiten
Sicherungsübereignung von Kraftfahrzeugen	Einigung + Besitzkonstitut	Aus Sicherheitsgründen wird dem Sicherungsnehmer die Zulassungsbescheinigung II (vormals Kraftfahrzeugbrief) übergeben, um einen gutgläubigen Erwerb des Kfz durch Dritte zu verhindern. Für die Eigentumsübertragung ist die Übergabe der Zulassungsbescheinigung II nicht erforderlich.
Sicherungsübereignung einer Maschine	Einigung + Besitzkonstitut (Markierungsvertrag)	• Individualisierung durch Markierungsvertrag (Typenbezeichnung, Fabrikationsnummer, Hersteller) • Standortbestimmung durch Lageplanerstellung • Versicherungsabschlüsse, z. B. gegen Diebstahl oder Beschädigungen • Abtretung der Versicherungsansprüche • Überprüfung der Prämienzahlungen
Sicherungsübereignung eines Warenlagers mit einem festen Bestand	Einigung + Besitzkonstitut (Raumsicherungsvertrag)	Raumsicherungsvertrag beschreibt: • räumliche Bestimmung des Warenlagers • Beschreibung der Ware im Sicherungsvertrag • Lagerskizze Versicherung gegen Diebstahl und Beschädigung abschließen; Versicherungsansprüche abtreten lassen und Prämienzahlungen überwachen.
Sicherungsübereignung eines Warenlagers mit wechselndem Bestand	Einigung + Besitzkonstitut (Raumsicherungsvertrag) Sicherungsgeber darf Ware im Auftrag des Sicherungsnehmers verarbeiten.	Im Raumsicherungsvertrag wird geregelt: • Lagerauffüllungen, wenn erforderlich • monatliche Bestandsmeldungen • Einhaltung eines Mindestdeckungsbestandes • Lagerführung wird von der Bank überwacht.

5. Bürgschaft

Selbstschuldnerische Bürgschaft	Die selbstschuldnerische Bürgschaft wird durch einen einseitig verpflichtenden Vertrag geschlossen. Der Bürge besiegelt durch seine Unterschrift, dass er dem Gläubiger eines Dritten (des so genannten Hauptschuldners) für die Erfüllung der Verbindlichkeiten des Dritten zur Verfügung steht. Der Bürge der selbstschuldnerischen Bürgschaft wird bei Zahlungsverzug des Schuldners lt. Vertrag so behandelt, als sei er selbst Schuldner. Durch diesen Vertrag sichert sich der Gläubiger gegen eine mögliche Zahlungsunfähigkeit seines Schuldners ab.
Rechtskonstruktion	Das übliche Dreiecksverhältnis bei selbstschuldnerischen Bürgschaften besteht aus • einem Darlehensnehmer, der die Rolle des Hauptschuldners einnimmt, • einer Bank, die das Darlehen gewährt und • dem selbstschuldnerischen Bürgen, der für Fehler in der Darlehensrückführung mit seinem privaten Vermögen gerade steht.
Gewöhnliche (BGB-) Bürgschaft und selbstschuldnerische Bürgschaft	Die selbstschuldnerische Bürgschaft ist strenger als die herkömmliche oder gewöhnliche Bürgschaft. Bei der gewöhnlichen Bürgschaft kann der Bürge die Zahlung verweigern, bis alle Mittel ausgeschöpft sind, das bewegliche Vermögen des Hauptschuldners ganz oder teilweise heranzuziehen. Erst dann darf der Bürge verpflichtet werden. Bei der selbstschuldnerischen Bürgschaft hingegen darf sofort auf den Bürgen zugegangen werden. Das ist möglich, weil der Bürge gemäß § 773 Abs. 1 Nr. 1 BGB auf die Einrede der Vorausklage verzichtet hat. Die Zwangsvollstreckung gegen den Hauptschuldner ist demnach sofort möglich. Der Bürge haftet somit genauso wie der Hauptschuldner.
Arten	Die Höchstbetragbürgschaft begrenzt die Haftung auf einen gewissen Höchstbetrag, während sie bei der Zeitbürgschaft nur für einen bestimmten Zeitabschnitt übernommen wird. Bei der selbstschuldnerischen Bürgschaft kann darüber hinaus auch eine Mitbürgschaft eingetragen werden, bei der sämtliche Bürgen als Gesamtschuldner haften. Auch die Teilbürgschaft macht Sinn, wobei mehrere Bürgen für bestimmte Teile der Gesamtschuld haften. Der einzelne Bürge kann hierbei nur für den von ihm verbürgten Betrag in Anspruch genommen werden.
Inhalt der selbstschuldnerischen Bürgschaft	• Er bezeichnet den Bürgen und den Bürgschaftsgläubiger. • Der Gegenstand der Bürgschaft wird benannt, also die Ansprüche, die der Bürgschafts-gläubiger gesichert wissen will. • Verzicht des Bürgen auf die Einrede der Vorausklage (§ 773 BGB) • Verzicht des Bürgen auf die Einrede der Anfechtbarkeit und der Aufrechenbarkeit (§ 770 BGB) • eventuell der Höchstbetrag der Bürgschaft • eventuell eine zeitliche Begrenzung

G Aktuelle Eurobeträge, Freigrenzen und Freibeträge

Meldung an die Erbschaft-steuerstelle im Todesfall eines Kontoinhabers	Kontoguthaben über 5.000,00 EUR
Pfändungsschutz auf dem P-Konto	1.252,64 EUR im Kalendermonat pro Person ab 01.07.2021
Identifizierungspflicht des Kunden nach dem GwG	bei der Annahme oder Abgabe von Bargeld, Wertpapieren oder Edelmetallen im Wert von 15.000,00 EUR oder mehr
Verfügung über Spareinlagen ohne vorherige Kündigungsfrist nach der Rechnungslegungsverordnung	2.000,00 EUR
Haftungshöchstgrenze bei Bankkarten und Kreditkarten für Kunden vor der Verlustmitteilung	50,00 EUR
Einlagenschutz nach dem Entschädigungsgesetz	100.000,00 EUR pro Anleger
Einlagensicherung des Bundes-verbandes deutscher Banken	15 % des haftenden Eigenkapitals pro Gläubiger

Sparen nach dem Vermögensbildungsgesetz

Vermögenswirksames Sparen

Sparhöchstbetrag	470,00 EUR jährlich pro Arbeitnehmer
Arbeitnehmersparzulage für Arbeitnehmer in % pro Jahr	9 % höchstens 43,00 EUR
Einkommensgrenzen	17.900,00 EUR / 35.800,00 EUR jährlich für Ledige / Verheiratete
Mindestsparleistung	13,00 EUR monatlich regelmäßig bzw. 39,00 EUR im Kalenderjahr
Sperrfrist	7 Jahre ab Vertragsschluss

Beteiligungssparen

Arbeitnehmersparzulage für Beteiligungssparen pro Jahr	20 %
Sparhöchstbetrag für Beteiligungssparen u. ä.	400,00 EUR jährlich je Arbeitnehmer
Einkommensgrenzen	20.000,00 EUR / 40.000,00 EUR jährlich für Ledige / Verheiratete
Sperrfrist	Ansparzeit 6 Jahre, 7 Jahre ab 01.01. des Jahres der ersten Einzahlung
Mindestsparleistung	13,00 EUR monatlich bzw. 39,00 EUR im Kalenderjahr

Springer Fachmedien Wiesbaden GmbH, ein Teil von Springer Nature 2023
*. Grundmann, R. Rathner, *Bankwirtschaft*, Prüfungstraining für Bankkaufleute,
tps://doi.org/10.1007/978-3-658-39340-3_10

Sparen nach dem Wohnungsbauprämiengesetz	
Jährlicher Sparhöchstbetrag	700,00 EUR p.P.
Wohnungsbauprämie	10 % jährlich
Einkommensgrenzen	35.000,00 EUR / 70.000,00 EUR jährlich für Ledige / Verheiratete
Sperrfristen	Bei Bausparverträgen: 7 Jahre beginnend mit dem Tag des Vertragsabschlusses Bei Wertpapiersparverträgen: 7 Jahre beginnend mit dem 01.01. des Jahres der ersten Einzahlung
Mindestsparleistung	50,00 EUR je Person

Zulagen nach dem Altersvorsorgegesetz (Riesterrente)	
Gesamtbeitrag pro Jahr in % des sozialversicherungspflichtigen Vorjahreseinkommens	4 %, maximal 2.100,00 EUR
Jährliche Grundzulage	Maximal 175,00 EUR
Maximale jährliche Kinderzulage je Kind	185,00 EUR Kinder, die nach dem 01.01.2008 geboren sind, erhalten eine Kinderzulage von 300,00 EUR.
Zulage für Berufseinsteiger unter 25 Jahre	Einmalige zusätzliche Grundzulage von 200,00 EUR
Sockelbetrag	60,00 EUR pro Jahr

Freibeträge bei Einkünften aus Kapitalerträgen nach dem EStG	
Sparer-Pauschbetrag für Ledige/Verheiratete pro Jahr	801,00 EUR / 1.602,00 EUR
Werbungskostenpauschbetrag	1.000,00 EUR jährlich pro Arbeitnehmer
Sonderausgaben-Pauschbetrag Kinderfreibetrag (nur alternativ zum Kindergeld) Entlastungsbeitrag für Alleinerziehende, für jedes weitere Kind zusätzlich Ausbildungsfreibetrag (auswärtige Unterbringung)	36,00 EUR / 72,00 EUR Ledige/Verheiratete 8.388,00 EUR Verheiratete 1.908,00 EUR 240,00 EUR 924,00 EUR
Eingangssteuersatz Spitzensteuersatz	14 % 45 %
Abgeltungsteuer Körperschaftsteuer	25 % 15 %
Grundfreibetrag	2022: 9.984,00/19.968,00 EUR Ledige/Verheiratete
Offenlegungspflicht nach § 18 KWG	ab 750.000,00 EUR

Internationaler Zahlungsverkehr	
EU-Überweisung	Gemäß der EU-Preisverordnung darf ein Kreditinstitut für grenzüberschreitende Überweisungen in EUR bis zu einem Betrag von 50.000 EUR, die mit S.W.I.F.T.-BIC und IBAN und Kontonummer versehen sind, keine höheren Entgelte erheben, als für entsprechende Inlandsüberweisungen.
Meldepflichten im Außenwirtschaftsverkehr: Geleistete und empfangene Zahlungen aus Transithandel, sonstigem Warenverkehr, Dienstleistungen, Übertragungen, Kapitalverkehr	ab 12.500,00 EUR

Beitragsbemessungsgrenzen der Sozialversicherungen für 2022 pro Monat / Jahr	
Ges. Krankenversicherung und Ges. Pflegeversicherung	4.837,50 EUR / 58.050,00 EUR (Ost und West)
Rentenversicherung und Arbeitslosenversicherung	7.050,00 EUR / 84.600,00 EUR (West) 6.750,00 EUR / 81.000,00 EUR (Ost)
Versicherungspflichtgrenze in der gesetzlichen Krankenkasse und Pflegeversicherung pro Monat	5.362,50 EUR / 64.0350,00 EUR (Ost und West)

Beitragssätze der Sozialversicherungen für 2022	
Krankenversicherung	14,6 % + Zuschlag je nach Krankenkasse
Ges. Pflegeversicherung	3,05 % + 0,35 % für Arbeitnehmer über 23 Jahre und kinderlos, Arbeitnehmeranteil 1,525 % oder 1,875 %
Rentenversicherung	18,6 %
Arbeitslosenversicherung	2,4 %

Weitere wichtige Beträge	
Mindestgrundkapital bei der Rechtsform der AG	50.000,00 EUR
Mindeststammkapital bei der Rechtsform der GmbH	25.000,00 EUR

Printed by Printforce, the Netherlands